MARILENA CHAUI

Manifestações ideológicas do autoritarismo brasileiro

MARILENA CHAUI

Manifestações ideológicas do autoritarismo brasileiro

ESCRITOS DE MARILENA CHAUI
Volume 2

ORGANIZADOR
André Rocha

2ª EDIÇÃO
2ª REIMPRESSÃO

Copyright © 2013 Marilena Chaui
Copyright © 2013 Autêntica Editora
Copyright © 2013 Editora Fundação Perseu Abramo

Todos os direitos reservados pela Autêntica Editora Ltda e pela Editora Fundação Perseu Abramo. Nenhuma parte desta publicação poderá ser reproduzida, seja por meios mecânicos, eletrônicos, seja via cópia xerográfica, sem a autorização prévia das Editoras.

ORGANIZADORES DA COLEÇÃO
ESCRITOS DE MARILENA CHAUI
André Rocha
Éricka Marie Itokazu
Homero Santiago

EDITORAS RESPONSÁVEIS
Rejane Dias
Cecília Martins

PROJETO GRÁFICO DE CAPA
Diogo Droschi

REVISÃO
Cecília Martins
Lira Córdova
Lizete Mercadante Machado

PROJETO GRÁFICO DE MIOLO
E DIAGRAMAÇÃO
Conrado Esteves

Dados Internacionais de Catalogação na Publicação (CIP)
(Câmara Brasileira do Livro, SP, Brasil)

Chaui, Marilena
  Manifestações ideológicas do autoritarismo brasileiro / Marilena Chaui ; organizador André Rocha. -- 2. ed.; 2. reimp. -- Belo Horizonte : Autêntica Editora; São Paulo: Editora Fundação Perseu Abramo, 2023. (Escritos de Marilena Chaui, 2)

  Bibliografia
  ISBN 978-85-8217-192-9 (Autêntica Editora)
  ISBN 978-85-7643-156-5 (Editora Fundação Perseu Abramo)

  1. Filosofia política 2. Ideologia I. Rocha, André. II. Título.

12-15698   CDD-320.01

Índices para catálogo sistemático:
1. Filosofia política 320.01

Belo Horizonte
Rua Carlos Turner, 420
Silveira . 31140-520
Belo Horizonte . MG
Tel.: (55 31) 3465 4500

São Paulo
Av. Paulista, 2.073 . Conjunto Nacional
Horsa I . Sala 309 . Bela Vista
01311-940 . São Paulo . SP
Tel.: (55 11) 3034 4468

www.grupoautentica.com.br
SAC: atendimentoleitor@grupoautentica.com.br

EDITORA FUNDAÇÃO PERSEU ABRAMO
Rua Francisco Cruz, 244 . Vila Mariana
CEP 04117-091 . São Paulo . SP
Correio eletrônico: editora@fpabramo.org.br

Sumário

7. Apresentação

11. Apontamentos para uma crítica
da Ação Integralista Brasileira

117. Crítica e ideologia

147. Brasil: mito fundador e sociedade autoritária

239. O homem cordial, um mito destruído à força

245. Arcaísmos do Brasil Novo

251. O arcaico desejo de ser moderno

257. Cultura Popular e autoritarismo

287. "Caminante, no hay camino, se hace camino
al andar" – *Entrevista*

Apresentação

André Rocha[1]

Ninguém duvida de que o trabalho de crítica dos preconceitos e das ideologias é algo necessário para quem quer que viva desejando a emancipação humana e defenda a liberdade nas democracias. Contudo, alguém poderia perguntar: qual a atualidade de um trabalho de crítica das manifestações ideológicas do autoritarismo brasileiro? Afinal, não vivemos numa democracia, a ditadura já não acabou e, com ela, o autoritarismo brasileiro? Ou será que o autoritarismo brasileiro se infiltrou na democracia e ainda nos assedia com manifestações mais sofisticadas? Afinal, o que é o autoritarismo brasileiro?

Os leitores e as leitoras encontrarão nestes ensaios de Marilena Chaui motivações para investigar as origens do autoritarismo brasileiro e criticar as suas manifestações atuais. Este volume reúne ensaios publicados em livros, revistas e jornais nas décadas de 1970, 1980, 1990 e 2000. A reunião dos textos publicados em tempos e meios diversos num só volume permite a leitoras e leitores refletir, tendo como pano de fundo o contexto das décadas aludidas, sobre a formação e o sentido de uma monumental obra de combate ao autoritarismo brasileiro. Os leitores e leitoras podem, além disso, inspirar-se nesta reunião para levar o esforço adiante e elaborar novas formas de afirmar a liberdade e combater o autoritarismo no presente e no futuro.

---

[1] André Menezes Rocha é doutor em Filosofia pela Universidade de São Paulo (USP). Atualmente, realiza seu pós-doutorado.

"Apontamentos para uma crítica da Ação Integralista Brasileira", publicado em 1978, foi o primeiro grande ensaio de crítica da ideologia. A crítica da Ação Integralista Brasileira permitiu que Marilena Chaui desvendasse como se formou, na década de 1930, momento de posição do capital produtivo na economia brasileira, a ideologia dos integralistas que buscavam, no Brasil, instaurar um Estado totalitário que se alinhasse com o Estado da Itália sob Mussolini e o Estado da Alemanha sob Hitler. A ideologia integralista foi dirigida às novas classes médias urbanas e procurou aliciar, sobretudo, os funcionários públicos para que contivessem os levantes operários e anarquistas iniciados na década de 1920.

Durante a década de 1980, sob o impacto das imposições neoliberais, Marilena Chaui expande a crítica do imaginário das classes médias urbanas que apoiaram os regimes autoritários nas décadas de 1930 e 1970. Com efeito, ela inicia a elaboração da crítica da ideologia da competência, que se consolida, a partir da década de 1990, como crítica da ideologia dos tecnocratas que aparelhavam o Estado e, exercendo funções na administração pública, sob o comando do grande capital financeiro, punham em marcha o "choque de gestão" que conduziria à chamada "modernização do Estado".

O volume reúne três textos escritos durante a década de 1980. Em "O homem cordial, um mito destruído à força", publicado da *Folha de S.Paulo* em 1980, Marilena Chaui mostra como a violência contra os movimentos sociais que, a partir das greves de 1978 e 1979, se manifestavam contra a ditadura e passavam a exigir seus direitos explicava-se tanto pelo terror de Estado implantado na ditadura como pela estrutura social da sociedade brasileira. O terrorismo de Estado e a transformação da política em polícia, apoiados pela grande mídia e por grande parcela das classes médias urbanas ainda absortas no apoio ao regime militar, apenas manifestavam a reprodução da estrutura autoritária da sociedade brasileira e destruíam à força o mito do brasileiro como homem cordial. "Cultura Popular e autoritarismo" é um grande ensaio inédito, apresentado numa conferência em Washington em 1987. Nele, Marilena Chaui investiga o processo de "redemocratização" a partir de uma análise crítica do período ditatorial e procura desvendar as formas de resistência popular que, surgidas ainda no interior da ditadura, podem explicar a gênese das reivindicações pela democracia a partir da luta de classes, isto é, no interior da estrutura da sociedade brasileira. Desse período também publicamos "Crítica e ideologia", o ensaio mais teórico do volume, que trata da gênese e do modo de operação da ideologia nas sociedades industriais e, também, do *contradiscurso* como forma de combate à ideologia.

Este volume reúne dois textos de intervenção política publicados na *Folha de S.Paulo* na década de 1990 durante o governo Collor: "Arcaísmos do Brasil Novo" e "O arcaico desejo de ser moderno". Nesses artigos, Chaui denuncia não apenas a imposição das diretrizes econômicas do neoliberalismo no Brasil, no plano Brasil Novo, mas também a maneira pela qual as elites dirigentes provindas da ditadura, a partir do governo Collor, iniciaram um processo de "modernização" da política brasileira. A vida privada do governante passa a figurar um espaço público imaginário que, apresentado pelas grandes empresas de comunicação, oferece-se à identificação dos cidadãos. Vale a pena conferir nos artigos como Chaui analisa nos detalhes a construção da figura do político, na pessoa de Collor, que apareceu triunfante nas televisões durante as eleições de 1989 e no início de seu governo.

A imprensa brasileira procurou consagrar o corpo do governante, de uma maneira que lembra a sagração medieval dos dois corpos do rei, colocando as realizações privadas do político no centro do noticiário: no caso de Collor, como sabemos, uma determinação moral de lutar contra a corrupção, combater os marajás e criar um Brasil Novo. Dessa maneira, as convicções morais e a vida privada do político passam a operar como um corpo místico que simboliza a nação verde e amarela e pede a adesão mais recôndita da família brasileira. Ora, sob essa apresentação do espaço público pela vida privada e pelas convicções morais do governante, sob essa identificação da nação com a pessoa do governante, amoldava-se novamente o imaginário das classes médias urbanas pela grande mídia no início do período democrático e infiltrava-se triunfante o neoliberalismo sob a bandeira do político que por suas convicções morais acabaria com a corrupção.

Por fim, no ensaio "Brasil: mito fundador e sociedade autoritária", publicado em 2000, Marilena Chaui amplia sua crítica das formas de pensamento autoritário no Brasil e passa das formas que ele assumiu nos debates contemporâneos à sua gênese histórica no período colonial para demonstrar os vínculos entre ideologia autoritária e a posição dos intelectuais colonizados na reprodução da estrutura social autoritária. Com a teoria do "mito fundador", Chaui nos convida a pensar a gênese da cultura autoritária a partir da instalação dos administradores coloniais, passando pela Monarquia e pela República Velha, transformando-se para se acomodar às novas classes urbanas que surgiam com a instalação das fábricas e da produção capitalista no Brasil, vingando na ditadura militar e assumindo, enfim, uma forma peculiar sob a pena dos tecnocratas do neoliberalismo.

As manifestações ideológicas do autoritarismo brasileiro são desvendadas a partir de sua gênese na própria estrutura autoritária da sociedade brasileira. Isso significa que as ideologias enfrentadas nos ensaios de Marilena Chaui não podem ser compreendidas se forem destacadas da percepção da própria estrutura social de que são manifestações e, reciprocamente, que a estrutura social ela mesma se manifesta nas suas ideologias. Na melhor tradição de crítica das ideologias, estes ensaios de Marilena Chaui convidam leitores e leitoras a refletir sobre sua própria situação histórica para perceber a gênese da ideologia a partir da estrutura social, libertar-se das mistificações que nos são impostas, reelaborar as relações sociais e levar adiante o trabalho de negação teórica e prática do autoritarismo que emperra a criação de novos direitos e o fortalecimento da democracia no Brasil.

Apontamentos para uma crítica da Ação Integralista Brasileira[*]

Ao leitor benevolente

Para quem se aproxima pela primeira vez da história do Brasil nas décadas de 1920 a 1930, a tarefa interpretativa parece sobre-humana. Tudo ali é obscuro; as questões são incompreensíveis, os caminhos trilhados pelas classes sociais sugerem veredas sinuosas, difíceis de serem palmilhadas tantos anos depois, quando o espesso matagal da história posterior recobriu os vestígios do passado. Essas desvantagens do principiante têm, contudo, uma pequena vantagem: precisando recorrer às interpretações existentes e confiar nelas, torna-se sensível às dificuldades enfrentadas pelos autores que lê.

Para abordar a questão do Integralismo, dediquei-me ao estudo dos trabalhos acerca do período de 1920 a 1938. Lendo e confrontando a multiplicidade das interpretações, percebi que se todas diferem, seja pela escolha das determinações que teriam decidido o curso dos acontecimentos, seja pela maneira específica de combiná-las, todavia, o arcabouço conceitual empregado é quase sempre o mesmo e dotado dos seguintes traços gerais:

1) Ausência de uma burguesia nacional plenamente constituída tal que alguma fração da classe dominante pudesse oferecer-se como portadora de um projeto universalizante que legitimasse

[*] Originalmente publicado em: *Ideologia e mobilização popular*. São Paulo: Paz e Terra, 1978.

sua hegemonia sociopolítica. Não que tais frações de classe tivessem deixado de ter seus próprios interesses e de reconhecê-los como seus por meio de práticas específicas, mas sim que nenhuma delas tinha condições para pôr-se como universal ou como classe dirigente.

2) Ausência de uma classe operária madura, autônoma e organizada, preparada para propor e opor um projeto político que desbaratasse o das classes dominantes fragmentadas. Não que a classe estivesse passiva, mas sim que suas formas de luta eram inoperantes para pô-la explicitamente na cena política na qualidade de um ator principal.

3) Presença de uma classe média urbana de difícil definição histórico-sociológica, mas caracterizada por uma ideologia e por uma prática heterônomas e ambíguas, tanto oscilando entre uma posição de classe atrelada às frações da classe dominante (como é o caso dos ideólogos autoritários tais como Alberto Torres ou Oliveira Vianna, dos Tenentes ou do Integralismo) quanto se radicalizando à maneira pequeno-burguesa, atrelando-se à classe operária para emperrá-la e frear sua prática revolucionária (como é o caso do Partido Comunista e da Aliança Nacional Libertadora, a ALN).

4) As duas primeiras ausências, no que tange às classes fundamentais, e o radicalismo inoperante, no que respeita à classe média urbana, engendram um vazio de poder que será preenchido pelo Estado, com apoio de certos setores das Forças Armadas. O Estado surge, pois, como único sujeito político e como único agente histórico real, antecipando-se às classes sociais para constituí-las como classes do sistema capitalista (explicitando, portanto, a contradição capital-trabalho). O Estado cumpre essa tarefa transformando as classes sociais regionalizadas em classes nacionais, exigindo que todas as questões econômicas, sociais e políticas sejam encaradas como questões da nação. Nascido do vazio político, o Estado é o sujeito histórico do Brasil.

5) No tocante à classe operária, mesmo quando admitida como ameaça à dominação burguesa, a ação da III Internacional e do prestismo, de um lado, a importação do anarquismo e do anarcossindicalismo, de outro, conjugados com a origem

imigrante e camponesa dos proletários, desviam a classe de sua tarefa histórica e culminam no populismo. Do lado de cima, o *vazio*, e do lado de baixo, o *desvio*, explicam-se na medida em que o capitalismo no Brasil é atrasado, tardio ou desigual e combinado em face do capitalismo internacional, de sorte que a consequência não se faz esperar: o Estado, fonte de modernização, terá que promover o desenvolvimento capitalista, *télos* da história mundial.

6) No que concerne à formação das ideologias, o quadro anterior revela que nenhuma das classes pode produzir uma ideologia propriamente dita, isto é, um sistema de representações e de normas particular e dotado de aparente universalidade, nem de impô-la à sociedade como um todo, de sorte que tanto o liberalismo quanto o autoritarismo nacionalista assim como os projetos revolucionários são incapazes de exprimir, seja na forma do falso, seja na forma do verdadeiro, a realidade brasileira. Assim sendo, torna-se inevitável que o ideário autoritário e o ideário revolucionário sejam importados e adaptados às condições locais, resultando disso que, no Brasil, as ideias estejam fora do lugar.

O que preocupa nesse quadro da história brasileira de 1920 a 1938, malgrado a ênfase diferenciada que os intérpretes dão aos aspectos mencionados, ora privilegiando a luta entre oligarquia agroexportadora e burguesia industrial, ora demonstrando que as duas frações possuem objetivos comuns e se opõem à ameaça operária ou à tendência das classes médias para uma participação política visando substituir a classe dominante, em qualquer das interpretações há dois pontos problemáticos. O primeiro deles (e isso, por vezes, malgrado os próprios autores) é o pressuposto implícito de que é porque o capitalismo tem que se desenvolver, mas porque no Brasil isso se faz com atraso ou tardiamente, o Estado é obrigado a assumir a forma e os compromissos que assume. O segundo é o de que (e isso também malgrado os próprios intérpretes) o Estado assume o papel de sujeito histórico porque a luta de classes não chega a exprimir-se de maneira suficientemente nítida no interior da sociedade civil.

O quadro acima é preocupante ao deixar entrever que, guardadas todas as diferenças e matizes, guardadas todas as ressalvas para aqueles intérpretes que têm em mente uma crítica da política brasileira à luz da luta de classes, contudo, no plano descritivo e interpretativo, a visão do Estado e da sociedade presentes nos textos tende a assemelhar-se àquela que encontramos no discurso integralista. A diferença (e que é essencial, digamo-lo com ênfase), entre este último e os intérpretes do período consiste no seguinte aspecto: enquanto para os integralistas o autoritarismo *deve ser* a solução para os problemas do "Brasil real", para os intérpretes liberais e marxistas o autoritarismo *teve que ser* a solução encontrada pela classe dominante, impossibilitada de exercer por conta própria a hegemonia. No entanto, malgrado a diferença profunda entre o dever ser e o ter que ser, a história do Brasil daquele período parece resultar da combinação conflituosa das querelas entre as frações da classe dominante, sempre incapaz de hegemonia, do despreparo e imaturidade da classe operária, sempre manipulada, do radicalismo inoperante das classes médias, sempre rebocadas, e do peso do capitalismo internacional avançado sobre o atraso periférico. Entre a proposta autoritária do Integralismo e o realismo crítico dos intérpretes não autoritários há em comum o que poderíamos designar como uma figuração hegeliana do Estado, encarado como síntese ou resumo dos conflitos da sociedade civil e de sua superação ou como seu *télos* necessário[1].

A impressão deixada pelo arcabouço conceitual empregado é a de que, apesar do hegelianismo implícito, os intérpretes não trabalham dialeticamente, ou seja, com a categoria da negação interna ou determinada (a contradição[2]), mas com a da privação (a ausência), de maneira

---

[1] Voltaremos a isso mais adiante ao tratarmos das classes sociais.

[2] A dialética (tanto hegeliana como marxista) distingue entre a negação externa e a negação interna ou determinada. Assim, por exemplo, dizer "esta mesa não é uma cadeira" ou "esta mesa não é verde" indica que a negação é externa, pois nada diz sobre a natureza da própria mesa, mas apenas a distingue de outros objetos (no caso, a cadeira) ou de outras qualidades (no caso, uma cor). A negação externa consiste em declarar que A não é B, C, D, etc., ou seja, sua distinção é externa em relação a outras coisas. Isto significa que A, B, C, D, etc. são tomados como positivos, dotados de identidade própria e que se relacionam negativamente entre si enquanto positivos. A negação interna ou negação determinada, porém, declara "esta mesa é a não-árvore", ou seja, a mesa, produto de um trabalho, é a negação interna da matéria de onde proveio porque sua forma nega a materialidade inicial, de maneira que o ser da mesa se determina primeiramente por sua negatividade

que o período histórico em pauta é largamente explicado por aquilo que lhe falta e não por aquilo que o engendra ou o põe na existência. Trabalhando com a privação, com o "dever ser" ou o "ter que ser", os textos assumem, malgrado seus autores, um certo tom *normativo* que conviria explicitar. Para tanto, é preciso passar, primeiro, pela questão do conhecimento de uma singularidade.

Há várias maneiras de abordar a singularidade. Podemos conhecer o singular como um dado empírico imediato, isto é, como um fato ou uma coisa que possui características próprias pelas quais se distingue de todos os outros dados. Podemos também conhecê-lo como uma essência alcançada apenas pelo pensamento que, ultrapassando os dados imediatos da experiência, conhece as determinações constitutivas de um ser e sem as quais ele jamais seria aquilo que ele é. O singular pode, portanto, ser apreendido tanto como um fato quanto como uma ideia. Contudo, essa primeira solução revela-se inoperante quando nos deparamos com os indiscerníveis. Seja o caso de duas folhas de abacateiro ou, ainda mais, de duas folhas de abacateiro arrancadas de dois abacateiros diversos. Como dados ou fatos tanto como essências ou ideias, ambas são absolutamente idênticas e não há como singularizá-las. O recurso de que a filosofia dispunha para explicar a existência do singular era considerar que a matéria é algo indeterminado que recebe uma forma determinada e individualizante; ou vice-versa, isto é, a forma é sempre universal e idêntica, e a matéria é o elemento individualizador. Ora, no caso das duas folhas de dois abacateiros nem a matéria (o abacateiro) nem a forma (a folha) servem para individualizar, pois são idênticas em ambas as coisas. Uma das soluções filosóficas

---

e não por sua positividade. A negação interna declara que A é não-A, ou seja, o negativo não é um outro positivo do qual A se distinguiria (B, C, D) a partir de suas propriedades, mas é o *seu* negativo, donde ser negação *determinada*. A negação determinada se realiza sempre como *processo*, isto é, como movimento pelo qual algo é *posto* na realidade pela negação de seu ponto de partida. Ora, declarar que A é não-A possui um nome: chama-se contradição. A dialética não opera com distinções, oposições ou conflitos entre positivos, mas com a contradição como processo pelo qual algo se determina por sua negação interna com *seu* outro. Assim, por exemplo, quando a ideologia liberal fala no conflito entre interesses individuais, está operando com a negação externa. Ao contrário, quando se fala, por exemplo, em contradição entre o capital e o trabalho a negação é interna ou determinada, pois o trabalho é o não-capital e o capital é posto pelo trabalho que o nega.

para os iguais indiscerníveis consistiu em considerar como princípios de individuação o número (são *duas* folhas), o espaço (esta folha *aqui* e aquela folha *ali*) e o tempo (esta folha veio *antes*, aquela folha veio *depois*). Em suma, a individuação é pensada de maneira extrínseca, sem referência a um processo interno de engendramento da singularidade.

Embora seja uma velha e remota história, apenas um episódio da história da filosofia, a admissão do número, do espaço e do tempo como princípios de individuação permaneceu implícita nos trabalhos das ciências e, em particular, no trabalho das ciências humanas. Basta pensar no papel individualizante do espaço em uma sociologia que opere com *estratificações* (a palavra é óbvia) sociais. Em termos da ciência da história, é possível perceber como o tempo empírico se converteu em princípio de individuação: basta lembrar as querelas dos historiadores em torno das questões da continuidade e da descontinuidade, da ruptura, do progresso, da crise, do relativismo. No que tange às ideologias, basta pensar no papel que teve e tem, à direita e à esquerda, o nacionalismo como princípio de individuação espacial e temporal.

Pensemos, ainda, num problema mais complexo do que o das folhas dos abacateiros: pensemos na questão dos iguais e desiguais em termos históricos e sociais. Os pensadores contemporâneos dificilmente tolerariam a explicação da individuação dada por um teólogo francês no século XVI: a Divina Providência fez os homens desiguais ao criá-los como ricos e pobres; fez os ricos para que, por meio da caridade, se tornassem dignos da salvação e fez os pobres para que, pela humildade, merecessem o céu. Os pensadores marxistas também não aceitarão o princípio de individuação proposto na aurora do liberalismo: a Natureza (e não Deus) fez os homens desiguais em talentos e qualidades, porém (acrescenta o liberal protestante) todos são igualmente aptos para o trabalho e podem igualar-se pelos frutos de seu labor; desiguais pela Natureza, igualam-se pelo esforço e como iguais são tidos perante a lei. Os pensadores marxistas, porém, sabem que o problema do princípio de individuação não se resolve em termos espaciais e temporais, pois a individuação não é uma forma da desigualdade e sim uma questão de *diferença*. As classes sociais não são desiguais (essa é apenas a maneira pela qual aparecem), pois são diferentes (a diferença é o modo real de constituição de uma forma social determinada). Se a diferença nada tem a ver com a desigualdade, então, o número, o espaço e o tempo deixam de ser necessariamente os critérios de apreensão da singularidade das classes sociais, razão pela qual, justamente, na *ideologia* burguesa, a estatística, a estratificação social e o tempo abstrato permanecem como critérios de explicação do real. Ao contrário, os pensadores marxistas sabem que o modo de constituição das relações sociais engendra, reproduz e conserva a diferenciação interna entre as classes sociais ou sua contradição constitutiva, necessária à manutenção do modo de produção capitalista.

Se número, espaço e tempo não diferenciam intrinsecamente, se não exprimem o processo interno pelo qual aquilo que é o Mesmo (por exemplo, o modo de produção capitalista) existe engendrando suas diferenciações internas necessárias (no caso, os diferentes países capitalistas singulares), como explicar que os intérpretes usem categorias como atraso, tardio, vazio, despreparo, imaturidade, importação de ideias, etc. para dar conta da singularização histórica brasileira, isto é, das práticas sociais (vale dizer econômicas, políticas e ideológicas)?

Seja, agora, uma situação diversa, isto é, aquela em que matéria e forma efetivamente singularizam a "coisa" (por exemplo, esta mesa). Todavia, uma mesa pensada, percebida, imaginada, feita ou consumida não é a *mesma* mesa. Aqui, a fenomenologia, elaborada por Edmund Husserl, poderia vir em nosso socorro fazendo-nos compreender que a diferença é posta por uma ação realizada pela consciência ou o sujeito do conhecimento, e que a maneira pela qual a consciência visa a um objeto possui *formas* diferentes (o pensar, o perceber, o imaginar, o fazer, o usar) para as quais correspondem conteúdos ou significados diferentes (o pensado, o percebido, o imaginado, o feito, o usado), ainda que a "coisa" empiricamente dada seja sempre a mesma coisa, no caso, a mesma mesa realmente diferenciada enquanto percebida, imaginada, lembrada, pensada, usada, etc. Haveria, assim, uma inércia da "coisa", de um lado, e, de outro, uma pura atividade cognitiva que a constitui como significação ou sentido diferenciado, isto é, a consciência como doadora de sentido ao mundo. A diferença resultaria, portanto, de uma operação realizada pela razão ou pelo entendimento, que constitui as idealidades e seu melhor exemplo, em sociologia, é o tipo ideal weberiano como rede ou trama de significações, isto é, como relação inteligível de propriedades ou de predicados que constituem uma realidade tal como o entendimento a concebe.

Em resumo: ou o singular é individualizado por uma matéria que determina uma forma universal que nela se inscreve, ou por uma forma individual que determina a matéria indeterminada, ou, quando estamos perante os indiscerníveis, espaço, tempo e número cumprem essa função, ou, enfim, pode-se tomar uma coisa como mera individualidade empírica e encontrar sua individuação efetiva na operação de produção de uma significação pelo sujeito do conhecimento enquanto razão ou consciência doadora de sentido que articula uma matéria e uma forma.

Se é óbvio o caráter extrínseco da singularização pelo espaço, pelo tempo e pelo número, a obviedade já não é tão patente quando se trata das relações entre matéria e forma em qualquer das posições filosóficas mencionadas. Ora, em todas elas, o que caracteriza a relação matéria-forma é sua imobilidade: ambas preexistem separadas e exigem a intervenção de uma causa para uni-las. Não há, pois, um *processo* de materialização da forma (por exemplo, como vemos no produto do trabalho), nem de enformação da matéria (por exemplo, como ocorre no processo de trabalho). No entanto, o processo que efetua a materialização de uma forma e o que efetua a formalização de uma matéria é, justamente, o que *constitui um singular como singular*. Seria por acaso que a obra onde uma singularidade é *exposta* – o modo de produção capitalista, isto é, uma *forma* determinada de efetuação da *matéria* social – abra-se justamente com a análise do problema do igual e do desigual, do diferente e do idêntico, do equivalente? Seria casual que *O Capital*, pois é dessa obra que se trata, comece procurando desentranhar a posição da *forma* valor por meio de seu aparecer como igualdade entre *matérias* diferentes para, então, encontrar a lógica da posição dos equivalentes ou o processo que engendra o modo de produção capitalista? Seria por acaso que, nessa mesma abertura da obra de Marx, o fetichismo seja o *aparecer* dos predicados positivos que ocultam o *ser* do sujeito? E que esse ocultamento, constitutivo do aparecer, seja a região da ideologia, pois aquilo que aparece aparece para alguém, isto é, para a consciência burguesa?

Tomando a questão da singularidade como processo de singularização ou de diferenciação, creio tornar-se possível explicitar, agora, o que designei como um certo tom *normativo* das interpretações concernentes ao período de 1920 a 1938. Retomemos, por um instante, o conjunto de ideias que balizam as interpretações da sociedade brasileira nesse período e que mencionamos acima.

A ideia de atraso ou de tardio (no plano econômico) implicitamente pressupõe, como contraponto, um *modelo* de sociedade completamente realizado ou desenvolvido, de sorte que a história passa a ser lida como processo de modernização e esta, como progresso e aproximação gradativa do atrasado rumo ao desenvolvido, isto é, em direção ao modelo completo. A ideia de vazio de poder (no plano político) pressupõe, implicitamente, que a luta de classes não é constituinte do processo histórico, mas um efeito em sua superfície e que só o "resultado" conta; ora, uma vez que nesse "resultado" verifica-se que nenhuma das classes em presença e nenhuma das fracções de classe preenchem os requisitos para assenhorar-se do poder, o Estado surge como preenchimento do vazio.[3] A ideia de despreparo (de uma classe social) e de desvio (na ação sociopolítica) pressupõem, implicitamente, o modelo da boa consciência, da boa classe, da boa sociedade que foram ou serão desbaratadas historicamente pela interferência de fatores exógenos que rompem a "bondade" (esta, evidentemente, não está sendo empregada aqui no sentido moral, mas apenas no sentido normativo ou da exemplaridade, de *bom modelo* ou modelo correto). Enfim, a admissão de que pensamos por importação de ideias pressupõe, implicitamente, que há uma ideologia correta, isto é, aquela que tem a função de espelhar invertida e falsamente uma realidade que lhe corresponde, de sorte que uma ideologia que nada espelhe e nada inverta é uma ideologia inadequada ou incorreta, por isso mesmo, frágil e ridícula, ainda que sirva para sustentar processos históricos como a Abolição, a República, a Constituinte de 1934 ou a democratização de 1945. Para não falar, evidentemente, no ridículo dos autoritarismos miméticos, em que pesem o Estado Novo e o corporativismo por

---

[3] A visão demiúrgica do Estado assume tal proporção que um autor do porte de Celso Furtado, na *Formação econômica do Brasil*, chega a considerar que, na tentativa para "socializar as perdas" e proteger os cafeicultores fazendo com que a sociedade inteira pagasse pelos prejuízos do café, o Estado teria *inconscientemente* promovido o processo de industrialização. É frequente ler os textos de jovens economistas, historiadores e sociólogos em que, perdida a sutileza dos "clássicos" brasileiros, resta um esquema empobrecido no qual o Estado antecipa as classes para poder criá-las e promover o capitalismo tardio, tornando-se onipotente e onipresente.

ele implantado. Em suma, todos os conceitos empregados tendem a pensar a singularidade brasileira a partir da comparação entre nossa sociedade e o modelo completo e acabado da sociedade capitalista. Donde a presença da noção de falta ou de privação, que determina nossa singularidade por aquilo que ela ainda não é, mas que deverá ser ou terá que ser.

Não creia o leitor, a quem peço benevolência, que possuo respostas ou soluções para os problemas que me preocupam quando me defronto com boa parte da literatura existente sobre o Brasil no período que pretendo estudar. Quis, com este preâmbulo, apenas localizar minha perplexidade e deixar em aberto uma questão que, aos cientistas, parecerá inoportuna e inoperante.

Estamos habituados, de longa data, a assumir que o conhecimento é a apropriação de um objeto graças à apreensão de todas as suas determinações, de sorte que um objeto conhecido é um objeto completamente determinado[4]. Essa verdade possui um estranho efeito retroativo. Se conhecer é alcançar um objeto completamente determinado, isso implica que o ponto inicial do conhecimento, ou seja, a situação que exige de nós o esforço para conhecê-la, há de ser uma situação que nos *apareça* como indeterminada. No entanto, no ponto final do percurso, a visão de um objeto (ou de um fato) completamente

---

[4] Considera-se que algo é conhecido "objetivamente" quando é possível dominá-lo inteiramente pelas operações do entendimento. Determina-se completamente um objeto (pelo menos de direito) quando se pode determinar o conjunto de todas as propriedades necessárias que o fazem ser tal qual é. A *determinação* completa pressupõe duas operações: o estabelecimento exaustivo das *propriedades* positivas do objeto (não de suas *determinações*, mas de suas *propriedades*), e a exclusão de todas as propriedades que, sendo intrinsecamente contraditórias, destruiriam o objeto se coexistissem nele. A determinação é completa porque diz *tudo* o que o objeto é ou deve ser e porque exclui toda possibilidade de que haja um movimento interno ao objeto pelo qual ele se ponha, reponha, transforme e desapareça. O objeto completamente determinado é constituído por uma coleção de propriedades positivas, restando saber como estas estão articuladas (mecanicamente, funcionalmente, estruturalmente, etc.). Mesmo quando o objeto não está completamente determinado, por exemplo, quando é uma singularidade que está no tempo e que deve ainda desdobrar ou explicitar as propriedades embrionárias ou latentes, a determinação completa não é abandonada como ideal da objetividade. Com efeito, se a noção de causalidade (mecânica, funcional ou estrutural, pouco importa) serve para compreender um objeto "imóvel", a noção de finalidade fornece os parâmetros para a determinação completa do objeto "vivo".

determinado retroage sobre o ponto inicial e tende a anular a indeterminação do ponto de partida. Em outras palavras, aquilo que era ignorado pelos agentes sociais no ponto inicial *aparece*, agora, como se já estivesse completamente determinado desde o início. A determinação é tida como igualmente completa *antes* e *depois* do trabalho do conhecimento – ela já estava lá e o conhecimento apenas a encontrou.

Percebe-se aí uma transfiguração abstrata de duas categorias postas pela dialética, quais sejam, a de desenvolvido (que não é o completamente determinado e sim o *movimento completo* de reposição interna dos pressupostos que eram externos ao processo em seu início) e a de não desenvolvido (que não é o parcialmente determinado, mas o *indeterminado*, no sentido de que o processo ainda não repõe internamente seus pressupostos). A passagem do que sucede no real para o que sucede no trabalho do conhecimento, ao se realizar sob a égide da determinação completa leva a anular a indeterminação do ponto de partida. Assim, em vez de assumirmos a indeterminação inicial, graças à qual haverá processo, supomos que no ponto de partida do caminho histórico e do trabalho teórico tudo já está determinado, restando-nos apenas a tarefa de articular os dados esparsos para recuperar o caráter plenamente determinado da situação. Porém, justamente porque no ponto de partida há indeterminação e a ocultamos em decorrência dos resultados determinados obtidos no ponto de chegada, a consequência é inevitável: "determinarmos" o indeterminado. Como o fazemos? Estabelecido o modo de produção capitalista como um objeto completamente determinado, passamos a apelar para as ideias de vazio, atraso, tardio, desigual, imaturo, importado para marcar a distância com relação à forma completamente determinada, deixando de lado o processo histórico real em que a indeterminação se vai determinando para constituir a singularidade do capitalismo brasileiro.

Assim, a impressão deixada por grande parte dos textos sobre a sociedade brasileira no período mencionado é a de uma concepção demiúrgica da história do Brasil, as interpretações oscilando na escolha do demiurgo, que ora é o Estado (e há um hegelianismo latente), ora é o empresariado (e a sombra de Schumpeter paira sobre a letra dos textos), ora deveria ter sido o proletariado (e a aura de Lenin refulge no esplendor do ocaso). Essa concepção demiúrgica permite determinar de antemão o indeterminado e faz com que a luta de classes, *sempre presente nas análises dos melhores intérpretes*, não chegue a assumir a dimensão que lhe é própria, isto é, a da efetuação das relações históricas. Com isso, tende a permanecer na sombra algo que é constitutivo nessa luta: a representação recíproca e contraditória que as classes sociais constroem de si mesmas e das outras durante o processo histórico, constituindo-o também tal como lhes aparece. Em suma, permanece na sombra a região da ideologia.

Os apontamentos que aqui apresentamos se referem à questão da ideologia e não da formação e constituição do modo de produção capitalista no Brasil (coisa que não saberíamos fazer). Trata-se apenas de apreender o movimento de construção do Integralismo a partir do ocultamento da determinação de classe de seus dirigentes, do ocultamento da condição de classe do destinatário construído pelo discurso desses dirigentes, e das relações desses dirigentes e desse destinatário com as demais classes sociais, cujas figuras também são construídas pelo discurso integralista. A singularidade do Integralismo será apanhada nesse movimento de autoconstrução como uma maneira de pensar autoritária que produz uma ideologia que se apresenta como projeto político.

O imaginário integralista

É sempre tarefa ingrata acercar-se dos textos em que se expressa o pensamento autoritário no Brasil. Mesmo para um leitor que raramente se surpreenda, momentos há em que não poderá evitar uma interrogação: como um pensamento cuja debilidade teórica é gritante pode ser contraponteado pela eficácia prática? Ou, ao contrário, como uma dominação eficaz pode suscitar expressões teóricas tão inconsistentes? Todavia, se não quisermos reduzir os discursos autoritários brasileiros à condição de má retórica nascida de idiossincrasias da *intelligenzia* ou da má-fé dos donos do poder, cabe levar a sério a interrogação. Neste sentido, talvez tenhamos uma primeira pista para enfrentar as questões anteriores se observarmos que um dos traços mais marcantes da ideologia consiste em postular uma coincidência entre a ideia de verdade (do pensamento) e a ideia de eficácia (de ação), o que implica reduzir a práxis social e política a um conjunto de técnicas de ação supostamente adequadas para a obtenção de certos fins. Por conseguinte não é aberrante, mas necessário, que a debilidade teórica do pensamento autoritário seja solidária com sua eficácia prática.

Para um intérprete que frequente os textos dos historiadores e dos cientistas sociais, o autoritarismo brasileiro torna-se compreensível na medida em que são esclarecidas tanto a gênese histórica de sua eficácia quanto a natureza de suas manifestações conjunturais mais flagrantes. No entanto, em um outro registro, o enigma do autoritarismo brasileiro permanece, isto é, fica a pergunta: como se entrelaçam debilidade teórica e eficácia prática?

Esse aspecto da questão pode suscitar no intérprete um impulso à desqualificação imediata do discurso autoritário, como ocorre, por exemplo, a Sérgio Buarque de Hollanda, em *Raízes do Brasil*, ao considerar o Integralismo um produto das elucubrações de "intelectuais neurastênicos", ávidos de "obter a chancela, o *nihil obstat* da autoridade civil".[5]

Esse mesmo impulso à desqualificação leva Dante Moreira Leite a escrever acerca de Oliveira Vianna:

> Apesar das críticas – e felizmente já havia, no Brasil, quem percebesse os absurdos de suas afirmações, a ausência de documentos –, esses livros tiveram várias edições e foram citados a sério como se representassem algo mais do que a imaginação doentia de um homem que deve ter sido profundamente infeliz. Mas, apesar de tudo, sua obra demonstra para o sociólogo e o psicólogo a crueldade do domínio de um grupo por outro: o grupo dominado acaba por se ver com os olhos do grupo dominante, a desprezar e a odiar em si mesmo os sinais que os outros consideram sua inferioridade.[6]

Todavia, além da referência à origem social da alienação e do ressentimento, Dante Moreira Leite procura controlar o impulso à desqualificação imediata de Oliveira Vianna, escrevendo:

> O êxito de sua obra seria incompreensível, se tivesse resultado de qualidades ou virtudes científicas. Mas esse êxito e esse prestígio,

---

[5] HOLLANDA, Sérgio Buarque de. *Raízes do Brasil*. Rio de Janeiro: J. Olympio, 1975, p. 141-142. A propósito da leitura de Farias Brito feita por Plínio Salgado, Cruz Costa escreve: "Isto é apenas uma pequena amostra do euforismo e ao mesmo tempo da ausência de senso crítico que caracterizou a mentalidade integralista". CRUZ COSTA. *Panorama da história da filosofia no Brasil*. São Paulo: Cultrix, 1960, p. 95.

[6] LEITE, Dante Moreira. *O caráter nacional brasileiro*. São Paulo: Pioneira, 1976, p. 231.

mesmo entre intelectuais, tornam-se mais explicáveis quando nos lembramos de que seus livros antecederam por pouco tempo os vários movimentos fascistas europeus ou destes foram contemporâneos. De outro lado, exatamente como aconteceria logo depois com os livros de Gilberto Freyre, a obra de Oliveira Vianna satisfazia os pruridos de nobreza rural de uma parte da população brasileira.[7]

Assim, de um lado, o sucesso da prática fascista europeia e, de outro, a escolha do latifúndio como destinatário do discurso podem explicar a receptividade obtida pela obra de Oliveira Vianna. Na mesma direção encontramos a interpretação de Maria Stella Bresciani e a de Evaldo Amaro Vieira; a primeira aponta o vínculo entre a obra e o estatismo internacionalmente bem-sucedido, o segundo assinala os destinatários conservadores escolhidos pela obra.[8]

A necessidade de conter o impulso de desqualificar a produção de nossos ideólogos autoritários para chegar a compreendê-la historicamente pode, contudo, levar à tentativa de uma interpretação realista, isto é, a confrontar os textos com a realidade histórica onde se inserem para verificar sua adequação ou inadequação recíprocas. O problema posto por essa forma interpretativa concerne ao estatuto conferido à realidade histórica que serve de baliza para a avaliação dos discursos, pois tal realidade (quando passada) é textual também. De maneira alguma pretendo dizer com isso que o confronto dos textos autoritários com os demais documentos seria arbitrário só porque a realidade

---

[7] LEITE, *op. cit.*, p. 220.

[8] BRESCIANI, Maria Stella. A concepção de Estado em Oliveira Vianna. Separata. *Revista de História*, n. 94, p. 639, 1973. "Se considerarmos o sentido pragmático que impõe ao seu trabalho podemos pensar numa cristalização das proposições de intervenção com técnicas autoritárias que aparecem agora de forma bastante definida e menos remetidas a uma justificação referida aos princípios teóricos do liberalismo. A conjuntura internacional modificara-se na direção de uma intervenção estatal aceita, de um dirigismo necessário para coordenar as forças internas de um país." VIEIRA, Evaldo Amaro. *Oliveira Vianna e o Estado corporativo*. São Paulo: Grijalbo, 1976, p. 144. "De qualquer perspectiva que se ponha, Oliveira Vianna regressa à relação Estado/Sociedade, para anular esta e consagrar a ação estatal como o único meio de manter a unidade nacional e de dar uma organização ao Brasil [...] embora reafirme sempre sua preocupação em realizar uma análise científica de nossa realidade, sua Teoria do Estado reduz-se a um elemento de legitimação, da revolução conservadora de cunho autoritário, no qual também estão certos traços de um liberalismo deturpado."

histórica possui também a mesma dimensão discursiva que o objeto de investigação. Pelo contrário, simplesmente, procuro assinalar que o confronto não pode ter pretensões "realistas", isto é, não pode pretender um encontro definitivo com os fatos que serviriam de parâmetro para a interpretação e seu valor. Provavelmente, para os apontamentos que aqui seguem será mais enriquecedor não tomar como critério a adequação ou inadequação entre o texto e o real, mas *a representação do real veiculada pelo texto* e, então, interpretar as diferenças e conflitos entre os documentos segundo as representações que oferecem do social, do político e da história e, consequentemente, segundo os destinatários que elegem. Em suma, tomar como baliza a pergunta: *a que classe o discurso se dirige?* Afinal, são os homens que fazem a história, mesmo que não o saibam. Mas porque o fazem em condições determinadas, o traço mais marcante de nossos ideólogos autoritários revela-se na construção de discursos onde tais condições não podem aparecer. São textos nos quais as conclusões se sucedem com total ausência das premissas, ausência que engendra a debilidade teórica e sua contrapartida, isto é, a eficácia prática, pois, ausentes as premissas, o discurso torna-se normativo e programático-pragmático, o dever-se ocupando, assim, o lugar do ser, e as técnicas de ação, o lugar do agir.

Encarando a questão da debilidade teórica do pensamento autoritário por esse prisma interno, gostaria de trazer uma contribuição para o debate em torno da questão das "ideias fora do lugar", ou seja, da importação de ideias. Tem sido frequente a afirmação de que uma das fontes da fraqueza teórica do pensamento brasileiro e, em particular, da ideologia no Brasil decorre da tendência a importar ideias. Estas, que possuem sua razão de ser ali onde são originariamente produzidas, quando transplantadas para o Brasil convertem-se em superfetação e ornamento grotesco. É a importação que faz com que, por exemplo, nossos filósofos sejam, no dizer de Cruz Costa, meros glosadores de ideias; é ainda o transplante que explicaria as contradições de um Sílvio Romero, um Euclides ou um Nina Rodrigues que fizeram "uso de uma teoria errada para dar conta de uma realidade que a teoria europeia negava".[9] Ou, enfim, a importação de ideias estaria na base de

---

[9] LEITE, *op. cit.*, p. 216.

formulações ideológicas de segundo grau, como foi o caso de nossas ideias liberais que "não descrevem sequer falsamente a realidade e não gravitam segundo uma lei que lhes seja própria [...] Sua regra é outra, diversa da que denominam; é de ordem do relevo social em detrimento de sua intenção cognitiva e de sistema".[10]

Não cabe, por ora, discutir a significação das necessidades históricas da importação de ideias "em que volta e meia se repete uma constelação na qual a ideologia hegemônica do Ocidente faz figura derrisória, de mania entre manias".[11] Que essa importação é determinada pelo ritmo internamente necessário do capitalismo brasileiro para ajustar-se ao compasso da música internacional é coisa de que não duvidamos. Que a importação não é indiscriminada nem recolhe *in toto* as constelações ideológicas metropolitanas também não é objeto de dúvida. Todavia, como contribuição ao debate gostaria de sugerir que, no caso específico do pensamento autoritário, a importação de ideias possui um sentido peculiar.

Sabemos que fez parte da ideologia da Primeira República uma representação da economia na qual a questão da industrialização era escamoteada graças ao recurso à dicotomia indústria natural *versus* indústria artificial. Essa representação da esfera econômica é repetida numa representação política que se exprime na dicotomia país real *versus* país legal. Essas duas representações, por seu turno, reaparecem na representação intelectual como dicotomia entre ideias nacionais *versus* ideias importadas. Forma de enfrentar o problema do imperialismo sem, contudo, correr o risco de refletir acerca dele para compreendê-lo, essa constelação ideológica serve para sustentar o ideário de nossos autoritários no qual a série artificial, legal e estrangeiro forma uma unidade oposta à série natural, real e nacional. Nesse contexto, seria de bom-tom que nossos autoritários não fossem importadores de ideias. Certamente representavam-se a si mesmos como pensadores originais: não descobriram que somos resultado de "caldeamentos étnicos"? Que nosso atraso vem da mestiçagem que afrouxa os costumes? Que somos herdeiros do intrépido bandeirante, do forte sertanejo? Não

---

[10] SCHWARZ, Roberto. As idéias fora do lugar. *Estudos CEBRAP*, 1973, p. 155.
[11] *Ibidem*, p. 159.

regressaram às origens tupi-tapuias de nossa gente? Não propuseram modelos econômicos para nosso país essencialmente agrário e que pelo sólido agrarismo distingue-se de todas as outras nações do globo? O nacionalismo, montado com imagens míticas, dá a nossos autoritários a ilusão de estarem referidos às condições históricas, transfiguradas em bruma alegórica. Confundindo as imagens nativas com o movimento da história, acreditam que a substituição dos mitos de origem europeia por outros, caboclos, é uma operação teórica suficiente para liberar o pensamento nacional das "influências" alienígenas. Dessa maneira, quando o bandeirante, o tupi-tapuia, o gaúcho, o sertanejo, o mestiço, a floresta, o solo virgem, a extensão territorial e a psicologia do povo entram em cena, funcionam como palavras encantatórias: têm o dom miraculoso de permitir, por meio da mudança vocabular, a aplicação de esquemas teóricos europeus sem que nos envergonhemos deles. O pensamento europeu, reduzido a uma forma vazia, pode ser utilizado nacionalmente desde que seja preenchido com conteúdos locais. O que interessa, no momento, é compreender porque esse procedimento torna legível um dos traços peculiares do modo de pensar autoritário.

Acredito que é por se tratar de um modo de pensar autoritário que há importação de ideias e não porque há tal importação que um certo pensamento brasileiro tornar-se-ia mimeticamente autoritário. Ao fazer essa afirmação estou considerando que há uma *forma autoritária de pensar*, e não apenas pensamentos que nasçam de formas autoritárias de agir. Embora um não caminhe sem o outro, creio ser possível encontrar certas determinações que constituem um pensamento como pensamento autoritário.

O pensar autoritário tem a peculiaridade de precisar recorrer a certezas decretadas antes do pensamento e fora dele para que possa entrar em atividade. Seria ilusório supor que o pensamento autoritário desemboque numa exigência de obediência, pois esta é seu próprio ponto de partida: precisa de certezas prévias para poder efetuar-se e vai buscá-las tanto em "fatos" quanto em "teorias". Mais do que isso: é a própria maneira de manipular os fatos ou de assegurar-se com uma teoria que assinala a necessidade de submeter-se para melhor submeter a seguir. Os fatos reduzem-se a exemplos e provas enquanto a teoria se reduz a um esquema formal ou, como se costuma dizer, a um modelo. Dando ao real o estatuto de mero exemplo empírico e à teoria o papel de arcabouço vazio para conteúdos variáveis, o pensamento autoritário livra-se da exigência perturbadora de defrontar-se com o que ainda não foi pensado (o real posto aqui e agora) e de compreender o trabalho de uma teoria na qual forma e conteúdo não se separam, pois se trata, nela, de tornar inteligível a opacidade de uma experiência nova e ainda não conceituada. O modo de pensar autoritário, região das consequências sem premissas, precisa localizar em algum ponto externo, anterior e fixo um conjunto de afirmações protocolares graças às quais entra a pensar. Apoia-se no já visto (o fato exemplar), no já pensado (a teoria prévia), no já enunciado (o discurso autorizado); teme o novo e o inédito e esforça-se para retraí-los até as fronteiras do já sabido. Incapaz de pensar a diferença, tanto no espaço quanto no tempo, precisa sentir-se autorizado antes de impor-se; vive sob o signo da repetição.

Assim, se admitirmos ser constitutiva da lógica do pensamento autoritário a necessidade de encontrar um saber prévio sobre o qual possa apoiar-se, bem como a necessidade de manipular fatos nos quais possa exemplificar-se e, graças a tais procedimentos, evitar o risco da elaboração do conhecimento, torna-se clara a debilidade teórica e a exigência de importar ideias já consagradas alhures. Há importação no tempo (a imagem santificada da tradição) tanto quanto no espaço (a imagem aureolada da superioridade europeia). Parafraseando a expressão de Sérgio Buarque de Hollanda, podemos dizer que o nosso pensamento autoritário pede a chancela, o *nihil obstat* da autoridade "teórica" e da autoridade política. Importação de ideias e privilégio conferido ao poder estatal como origem, meio e fim da sociedade constituem um mesmo contexto ideológico e solo de uma mesma prática.

Ao entrelaçar debilidade teórica e eficácia prática, pode parecer que tornei inviável o percurso destes apontamentos, uma vez que o Integralismo se apresenta como um dos fracassos políticos do autoritarismo no Brasil. E de pouco, ou de nada, adiantaria invocar aqui a existência de pontos programáticos da Ação Integralista Brasileira (AIB) posteriormente postos em prática com sucesso pelo Estado Novo, pois outras fontes autoritárias também contribuíram para a consolidação daquele Estado. Todavia, aceitar desde já a invalidação do percurso interpretativo seria incorrer em um raciocínio *post-festum*, tomando o fracasso por vir da AIB como se fora um dado que já estivesse presente para seus dirigentes e militantes no período de 1932 a 1938. Ora, é justamente o contrário que se trata de compreender aqui. Para a interpretação interessa, sem dúvida, compreender as causas do fracasso, mas, antes dele, interessa compreender como e por que o Integralismo tornou-se uma proposta política capaz de converter a AIB em um agente social e político bem-sucedido durante um certo momento da história do Brasil. Interessa compreender por que, para dirigentes e militantes, a doutrina era tida como uma teoria sólida acerca da realidade brasileira e capaz de propor uma linha de ação considerada justa. Trata-se, pois, do Integralismo interpretado por seus militantes e da sociedade brasileira interpretada pela vanguarda integralista, bem como das interpretações daqueles que se opuseram à AIB. Interessa compreender por que, num dado momento deste país, parte da sociedade acreditou que tomaria o poder ao brado retumbante de "Anauê, Anauê, Anauê".

O discurso integralista tem a peculiaridade de operar com imagens em lugar de trabalhar com conceitos. Essa operação dá aos textos, mesmo quando têm pretensões teóricas, um tom bombástico que, em princípio, parece incompatível com a afirmação de Salgado de que o

> [...] movimento integralista brasileiro é um movimento de cultura que abrange: a) uma revisão geral das filosofias dominantes até o começo deste século e, consequentemente, as ciências sociais, econômicas e políticas; b) a criação de um pensamento novo, baseado na síntese dos conhecimentos que nos legou, parcialmente, o século passado.[12]

Antes de indagarmos por que a doutrina é montada sobre imagens, convém apontar o modo de funcionamento desse imaginário.

Grosso modo, o discurso opera de três maneiras: por simples justaposição de imagens, por associação livre de imagens e, enfim, por transformação de um conceito em uma imagem. Um exemplo da primeira operação, na qual uma imagem se justapõe a outras sem conexão imediata com ela, pode ser visto no seguinte texto:

> A raça brasileira e, de um modo geral, a sul-americana, tem um sentido cósmico originado das fontes étnicas. Essa origem próxima

---

[12] SALGADO, Plínio. *A quarta humanidade*. Rio de Janeiro: J. Olympio, 1934, p. 87.

da Terra apresenta-nos como uma transposição de planos históricos, transladando as eras primitivas para o século da Máquina. A idade da pedra convive com a idade do rádio. O luxo moderníssimo de Copacabana é contemporâneo das malocas e tabas selvagens.[13]

Ou ainda nesta passagem:

> A Alemanha alimenta o sonho poderoso da Raça; a Itália, o sonho maravilhoso do Império; a Inglaterra estende o olhar pela vastidão dos mercados e das conquistas; a América do Norte empenha-se numa organização poderosa que objetiva o domínio do homem sobre a máquina; a Rússia se embuça no sacrifício proletário; e a França já se agita para reafirmar seus valores mais altos. E nós? O problema brasileiro tem uma incógnita: o Ideal. Temos vivido sem ideal na admiração passiva das magnificências de nossa natureza [...] A grandeza do Integralismo consiste em ter revivido o antigo ideal da Nação conclamando os novos bandeirantes para a conquista da terra e de nós mesmos. A tensão espiritual que há de dar ao mundo um tipo novo de civilização tropical, cheia de delicadeza e de espiritualidade cristã.[14]

Se aqui interessa produzir um efeito épico pela convocação dos "novos bandeirantes" que reviverão o ideal nacional nos trópicos, fazendo tábula rasa dos bandeirantes históricos graças ao bandeirante mítico, igualável aos heróis europeus e capaz de unificar todos os agentes sociais, em contrapartida, há uma outra modalidade de justaposição de imagens na qual o épico cede lugar ao dramático:

> Nessa fase de desorganização da sociedade, o Homem se transforma numa máquina cruel. Não tem mais coração. A vida íntima desaparece. Ao lar sucede o clube. E nem há profundos afetos no lar, como não há amizades verdadeiras nos clubes. Todos giram em torno de interesses. Os homens não se amam: toleram-se para não tornar completamente insuportável a vida.[15]

Aqui, o arranjo das imagens permite construir outra, aquela que efetivamente interessa: a imagem do "sofrimento universal" ou da

---

[13] SALGADO, *op. cit.*, p. 77.

[14] REALE, Miguel. *O Estado moderno*. Rio de Janeiro: J. Olympio, 1935, p. 215-216.

[15] SALGADO, Plínio. *O sofrimento universal*. Rio de Janeiro: J. Olympio, 1936, p. 47.

"angústia universal" a tornar imprescindível uma revolução, evidentemente também universal.

A imagem da revolução, por seu turno, ilustra o outro modo de operação com as imagens, isto é, por livre associação:

> Revolução não é mazorca de soldados amotinados; não é rebelião de camponeses e proletários; não é movimento armado de burguesias oligárquicas; não é movimento de tropas de governos provinciais; não é golpe de militares; não é conspirata de partidos; não é guerra civil generalizada. *Revolução é movimento de cultura e de espírito* [...] Não se trata de ofensiva contra um governo, contra uma classe: trata-se de uma ofensiva contra uma civilização.[16]

Sob essas imagens negativas da revolução, Salgado associa os acontecimentos de 1924, 1927, 1930, 1932, ao mesmo tempo em que estabelece um parentesco desses com 1917, na Rússia, e com 1935, no Brasil. Associando diferentes imagens de mobilização social ou de movimentação política sob a indiferenciação dos processos históricos em que se realizaram, pode fazer a crítica do que não é revolução e, desta maneira, definir o lugar da revolução integralista, espiritual e civilizadora.

Enfim, quanto à terceira operação, aquela que reduz um conceito à condição de uma imagem, podemos dizer que é a operação mais constante do discurso. Assim, por exemplo, materialismo histórico é "traduzido" como hedonismo e evolucionismo. Para que essa tradução seja efetuada, o discurso estabelece inicialmente uma separação entre os termos de tal modo que "materialismo" passe a conotar maquinismo desalmado e "hedonismo", busca desenfreada dos prazeres da carne e do conforto (segundo uma estranha combinação de Marx e das epístolas de São Paulo), enquanto "histórico" passe a conotar evolucionismo determinista de tipo biológico. O conceito de materialismo histórico é desfeito graças à associação de imagens que unem matéria, máquina e "carne", de um lado e, de outro, associam história e evolução cega. Uma vez chegado a esse ponto, no qual materialismo histórico torna-se sinônimo de naturalismo, o discurso pode enunciar:

---

[16] SALGADO, Plínio. *Palavras novas aos tempos novos*. São Paulo: Panorama, 1937, p. 49. Grifos meus, MC.

Assim foi o marxismo. Trouxe consigo a brutalidade do "struggle for life" de Darwin e a violência dos conflitos hegelianos das ideias; imaginou o ser humano apenas sob o aspecto econômico da nutrição e da reprodução; porém, como aceitou de Hegel a dinâmica da dialética, aplicou-a no que se referia à ação das massas na história e desencadeou a revolução materialista [...] o marxismo desencadeou o ódio na terra; aceitou os princípios do capitalismo absorvente, deflagrou a luta entre as classes; provocou distúrbios, revoltas, guerras sangrentas e obscureceu a humanidade na confusão, no desespero e na loucura.[17]

Por metamorfose semelhante passa o conceito da classe social. Nos contextos dedicados a uma crítica do liberalismo, o discurso enuncia que a luta de classes foi inventada pela democracia liberal na qual o Estado, fraco, deixa que surjam "o pânico do Capital" e a "miséria do trabalho".[18] Por outro lado, nos contextos em que se trata de criticar o marxismo, este aparece como responsável pela deflagração da luta de classes, ao mesmo tempo em que, nos contextos de crítica ao liberalismo, há uma tentativa para usar as análises marxistas, evidentemente sempre traduzidas nas imagens integralistas. Quando, porém, se trata de avançar o projeto político de reorganização integral da sociedade, a existência das classes tende a ser negada como algo real e Salgado pode, então, escrever: "O marxismo prestou-nos o serviço de mostrar que não há classes". De fato,

> Não se compreende hoje uma "classe militar", uma "classe religiosa", uma "classe burguesa", uma "classe plebeia". O erro do marxismo foi sua concepção meramente formal das classes e a criação que ele mesmo fez de uma "classe burguesa" e de uma "classe proletária". Nós integralistas, mais modernos do que os marxistas, não aceitamos nem mesmo o dualismo do Capital e do Trabalho.[19]

Essas declarações não impedem, todavia, que o *Manifesto de 1932* afirme:

---

[17] SALGADO, Plínio. *A aliança do sim e do não*. São Paulo: Editora das Américas, [s.d.], p. 224-225.

[18] SALGADO, Plínio. *O sofrimento universal. Op. cit.*

[19] SALGADO, Plínio. *A quarta humanidade. Op. cit.*, p. 90-101.

Mas o Brasil não pode realizar a união íntima e perfeita de seus filhos enquanto [...] existirem classes lutando contra classes, indivíduos isolados exercendo ação pessoal nas decisões do governo; enfim, todo e qualquer processo de divisão do povo brasileiro. Por isso, a nação precisa organizar-se em classes profissionais. Cada brasileiro se inscreverá em sua classe.[20]

Traduzindo o conceito de classe social para o dado empírico da categoria profissional, a imaginação integralista realiza aqui o mesmo trabalho que efetuou no caso do materialismo histórico, qual seja, obscurece a força explicativa do conceito pela sua diluição em imagens facilmente reconhecidas na experiência cotidiana. Todavia, agora, essa operação tem uma finalidade precisa e que ultrapassa a simples tentativa de provar a falsidade do marxismo, como ocorria no caso anterior. Traduzindo classe por profissão, o discurso avança um ponto nuclear do projeto político integralista: a organização corporativa da sociedade brasileira como um projeto decorrente da própria experiência social. Se a diluição do conceito de materialismo histórico delineia o perfil contrarrevolucionário do Integralismo, a redefinição das classes pelas profissões para abolir as divisões sociais por meio das corporações não deixa margem a dúvidas quanto aos dispositivos que serão acionados pela AIB para frear veleidades revolucionárias. Nesta linha, é sugestivo o que ocorre com o conceito de superestrutura ao receber a roupagem de imagens integralistas. "Perdendo o controle da Nação, o Estado liberal transformou-se em superestrutura, para usarmos a terminologia marxista, um luxo da civilização burguesa e capitalista, uma superficialidade estranha aos imperativos orgânicos dos povos".[21] Assim, passando do conceito de superestrutura à imagem da superfluidade, o discurso prepara a defesa de outra coisa: o Estado forte, não "superestrutural".

Na realidade, as operações mencionadas (justaposição, associação livre, tradução) são uma só e mesma operação em cuja base encontramos a própria imagem do pensamento integrado ou integrador. Digamos que é a própria imagem do Integralismo que orienta as operações do discurso no qual o trabalho de síntese é substituído pelo sincretismo

---

[20] MANIFESTO de Outubro de 1932. São Paulo: Editora das Américas, [s.d.], p. 96.

[21] SALGADO, Plínio. *O que é o Integralismo*. São Paulo: Editora das Américas, [s.d.], p. 38.

da justaposição ou associação imaginárias. É o que se pode observar de maneira cristalina no que escreve Miguel Reale:

> Sintetizamos, por assim dizer, o espírito medieval e o espírito moderno. A Idade Média conheceu as corporações, mas não conheceu o Estado; a Era Moderna, que se processou no Renascimento e da Reforma até à Grande Guerra, passando pelos marcos das revoluções inglesa e francesa, criou o Estado, mas depois de depurar as corporações declarou-as fora da Lei. O Integralismo é a doutrina que não compreende Estado sem corporações. É a marcha natural da História.[22]

O estilo (comum a todos os dirigentes integralistas) é aqui elucidativo: essa maneira de enumerar, estabelecer ordens e sequências temporais, varrer rapidamente o todo da história de sorte a agrupar por semelhança e separar por dissemelhança, estabelecendo sempre um percurso de pensamento fundado em analogias, não só permite economizar a reflexão acerca dos processos históricos, mas permite sobretudo assegurar ao destinatário um suposto conhecimento que o convença de que o Integralismo é a "marcha natural da História". Com isso, creio que se esclarece, pelo menos em parte, o paradoxo de um movimento que, pretendendo ser uma revolução da cultura e uma doutrina sobre a civilização, no entanto, exprimia-se em textos panfletários, coalhados de palavras escritas em maiúsculas.

A operação com imagens preenche algumas finalidades que convém explicitar, pois por intermédio delas explicita-se também a afirmação que fiz nas páginas anteriores acerca da maneira autoritária de pensar.

O primeiro efeito da operação com imagens é de ordem cognitiva: as imagens são um espelhamento ampliado e iluminado da experiência imediata, dotadas da capacidade de unificar aquilo que nesta última aparece fragmentariamente. Unindo o disperso, a imagem, espelho dos dados imediatos, exclui a reflexão e, simultaneamente, cria a ilusão de conhecimento, graças ao seu aspecto ordenador. Esse procedimento possui também um efeito de cunho psicológico, servindo tanto para apaziguar o destinatário, pondo em ordem sua experiência, quanto para

---

[22] REALE, Miguel. *Perspectivas integralistas.* São Paulo: Odeon, [s.d.], p. 28.

alarmá-lo com a desordem existente no mundo. Esse aspecto psicológico, no entanto, é apenas a superfície de algo mais profundo e obscuro: a necessidade metafísica de garantir e preservar a identidade contra o risco desintegrador da contradição. Essa necessidade surgirá nitidamente quando as imagens nacionalistas entrarem em cena, garantindo simultaneamente identidade ao sujeito (o brasileiro) e ao objeto (a nação brasileira) acima e além das contradições, fazendo, portanto, desse sujeito e desse objeto aquilo que realmente são: abstrações, isto é, imagens.

Uma vez que o uso de imagens, além de permitir uma ordenação do real sem transtornar as aparências, além de evitar o trabalho da reflexão que solaparia as evidências imediatas e, além de contar com apoio confirmador dos "fatos", também outorga identidade ao destinatário, consequentemente as imagens veiculadas pelo discurso passam a ter força persuasiva e até mesmo constrangedora. Com isso, alcançamos seu significado político. O autoritarismo, encarado sob o prisma exclusivamente teórico ou interno ao discurso, deixa entrever, portanto, o estilo da prática que lhe é imanente. A forma autoritária de pensar não antecipa uma forma autoritária de agir: é-lhe congênita. Abolindo a distância entre o mundo e o discurso, as imagens soldam o real e a palavra fazendo com que o primeiro se organize de acordo com os parâmetros da segunda, que se torna, então, organizadora da realidade e da ação. Quando se trata especificamente desta última, o papel das imagens é claro: pretendem criar no destinatário não só o sentimento de necessidade de agir, e de agir de maneira determinada, mas ainda convencê-lo de que aqueles que proferem o discurso podem ser os condutores da ação. O imaginário prepara, assim, uma proposta política iluminista e que se expressa em vários textos de Plínio Salgado, desde aqueles onde a natureza do movimento integralista pede a atitude iluminista de sua vanguarda, até aqueles nos quais a avaliação da ignorância da massa exige que os chefes sejam *Aufklären*. Lemos em *O Integralismo perante a Nação*:

> O Integralismo exerceu sua ação no Brasil sob três formas: 1) desenvolvendo intenso esforço cultural, através de cursos, conferências, centro de pesquisas e de estudos dos problemas nacionais e humanos; 2) organizando-se no sentido da maior eficiência de um magistério moral e cívico de preparação da juventude e de um ministério social objetivando ampla assistência às classes populares:

3) *instruindo o povo brasileiro acerca do que lhe convém saber de sua tradição,* de suas realidades, de suas possibilidades, de seu futuro, o que se fazia por meio de jornais, revistas, comícios urbanos e penetração dos oradores nos campos e pequenas cidades do interior.[23]

A natureza educativa do movimento encontra sua razão de ser na situação do povo brasileiro:

> Não podemos de maneira nenhuma cortejar a massa popular. Ela é o monstro inconsciente e estúpido. Pelo contrário, devemos irritar o monstro para que ele nos agrida. Precisamos provocar agressões violentas, sem o que não poderemos exercer ação decisiva. O povo já se escravizou, de há muito, aos seus exploradores. Não devemos bajular o escravo e sim salvá-lo do cativeiro, não com agrados, mas com a imposição de novas formas de mentalidade.[24]

Magistério autoritário, a doutrina realiza em imagens o que o partido realizará em atos, sem qualquer solução de continuidade entre elas e eles.

Todavia, a análise do discurso permanecerá abstrata se não encontrarmos a quem é destinado, uma vez que o Integralismo se consolida numa Ação Integralista, isto é, numa ação social que se transformará em ação de um partido político. Quem é sua vanguarda? Quem serão seus militantes? A quem o discurso confere e garante identidade?

O destinatário do discurso

Em *Palavras novas aos tempos novos*, Plínio Salgado define o quadro da revolução integralista. Trata-se, antes de mais nada e como já dito, de uma revolução cultural, entendida como revolução espiritual. Além de ser espiritual, tendo Deus como seu princípio, pretende ser mundial.

> Nossa vitória não virá de "golpes técnicos" nem como resultado de conspiratas contra governos constituídos; virá, automaticamente, pela infiltração poderosa das ideias [...] Essa revolução abrange todo o complexo panorama universal. Cria um novo

---

[23] SALGADO, Plínio. *O Integralismo perante a nação*. São Paulo: Editora das Américas, [s.d.], p. 60. Grifos meus, MC.

[24] SALGADO, Plínio. *Palavras novas...*, *op. cit.*, p. 91.

sentido de nacionalismo e de internacionalismo. Engendra uma nova economia e um novo conceito de Estado.[25]

Essa revolução integral do espírito e da civilização tem, além do Pai Celeste, dois outros pilares: a família e a nacionalidade:

> O Integralismo é, principalmente, a doutrina realista. A primeira realidade que se oferece ao homem, logo que abre os olhos da consciência para o mundo é a realidade da Família. Como pôde abandoná-la o individualismo? Como pôde passar sobre ela o coletivismo? [...] Eis por que o Integralismo é a revolução da Família.[26]

Uma vez assentada a realidade incontestável da Família, como entidade biossocial, graças à imagem que dela tem o recém-nascido, define-se a Nação como uma reunião de famílias, entidade também biossocial inquestionável e de cuja construção se incumbirá o Integralismo. Na família "encontramos a presença de Deus, a dor do Homem, o sentimento da Pátria, o princípio da autoridade, a essência da bondade, a fonte ética e perene onde o Estado haure sua força e o seu esplendor".[27] Além de realidade biossocial, a família é realidade espiritual e é esta dimensão que a torna origem da Nação e sustentáculo do Estado.

Uma vez estabelecidos os pilares revolucionários – espírito, família e nação rumo ao novo Estado – torna-se possível marcar a diferença entre o movimento integralista e outras linhas políticas, reformistas ou revolucionárias:

> Não nos colocamos do ponto de vista nem da burguesia, nem do proletariado. Não estamos nem com os nacionalistas cegos, sentimentais e ditirâmbicos, nem com os internacionalistas utópicos que pretendem unir os indivíduos acima das pátrias, proclamando a união dos trabalhadores de todo o mundo, como fizeram os profetas falidos da II e da III Internacional. *Não rompemos ofensiva contra a burguesia, mas contra o espírito do século* do qual ela é um produto concreto; não contrariamos as justas aspirações do proletariado, mas queremos arrancar o proletariado da concepção unilateral da

---

[25] SALGADO, Plínio. *Palavras novas...*, *op. cit.*, p. 87.

[26] *Idem, ibidem*, p. 65-68.

[27] *Idem, ibidem*, p. 69.

vida em que o lançaram, para explorá-lo sem resolver sua situação que é apenas uma consequência da própria mentalidade do século XIX. *Negamos a lição de Marx, quando diz que a revolução do operário deve ser feita por ele próprio.* Para nós, que viemos depois de Einstein, depois de declarada a falência evolucionista em que se estribou a política da burguesia, que viemos depois da hecatombe de 1914, depois do fracasso do plano quinquenal e depois da queda da libra e da crise do dólar, para nós só existe uma revolução do século XX contra os preconceitos do século XIX.[28]

Esse aspecto de *Samba do crioulo doido*[29] não é gratuito. A sequência que une Marx, Einstein, a crise do dólar e da libra, a guerra de 1914, o espírito da burguesia e a incompetência histórica do proletariado não só fornece uma visão unificada do disparate e totaliza para o leitor os movimentos sociais e os problemas econômicos e políticos de um longo período histórico, como ainda e sobretudo permite localizar a revolução integralista não como luta contra o capital em nome de um proletariado inculto, mas como luta do século XX esclarecido contra a barbárie, que não é a do modo de produção capitalista, mas a do obscurantismo do século XIX. Nesse quadro, é possível garantir ao destinatário que está diante de uma revolução colossal e que, no entanto, não passará pelos riscos da luta de classes, uma vez que o problema não reside nela.

Traçado o quadro de um mundo obscurantista e "materialista" que exige uma revolução universal, é preciso também justificar o início do movimento revolucionário no Brasil, portanto, particularizar as desgraças. Quais as condições necessárias e suficientes para isso?

> Esta longa escravidão ao capitalismo internacional; este longo trabalho de cem anos na gleba para opulentar os cofres de Wall Street e da City; essa situação deprimente em face do estrangeiro; este cosmopolitismo que nos amesquinha, essas lutas internas que nos ensanguentam; esta aviltante propaganda comunista que desrespeita todos os dias a bandeira sagrada da Pátria; esse tripudiar de regionalismo

---

[28] SALGADO, Plínio. *Palavras novas...*, *op. cit.*, p. 85-86. Grifos meus, MC.

[29] Título de um samba-enredo de Stanislaw Ponte-Preta, pseudônimo do jornalista Sérgio Porto, criador, nas décadas de 1960-1970, do célebre FEPEAPÁ (Festival de Besteira que Assola o País). No *Samba*, a princesa Leopoldina se casa com Tiradentes e vira uma estação de trem; o Padre Anchieta e o Imperador Pedro II proclamam a escravidão, etc. O FEPEAPÁ era, evidentemente, a ditadura.

em esgares separatistas a enfraquecer a Grande Nação; esse comodismo burguês, essa miséria das nossas populações sertanejas, a opressão em que se debate nosso proletariado, duas vezes explorado pelo patrão e pelo agitador comunista e anarquista; a vergonha de sermos um país de oito milhões de quilômetros quadrados e quase cinquenta milhões de habitantes, sem prestígio, sem crédito, corroídos de politicagem de partidos.[30]

O interesse dessa sequência, que se inicia com o capitalismo internacional (os cem anos na gleba) e nele também termina (o prestígio e o crédito), consiste na maneira como as imagens são arranjadas a fim de conferir simultaneamente identidade tanto ao emissor quanto ao interlocutor do discurso: estes não são o burguês comodista e cosmopolita, não são o sertanejo miserável, não são o proletariado explorado, não são o aviltante agitador comunista e anarquista – são o país, a Grande Nação escravizada. Porém, nessa Grande Nação, quem não se confunde com as imagens dos inimigos causadores da divisão nacional? E se retomarmos os textos anteriormente citados, ainda cabe perguntar: quem toma a família e a nação como realidades espirituais e intangíveis? Quem considera a família fonte legítima do princípio de autoridade e pilar de um Estado ético? Para quem interessa uma revolução que não ofenda a burguesia nem dê rédeas soltas ao proletariado? Quem precisa da garantia de que há uma revolução possível sem passar pela luta de classes, pois se trata de uma revolução "das mentalidades"? Quem precisa assegurar-se de que a realidade possui princípios que a unificam harmoniosamente, malgrado a aparência de conflito e divisão? A quem se dirigem estas palavras do *Manifesto* de 1932:

> Os homens e as classes, pois, podem e devem viver em harmonia. É possível ao mais modesto operário galgar uma elevada posição financeira ou intelectual. Cumpre que cada um se eleve segundo sua vocação. Todos os homens são susceptíveis de harmonização social e toda superioridade provém de uma só superioridade que existe acima dos homens: sua comum e sobrenatural finalidade. Esse é o pensamento profundamente brasileiro, que vem das raízes cristãs de nossa história e está no íntimo de todos os corações?[31]

[30] SALGADO, Plínio. *Palavras novas...*, *op. cit.*, p. 48.

[31] MANIFESTO de Outubro de 1932. *Op. cit.*, p. 95-96.

A quem se dirige a afirmação de que "o mais modesto operário pode galgar uma elevada posição financeira ou intelectual"? Qual o destinatário que pode ser convencido de que a superioridade advém a todos de sua "comum e sobrenatural finalidade"?

A pergunta pelo destinatário encontra uma primeira possibilidade de resposta quando examinamos o derradeiro pilar que sustenta o projeto integralista:

> A questão social deve ser resolvida pela cooperação de todos, *conforme a justiça e o desejo de progredir e melhorar. O direito de propriedade é fundamental para nós, considerado no seu caráter natural e pessoal* [...] O que nós desejamos *dar* ao operário, ao camponês, ao soldado, ao marinheiro é a possibilidade de *subir* conforme a sua vocação e seus justos desejos. Pretendemos *dar* meios a todos para que possam galgar, pelas suas qualidades, pelo trabalho e pela constância, uma posição cada vez melhor, tanto na sua classe, como fora dela e até no governo da Nação. Não ensinamos ao operário a doutrina da covardia, da desilusão, do ódio, da renúncia como o comunismo ou a anarquia; nem a doutrina da submissão, do ostracismo inevitável, da conformação com as imposições dos políticos, como a democracia liberal. *Nós ensinamos* a doutrina da coragem, da esperança, do amor à Pátria, à sociedade, à Vida, *da ambição justa de progredir, de possuir bens, de elevar-se a Família.*[32]

O Integralismo dirige-se, pois, à classe média urbana. E não o faz apenas dessa forma tácita, invocando valores tradicionalmente imputados a ela, mas a convoca explicitamente, e não somente para que venha cerrar fileiras na qualidade de militante, mas para que venha constituir-se como vanguarda política. Salgado escreve:

> Os mais fervorosos adeptos do liberalismo são os que pretendem destruir as pátrias e o indivíduo com suas projeções morais e intelectuais. É o argentário, o homem de negócios de um lado; é o anarquista, o comunista de outro lado. *O ódio de uns e de outros contra o espírito elevado da classe média e as mentalidades cultas não tem limites* [...] *Não se trata, porém, de classe média e sim da inteligência e da cultura, da moralidade e do espírito que criam a dignidade humana,*

---

[32] *Idem, ibidem*, p. 103-104. Grifos meus, MC.

determinando que esta paire acima das lutas mesquinhas, consciente dos superiores destinos da criatura humana.[33]

Por seu turno, Reale coloca a classe média como classe revolucionária:

> Essa é a classe que faz a revolução porque é portadora da ideia. As outras camadas sociais, as superiores e as inferiores, recebem dela a seiva vivificadora, mas as últimas sobem de mãos dadas com ela. Quando os homens da classe média *perdem sua posição social e econômica*, dá-se uma revolução que pode ser tanto na linha do desespero bolchevista como no sentido orgânico do Integralismo.[34]

Apontar a classe média como interlocutora do discurso integralista é, simultaneamente, discernir o agente posto na cena política e desembocar muito menos numa solução ou num conhecimento histórico e muito mais numa rede intrincada de dificuldades, pois agora cabe indagar: o que é a classe média urbana no Brasil na década de 1930? Que significa elegê-la como portadora da história?

Antes de tentar enfrentar as questões suscitadas, convém observar como a classe média é vista pelos dirigentes integralistas. Salgado a define como inteligência, moralidade e guardiã da pessoa "acima das lutas mesquinhas". Reale a coloca como portadora da Ideia e, detalhe curioso, como revolucionária desde que posta diante do risco da queda social e econômica, isto é, diante do risco da proletarização. Que as peripécias de Luís Carlos Prestes tenham algo a ver com a escolha do "desespero bolchevista" parece evidente. Que os "intelectuais neurastênicos" tenham algo a ver com o "sentido orgânico do Integralismo" também parece indubitável. Todavia, ao mesmo tempo em que os textos permitem ler em filigrana uma descrição da conjuntura brasileira, permitem, ainda, alcançar as possíveis fontes teóricas da AIB. Que o medo da proletarização radicaliza a classe média, indica a leitura de Marx por Reale, mas que a classe média seja a inteligência, a moralidade e, sobretudo, a portadora da Ideia,

---

[33] SALGADO, Plínio. *O que é Integralismo. Op. cit.*, p. 42-43. Grifos meus, MC

[34] REALE, Miguel. *O capitalismo internacional*. Grifos meus, MC.

leva a perceber que nossos integralistas não desconheciam *a Filosofia do Direito* de Hegel.[35]

Na terceira parte da *Filosofia do Direito*, dedicada à moralidade objetiva, isto é, à constituição da sociedade civil e do Estado, Hegel descreve o movimento imanente pelo qual o espírito imediato ou natural (ou seja, a família) é desfeito, negado e conservado pela sociedade civil, constituída de indivíduos, cuja universalidade formal, definida "por meio das necessidades, pela constituição jurídica como instrumento de segurança da pessoa e da propriedade, e por uma regulamentação exterior para as necessidades particulares e coletivas"[36], é determinada pela esfera dos interesses antagônicos e, como tal, desfeita, negada e conservada pelo Estado, "que é o fim e a realidade em ato da substância universal e da vida pública que nele se consagra".[37] Passando da particularidade dos indivíduos e das classes que constituem a sociedade civil para a universalidade posta pelo Estado, torna-se compreensível a posição atribuída pelo filósofo à classe média, como veremos.

Descrevendo o desenvolvimento interno da sociedade civil pelo qual são engendradas as classes sociais, Hegel as descreve diferenciando-as segundo seus sistemas particulares de necessidades, técnicas, trabalhos, cultura teórica e prática.[38]

---

[35] Fato que não escapou a Tristão de Athayde, que escreveu haver no Integralismo problemas difíceis e obscuros que exigiam meditação por parte daqueles que pretendessem aderir ao movimento, e entre as dificuldades ou obscuridades encontra-se "o hegelianismo latente de certas páginas dos livros de Plínio Salgado, o estatismo exagerado de Miguel Reale" (LIMA, Alceu Amoroso. *Indicações políticas: da revolução e Constituição*. Rio de Janeiro: Civilização Brasileira, 1936, p. 196). Aliás, em seus dois livros mais importantes (*O capitalismo internacional* e *O Estado moderno*), Reale utiliza largamente a filosofia hegeliana do direito.

[36] HEGEL. *Filosofia do Direito*, §157.

[37] *Idem, ibidem.*

[38] "A sociedade civil contém os três momentos seguintes: a) a mediação das necessidades e satisfação das necessidades de todos os outros é o sistema das necessidades; b) a realidade do elemento universal de liberdade contido nesse sistema, é a defesa da propriedade pela justiça; c) a precaução contra o resíduo de contingência desses sistemas e a defesa dos interesses particulares como alguma coisa comum, pela administração e pela corporação" (§188). "Os meios infinitamente variados e o movimento pelo qual se determinam reciprocamente pela produção e pela troca conduzem, em virtude de sua universalidade imanente, a um agrupamento e a uma diferenciação de grupos gerais. Então, o conjunto coletivo toma a figura de

Há três classes: a substancial ou imediata, fronteira entre a moralidade subjetiva, isto é, a família, e a moralidade objetiva, isto é, a sociedade civil; a classe formal ou reflexiva, núcleo fundamental da sociedade civil; e a classe universal, mediadora entre a sociedade civil, de que faz parte, e o Estado, a quem serve. Como a classe substancial, também a classe universal é uma fronteira, mas no outro polo, isto é, no limite entre a sociedade civil e o Estado. A classe substancial é a posse convertida em propriedade privada da terra, donde ser posta como classe imediata (isto é, posta diretamente pela natureza); seu espírito ou moralidade subjetiva é a família e a boa-fé; suas necessidades se identificam com o cuidado da família e suas posses são um bem da família. A classe formal é a classe industrial, subdividida em artesanato, indústria e comércio; ocupa-se com a transformação do produto natural e seus meios de subsistência "nascem do trabalho, da reflexão, da inteligência e também da mediação das necessidades e trabalhos de outrem"[39]. Por ser classe definida pela propriedade e pela mediação do trabalho, não é definida como imediata (ou dada naturalmente), mas como mediata (ou constituída socialmente pela mediação do trabalho). Ora, enquanto as duas primeiras classes da sociedade civil são determinadas como classes econômicas (evidentemente a classe está reduzida à figura dos proprietários, únicos que são pessoas), a classe universal é posta com determinações não econômicas e numa outra esfera da sociedade civil. É a classe que se ocupa com os interesses gerais da vida social e por isso deve ficar

> [...] separada do trabalho direto para satisfação das necessidades seja graças à fortuna seja por meio de uma indenização paga pelo Estado que reclama sua atividade, de sorte que, trabalhando para o universal, seu interesse privado se satisfaça.[40]

A descrição da sociedade civil permitirá a Hegel demonstrar que a propriedade da terra e a família efetivam socialmente a classe

um organismo formado de sistemas particulares de necessidades de técnicas e de trabalhos, de maneiras de satisfazer as necessidades, de cultura teórica e prática, sistema entre os quais os indivíduos são repartidos e que constitui a diferença das classes". HEGEL, *Filosofia do Direito*, §201.

[39] *Idem, ibidem,* §204.

[40] *Idem, ibidem,* §205.

substancial, enquanto a forma racional de existência social para a classe industrial será a corporação.[41] Assim,

> [...] ao lado da família, a corporação constitui a segunda raiz moral do Estado, aquela que está implantada na sociedade civil. A primeira contém os elementos de particularidade subjetiva e de universalidade objetiva numa unidade substancial, enquanto a segunda une pelo interior esses momentos que tinham sido inicialmente divididos na sociedade civil nas particularidades refletidas sobre si das necessidades e do prazer e na universalidade jurídica abstrata. Assim, nessa união, o bem-estar particular é realizado ao mesmo tempo que reconhecido como direito. A santidade do casamento e a honra profissional são dois eixos em torno dos quais gira a matéria inorgânica da sociedade civil.[42]

Quanto à classe universal, seu caráter social é imediato (ela é diretamente posta pelo Estado) e a forma de sua existência racional é o cultivo da inteligência e o serviço público (ou a burocracia de Estado): "A classe universal, mais precisamente aquela que se consagra ao serviço do governo, tem em seu destino ter o universal como fim de sua atividade essencial"[43] (§303). Quem é a classe média ou a classe a serviço do universal?

> Os membros do governo e os funcionários do Estado *constituem a parte principal da classe média*, onde se encontram *a inteligência culta e a consciência jurídica de um povo*. As instituições da soberania, do lado superior, e a das corporações, do lado inferior, impedem que

---

[41] "Na corporação não somente a família tem um terreno firme porque a capacidade que lhe assegura subsistência é uma riqueza estável, mais ainda essa subsistência e riqueza são reconhecidas [...] Reconhece-se ao mesmo tempo que o membro da corporação pertence a um todo, que ele próprio é um membro da sociedade em geral e que se interessa e se esforça por fins não egoístas dessa totalidade. A instituição da corporação responde, do ponto da segurança da riqueza, à introdução da propriedade privada e da cultura em uma outra esfera [...] Se não se é membro de uma corporação legítima o indivíduo não tem honra profissional [...] Na corporação, a ajuda recebida pela pobreza perde o caráter contingente e, consequentemente, seu caráter injustamente humilhante. E quando a riqueza preenche seu dever para com a corporação, o orgulho e a inveja que ela provoca no proprietário e o beneficiário desaparecem. É na corporação que a probidade é verdadeiramente reconhecida e honrada" (HEGEL, *ibidem*, §253).

[42] HEGEL. *Filosofia do Direito*, §255.

[43] *Idem, ibidem*, §303.

ela tome posição isolada de uma aristocracia e que a cultura e o talento se tornem meios do arbítrio e da dominação.[44]

Assim, o Estado, do lado de cima, e os interesses econômicos das corporações, do lado de baixo, fazem da classe universal funcionário público. E este funcionário do universal é a inteligência culta, a consciência jurídica, a efetuação da moralidade objetiva, ou, como deseja Reale, a "portadora da Ideia". A classe média hegelo-integralista é, pois, a presença da sociedade política no interior da sociedade civil, mediadora entre o Estado e as demais classes por intermédio da função do governo, da administração e da justiça que protege a pessoa e a propriedade privada dos meios sociais de produção.

O que é curioso em Hegel é a maneira pela qual transforma melaço em ambrosia. Sabemos que a literatura recente das ciências sociais de inspiração marxista tem discutido as dificuldades inerentes à compreensão da gênese e natureza das chamadas *novas* classes médias, ao mesmo tempo em que discute o problema do perecimento da antiga classe média, isto é, da pequena burguesia, cujo ideário e cuja prática o *18 Brumário* descreve e explica exaustivamente. Sabemos também da existência de outro tipo de literatura sociológica que, de Haya de la Torre a Johnson e Alexander, atribui à classe média a capacidade para enfrentar as classes dominantes e efetuar transformações sociais e políticas. A literatura de inspiração marxista tem mostrado que as esperanças políticas depositadas na atuação possível da classe média são "expectativas-mitos".[45] No Brasil, trabalhos recentes[46] têm-se ocupado

---

[44] HEGEL, *op. cit.*, §297. Grifos meus, MC.

[45] PINHEIRO, Paulo Sérgio. *Classes médias urbanas: formação, natureza, intervenção na vida política.* Campinas: Unicamp, 1974, p. 11. (Mimeografado.)

[46] Cf. WELFORT, Francisco Correia. Origens do sindicalismo populista no Brasil: a conjuntura do após-guerra. *Estudos CEBRAP*, n. 4; Raízes Sociais do Populismo em São Paulo. *Civilização Brasileira*, n. 2; O populismo na política brasileira. In: *Brasil: tempos modernos.* Rio de Janeiro: Paz e Terra, 1977; FAUSTO, Boris. *A Revolução de 30.* Rio de Janeiro: Difel, 1977; SAES, Décio. *Classe média e política na Primeira República brasileira: 1889-1930.* Petrópolis: Vozes, 1975; SOUZA, Maria do Carmo Campello de. *Estado e partidos políticos no Brasil 1930-1964.* São Paulo: Alfa Omega, 1976; FORJÁS, Maria Cecília Spina. *Tenentismo e política: tenentismo e camadas médias urbanas na crise da Iª República.* Rio de Janeiro: Paz e Terra, 1977; ALBUQUERQUE, José Augusto Guilhon (Coord.). *Classes médias e políticas no Brasil.* Rio de Janeiro: Paz

em demonstrar que, tanto do ponto de vista histórico efetivo quanto do ponto de vista da posição estrutural, a classe média não pode ser portadora de um projeto político autônomo e que, pelo contrário, mesmo quando suas propostas divergem daquelas defendidas pela classe dominante, a divergência não chega a constituir sequer um antagonismo real, de sorte que, bem ou mal, as classes médias estão atreladas à classe dominante ou a reboque dela. Fundamentalmente, mostra-se que a heterogeneidade da composição, a ambiguidade ideológica, a "despossessão" econômica, o medo da proletarização e o desejo de ascensão fazem da classe média não apenas uma classe conservadora, mas visceralmente reacionária. Ora, a peculiaridade da versão hegeliana consiste em transfigurar as determinações que anulam a autonomia política da classe média nas suas qualidades específicas. No quadro hegeliano, a força e a virtude da classe média estão em justamente não poder criar uma política independente. A política de que é a consciência culta e a executante capacitada é aquela que emana da conjugação dos interesses da sociedade civil (isto é, da classe substancial e da classe formal) com os interesses da soberania, isto é, do Estado. A classe média é universal porque é funcionária da sociedade civil e do Estado. Eis porque, dizem os integralistas, "paira acima das lutas mesquinhas". Encarados como funcionários do universal, os intelectuais e as Forças Armadas são classe média, e, nesse contexto, não parece surpreendente que, no Brasil, uma parcela dos Tenentes tenha vindo engrossar fileiras com os "intelectuais neurastênicos". Na perspectiva hegeliana, as determinações que freiam as ações da classe média (sua frustração por não ser burguesia, seu medo de tornar-se proletária, seu ódio por encontrar-se alijada do poder, enfim, suas determinações de classe despossuída, para

---

e Terra, 1977; ZENTENO, Raul Benitez (Coord.). *As classes sociais na América Latina*. Rio de Janeiro: Paz e Terra, 1977. Especialmente o trabalho de: VILLALOBOS, André. *A nova classe média: uma configuração do problema.* Tese (Doutorado) – Campinas, Unicamp, 1976. Nessa tese, o autor demonstra a natureza da nova classe média como classe destinada a exercer uma forma determinada de dominação no interior do sistema capitalista em decorrência de seu próprio modo de inserção na esfera do trabalho. HALL, Michael. Reformadores da classe média no Império brasileiro: a sociedade central de imigração. *Revista Histórica*, n. 105, 1976; DEAN, Warren. *A industrialização em São Paulo*. São Paulo: Difel, 1971. As coletâneas de documentos preparadas e publicadas por Edgar Carone acerca do comportamento das classes médias na Primeira e Segunda Repúblicas. São Paulo, Difel, 1972.

usar a expressão de Saes) transfiguram-se em virtudes. Para ser classe universal, não deve ser classe substancial (nobreza), nem classe formal (burguesa), nem viver do trabalho (proletária). Essa imagem permite a Plínio, zangado, exclamar: "Dizem que a pátria do operário é onde está seu pão e a do capitalista onde se acha seu dinheiro, e que só a classe média tem Pátria. Mas não se trata de classe média e sim da inteligência, da cultura e da moralidade". Sem essa imagem redentora, a classe média não pode representar-se a si mesma como "consciência dos superiores destinos da criatura humana".[47]

Baixemos à terra.

A vantagem da versão hegeliana consiste no fato de que, em certa medida, recobre a realidade histórica de nossa classe média urbana

---

[47] "A classe média é a classe da 'cultura'. *Voilà tout.* Hegel apresenta-nos uma descrição empírica da burocracia, em parte tal como realmente é e, em parte, tal como se representa a si mesma [...] toma como ponto de partida a 'separação' entre Estado e sociedade civil, entre o universal que existe 'em si e para si' e os 'interesses particulares' e é verdade que a burocracia se baseia *nesta* separação. Parte da hipótese das corporações e é certo que a burocracia supõe corporações, ou pelo menos, 'espírito corporativo'. Não desenvolve nenhum *conteúdo* da burocracia e limita-se a citar algumas determinações genéricas de sua organização 'formal' e é certo que a burocracia é apenas o 'formalismo' de um conteúdo situado fora dela. As corporações são o materialismo da burocracia e esta, o espiritualismo das corporações. *A corporação é a burocracia na sociedade civil, a burocracia, a corporação no Estado* [...] A burocracia é, portanto, obrigada a proteger a universalidade *imaginária* do interesse particular a fim de proteger a particularidade *imaginária* do interesse universal, isto é, seu próprio espírito [...] Dado que a burocracia, de acordo com sua *essência*, é o Estado enquanto formalismo, também o é, de acordo com sua *finalidade*. A verdadeira finalidade do Estado surge, portanto, para a burocracia como uma finalidade *contra* o Estado: ela é, como 'espírito formal' do Estado, a falta do 'espírito real' do Estado. Aos seus próprios olhos é a finalidade última do Estado e, como seus objetivos são 'formais', entra em conflito com os objetivos 'reais'. É obrigada a pôr o conteúdo como formal e o formal como conteúdo. Os objetivos do Estado se transformam em objetivos da burocracia e vice-versa [...] É uma *hierarquia do saber*. A cabeça remete para os membros inferiores o conhecimento dos detalhes, e os círculos inferiores julgam que a cabeça pode compreender o universal. Assim, enganam-se mutuamente. A burocracia constitui o Estado imaginário paralelo ao Estado real, é o espiritualismo do Estado [...] O espírito da burocracia é o *segredo* [...] A *autoridade* é, consequentemente, o princípio de sua sabedoria e a idolatria da autoridade constitui seu sentimento [...] Numa organização desse tipo, é evidente que o povo só pode aparecer como *uma* classe e como classe *média*" (MARX, Karl. *Crítica da Filosofia do Direito de Hegel*. Lisboa: Editorial Presença, p. 70-83).

desse período, pois "diferentemente da antiga classe média americana, as classes médias brasileiras não tinham a sua principal atividade social e econômica na pequena propriedade independente, mas em setores subsidiários (administração pública e serviços) de uma pequena estrutura cuja pauta é dada pela grande propriedade da terra".[48] As classes médias, nos anos 1920 e 1930, teriam constituído uma força de pressão para a derrubada do regime oligárquico, e os líderes mais radicais encontram-se entre os funcionários públicos, militares e profissionais liberais, sendo uma de suas bandeiras a necessidade de moralizar os costumes políticos seja pela supressão do clientelismo, seja pela modernização dos aparelhos do Estado (o que é o corolário do ponto anterior), seja, enfim, e consequentemente, pela modificação da forma de participação política, quer pelo sistema eleitoral que garantisse o sufrágio universal e secreto (proposta dos liberais), quer pelo corporativismo que garantiria o voto de qualidade ou profissional (proposta dos autoritários). Evidentemente, esse quadro tende a revelar o papel político assumido pelos setores urbanos da população. Todavia, no que tange especificamente à classe média, é preciso considerar que a

> [...] urbanização não foi, entretanto, um processo mágico que transformou os que nela participaram em representantes de interesses antioligárquicos ou em elementos capazes de pôr em xeque o projeto do bloco-no-poder. A cidade se desenvolve dentro da dinâmica do sistema agrário-exportador: essa situação marcará a ambiguidade das classes médias urbanas submetidas à dupla influência dos laços de dependência com as oligarquias e a ilusória autonomia que a participação nos serviços comerciais ou na burocracia do Estado pode dar aos seus membros [...] A urbanização é um processo que ocorre à sombra do fortalecimento da economia agrário-exportadora, que a longo prazo conformará o Estado à sua própria imagem, portanto, a própria burocracia, o aparelho de Estado: a cidade também colabora na construção da dependência das classes médias ao projeto do bloco-no-poder sob a hegemonia das classes agrário-exportadoras. É ilusório pensar o processo de urbanização como passarela para a possibilidade de autonomia na prática política.[49]

---

[48] WEFFORT, Francisco C. O populismo na política brasileira. In: *Brasil: tempos modernos*. Rio de Janeiro: Paz e Terra, 1977, p. 55.

[49] PINHEIRO, Paulo Sérgio. *Op. cit.*, p. 9-10.

Torna-se evidente, portanto, que o inconformismo e mesmo o radicalismo das classes médias (como foi o episódio tenentista) não as conduzem a um projeto político autônomo,

> [...] dada sua dependência intrínseca, no nível socioeconômico, da estrutura predominante e a inexistência de forças sociais portadoras do "bacilo radical" que pudesse contaminá-la, a pequena burguesia se comporta de um modo geral como o oxigênio puro do sistema: a sua verdade consiste na tentativa de superar a contradição entre os princípios liberais e a prática política, objetivando a plena realização da democracia formal, através do voto secreto, a representação das minorias, a independência da magistratura. Esses objetivos coincidem, nesta etapa, com os interesses de setores das classes médias urbanas, na medida em que a reforma política, associada à manutenção do *status quo* nas relações fundamentais de propriedade ampliaria o acesso às atividades ligadas ao Estado, até então, em seus níveis mais altos, sob estrito controle das oligarquias [...] Não é razoável supor que em poucos anos, de 1930 a 1935, tenham surgido novas camadas pequeno-burguesas de formação social diversa e, no entanto, como é sabido, largos contingentes da categoria afluíram para a Aliança Nacional Libertadora, cujo programa superava os limites das reformas jurídico-políticas e propunha alterações de importância na esfera das relações de propriedade [...] Após a Revolução de 1930, a relativa homogeneidade ideológica da categoria desaparece e se evidencia um alinhamento diferenciado, que corresponde à nova situação. Se os efetivos majoritários do setor mantiveram-se fiéis aos seus princípios liberais, dele provieram também grande parte dos quadros da Aliança Nacional Libertadora e especialmente a Ação Integralista Brasileira.[50]

Qual é, pois, a "nova situação" que leva contingentes da classe média a alinharem-se segundo os parâmetros da AIB? Uma vez que se admita a heteronomia política dessa classe, é de se supor também que a guinada autoritária dos anos 1930 tenha a classe dominante como precursora. Com efeito,

> [...] nos anos 1930, os grupos revolucionários, sob a influência dos eventos internacionais, adaptaram às condições nativas ideologias antidemocráticas que defendiam formas de governo marcadas pelas

---

[50] FAUSTO, Boris. *A Revolução de 30*. São Paulo: Brasiliense, 1975, p. 84-85.

características básicas de dissociar a política partidária das arenas de decisão governamental. Difundia-se largamente pelos círculos políticos a desmoralização crescente do parlamentarismo multipartidário, dentro de uma atmosfera de descrença no Estado liberal e suas instituições, e na democracia, que passou a ser reavaliada criticamente, procurando dar-se-lhe novo sentido e conteúdo. As preocupações fundamentais no debate político da época – unidade nacional, incorporação de novos setores sociais e modernização institucional – levaram a maior parte dos ideólogos e políticos a concluírem que o autoritarismo seria o único regime harmonizado com o "Brasil real".[51]

Sob essa proposta ocultava-se a dificuldade do liberalismo para impedir a centralização do poder e a participação das massas no processo político, de sorte que a crise das elites liberais abria brecha para uma tendência claramente autoritária, por vezes mimética em face da Europa, e que identificava queda das oligarquias e centralização do poder, crítica do liberalismo e "infalibilidade da representação profissional como método de harmonização social".[52] Dos Tenentes ao Partido Republicano Paulista (PRP), do Partido Democrático (PD) à Aliança Libertadora (AL), passando pela Aliança Nacional Libertadora (ANL) e pela Ação Integralista Brasileira (AIB), incluindo as oligarquias regionais que subiram ao poder após 1930, com argumentos díspares e com objetivos diferentes, "acabaram todos por se identificar basicamente com a visão autoritária da vida política e partidária".[53] Nesse quadro, a arregimentação da classe média pela AIB torna-se irrelevante, uma vez que o autoritarismo foi a tônica dominante do período, de sorte que, fosse qual fosse a opção política da classe média (salvo, evidentemente, uma opção revolucionária que não fez), seu caminho seria sempre o mesmo. Por que, então, uma parcela escolheu a via integralista? Deixemos a resposta a Raimundo Faoro:

> O Integralismo, moldado sobre o fascismo, com adaptações nacionais, expande-se em nível nacional, colhendo a herança abandonada da direita nacionalista da década de 1920 [...] A organização

[51] SOUZA, Maria do Carmo Campello de. *Estado e partidos políticos no Brasil*. São Paulo: Alfa-Omega, 1976, p. 65.

[52] *Idem, ibidem*, p. 66.

[53] *Idem, ibidem*, p. 69.

do Brasil segundo moldes profissionais restauraria a autoridade e afastaria o cosmopolitismo [...] Intelectuais se aproximam, senão que aderem, ao movimento, com as francas simpatias da hierarquia católica e algum favor das classes armadas, sobretudo da Marinha. O namoro ou a mancebia era natural: sob um quadro importado e nacionalizado oferecia-se a oportunidade de um governo estamental, de comando de cima para baixo, coerente às aspirações de universitários cultivados para o exercício do poder sem a disputa plebeia. Governar seria ofício pedagógico de grupos remanescentes da Velha República, remodelada autoritariamente. *A classe média, sobretudo a nova classe média (white collar), sem papel político na sociedade, desdenhada pelas camadas dominantes, sente no credo verde a oportunidade de ajustar-se ao Estado, que a banira, durante 40 anos, como parasitária e improdutiva.* Na vertente oposta, o pânico do comunismo, dramaticamente denunciado com a Aliança Nacional Libertadora, sob a ascendência de Luís Carlos Prestes, agora conciliado ao outrora frágil partido sem expressão, acelera o crescimento do Integralismo, já numeroso em 1935. O Integralismo seria a fórmula ratificada e exacerbada da República Velha, na feição de domínio das camadas médias sem estadualismo e sem oligarquias, com uma comunidade no poder, liberta dos azares do liberalismo. Ela corresponde não na forma, mas na essência, tirante o ritual fascista, à manutenção do poder pelos revolucionários de 1930 saídos dos grupos dominantes, Osvaldo Aranha, este, na verdade, em rápida conversão à democracia, Gustavo Capanema e, sobretudo, Francisco Campos. Plínio Salgado será o ator ostensivo que, muito em breve e com muita facilidade, Getúlio Vargas — tido por Vitório Emanuel em perspectiva — arredará com um piparote.[54]

De sua parte, Hélgio Trindade começa caracterizando a camada social designada como "classe média" e assinala a dificuldade para delimitar seu conceito e sua realidade histórica no período em questão, escrevendo que

> No Brasil, nos anos 1930, define-se como "classe média" duas categorias sociais: a média burguesia dos profissionais liberais e os oficiais das Forças Armadas (classe média superior) e a pequena burguesia dos pequenos proprietários urbanos, rurais e os burocratas

---

[54] FAORO, Raimundo. *Os donos do poder.* Porto Alegre: Globo, 1976, v. II, p. 699-700. Grifos meus, MC.

do setor público/privado [...] O fato de que a proporção de militares em órgãos dirigentes nacionais/regionais seja menor do que a dos profissionais liberais não significa que sua participação na AIB tenha sido secundária: havia núcleos integralistas compostos exclusivamente por militares no Exército e sobretudo na Marinha, onde a maioria, senão integralista, era ao menos simpatizante do Integralismo.[55]

Após uma apresentação minuciosa de quadros descritivos da composição social da AIB e da distribuição dos dirigentes em âmbito nacional, regional e local, o autor conclui com a descrição piramidal da estrutura social e política da AIB:

O conjunto da estrutura social da AIB pode ser sintetizado numa pirâmide formada de três camadas, conforme o grau de participação nacional, regional ou local. A camada superior, constituída pelos dirigentes nacionais, é integrada exclusivamente por membros da burguesia e da média burguesia, sob a supremacia das elites intelectuais. A camada média dos dirigentes regionais encontra-se ainda sob preponderância da média burguesia intelectual que, com a burguesia e média burguesia dos oficiais, ocupa quase os três quartos dos postos de direção. Na camada inferior, a pequena burguesia e as camadas populares formam globalmente os três quartos do total dos militantes locais. Essa estratificação social é análoga à estrutura paramilitar da milícia: as elites intelectuais detêm o "comando", e as camadas médias e populares não intelectualizadas constituem a "tropa". Esse perfil da estrutura social integralista parece aproximar-se bastante dos modelos fascistas europeus, especialmente do fascismo italiano e do nacional-socialismo alemão [...] as classes médias predominam, com uma participação popular não desprezível.[56]

A semelhança com os movimentos europeus leva o autor a indagar o que a teria provocado, uma vez que a classe média europeia sentia-se ameaçada pelo processo revolucionário, enquanto no Brasil, pelo contrário, encontrava-se numa fase de ascensão social. À questão, Trindade responde assinalando que aquela ascensão era bloqueada pela

---

[55] TRINDADE, Hélgio. *Integralismo: o fascismo brasileiro na década de 30.* São Paulo: UFRGS-Difel, 1974, p. 130.

[56] *Idem, ibidem*, p. 145-146, 148.

falta de um projeto político capaz de liberar a classe média do controle exercido pelas classes dominantes tradicionais. Frustrada como burguesia e sob a influência do clima ideológico europeu, a classe média brasileira teria posto para si o dilema "fascismo ou comunismo?" sem que, no entanto, este correspondesse a uma situação realmente vivida pela classe. Por outro lado, como a representação política desses setores podia efetuar-se dentro dos quadros oligárquicos hegemônicos sem necessidade de um conflito aberto com eles, sua opção será pelo fascismo, pois a consciência política desenvolvida nessas circunstâncias é sempre conservadora. A análise de Trindade (bastante inspirada nas de José Nun, como ele mesmo admite explicitamente),[57] pressupõe, implicitamente, que a mobilização operária não constituía um polo importante na prática política do período, de sorte que o proletariado não ameaçava as oligarquias nem a classe média. Assim sendo, a opção política desta última definiu-se exclusivamente em função da correlação de forças no interior do campo da classe dominante.

Todo o problema consiste, portanto, em saber se naquele período não havia efetivamente ameaça operária e se a política integralista pode ser encarada muito mais como algo "preventivo" do que como uma prática contrarrevolucionária propriamente dita. Ou, de acordo com Faoro, como projeto de universitários cultivados da Primeira República, um estamento que toma a si mesmo por um agente pedagógico e ilustrado, capaz de manter os resultados políticos de 1930, liberalismo e regionalismo postos à parte.

O percurso realizado até aqui respeitou uma certa periodização da história do Brasil que toma o ano de 1930 como um de seus marcos significativos. Nessa periodização, o corte histórico é feito "pelo alto" ou demiurgicamente, isto é, a partir da prática política da classe dominante e das alterações ocorridas no aparelho de Estado. Nesse contexto, tornam-se claros tanto a heteronomia política e ideológica das classes médias quanto seus fracassos sucessivos. Na perspectiva de 1930, o Estado de compromisso e a derrota dos setores chamados liberais teriam conduzido à crescente tendência autoritária, passando pela rebelião de 1932 e pela Constituinte de 1934 até desembocar

---

[57] Ver: TRINDADE, *op. cit.*, p. 149.

no golpe de 1937. Entre essas datas, intercala-se 1935 e sua ambiguidade: movimento operário ou radicalização de classe média em nome do proletariado?

Não obstante, talvez fosse possível indagar se não haveria outra periodização, que tomasse como parâmetro as lutas sociais e a luta de classes, visse 1930 como resultado de um processo no qual os vencidos não foram apenas setores da classe dominante, mas ainda os operários, e lançasse alguma luz sobre a opção integralista de uma parte da classe média urbana.[58]

Se considerarmos o discurso integralista, 1930 e 1932 aparecem como datas que impelem a inteligência culta à ação social, isto é, à fundação de um centro de estudos (a Sociedade de Estudo Políticos – SEP) capaz de propor a necessária "revolução das mentalidades" de que carece a nação para construir-se. Ainda no plano do discurso, 1935 é uma data significativa, na medida em que, revelando a ameaça comunista e a existência de um partido comunista nacional, exige que a Ação Integralista Brasileira, única de caráter também nacional, constitua-se como partido político para fazer frente ao "bolchevismo".

Porém, uma outra periodização pode ser observada quando consideramos que, no plano da prática, Plínio Salgado, em 1924, adere aos dissidentes do PRP, que formam uma coligação oposta a Washington Luís e, segundo um de seus biógrafos, essa participação implicava que Salgado se visse a braços com um duplo trabalho: "Despertar as elites

---

[58] Três pesquisas sugeriram essa indagação, isto é, se a periodização pelo social e não pelo que se passa na esfera estatal não seria mais reveladora do processo histórico. A primeira delas, feita por Carlos Vesentini e Edgar de Decca, ("A revolução dos vencedores". In: *Contraponto*, ano I, n. 1), analisa o programa do BOC e revela que entre 1928 e 1929 há, do lado operário, um projeto político que só se torna inteligível como projeto eliminado da história pela memória do vencedor, ao qual interessou fazer de 1930 a data historicamente significativa. A segunda, feita por Kazumi Munakata (*Trabalhadores urbanos no Brasil e suas expressões políticas – história e historiografia – 1927-1934* – projeto de tese de mestrado. Unicamp, 1977, mimeografado), enfatiza a construção da memória operária pelo "vencedor entre os vencidos", isto é, pelo PC, sugerindo as consequências práticas e teóricas dessa memória na compreensão da política operária. A terceira, feita por Verena Martinez Alier e Armano Boito Jr. ("1974: Enxada e voto". In: *Os partidos e as eleições no Brasil*. São Paulo: CEBRAP; Paz e Terra, 1975), revela que, para os boias-frias da região de Campinas, a data memorizada é 1954 (o "assassinato" de Getúlio pelos "tubarões"), havendo total indiferença quanto a 1964.

através do movimento literário" e "criar, dentro dos muros de um dos partidos estaduais mais fortes, uma corrente renovadora", contando para isso "com o prestígio do senhor Júlio Prestes quando presidente de São Paulo".[59] Além disso, será ele redator, de 1926 a 1929, do *Correio Paulistano*, tendo prometido que "daria sempre minha colaboração ao órgão perrepista", marcando "o início da grande campanha de renovação mental do país, onde preguei meu credo nacionalista, hoje concretizado no Manifesto da Legião Revolucionária".[60] Em 1927, elege-se deputado pelo PRP, mas garante ter sido eleito com os votos de todas as "forças dissidentes do Norte do Estado [de São Paulo]", que conheciam sua carreira de escritor, jornalista e político. Após a viagem à Europa e ao Oriente escreve o *Manifesto da Legião* (o rascunho fora redigido a 30 de junho, em Paris). Esse manifesto, por ele apresentado em 12 de novembro de 1930, afirmava que "a revolução vitoriosa nas armas deve levar avante sua obra de regeneração nacional", e acrescentava que "nós não somos contra ninguém, mas somos a favor do povo, do qual tudo depende", concluindo com um alerta: "Esteja o povo disposto a não consentir que, depois de ganha a batalha, lhe seja arrebatada a vitória e ninguém ousará ludibriá-lo outra vez".[61] No entanto, escrevendo anos mais tarde acerca das razões que o levaram a abandonar a dissidência perrepista e a Legião, dirá que a natureza nacionalista de sua pregação política fora considerada por todas as forças coligadas, que deflagrariam a política regionalista e separatista de 1932, como contrária aos propósitos da oposição paulista. Todavia, acrescenta, a própria sede da Legião, da qual já se encontrava desligado, fora, em 1932 atacada pela massa popular, pois a Legião "já havia tomado nesse tempo, uma feição suspeita de esquerdismo marxista".[62] Assim, seja porque a frente única

---

[59] SALGADO, Plínio. Dados biográficos. *Panorama*, São Paulo, 3. ed., 1937, p. 16.

[60] *Idem*. Nota 11 ao artigo de: CALLAGE, Fernando. Alguns aspectos da vida de Plínio Salgado. p. 166.

[61] SALGADO, Plínio. Manifesto da Legião Revolucionária de São Paulo. *Correio da Manhã*, Rio de Janeiro, 5 mar. 1931.

[62] SALGADO, Plínio. *O Integralismo na vida brasileira*. Rio de Janeiro: Livraria Clássica Brasileira, [s.d.], p. 18. A esse respeito, é curioso observar as afirmações feitas pelo adido militar dos Estados Unidos no Brasil que, em relatório datado de março de 1931, escrevera: "Fortes rumores persistem dizendo que a assim chamada Legião

regionalista era contrária ao nacionalismo, seja porque a dissidência ganhara feições supostamente marxistas, Salgado coloca-se à margem de ambas. Em 1931 é fundado o jornal *A Razão*; em 1932, a Sociedade de Estudos Políticos (SEP); em 1932, é lançado o *Manifesto* que cria a AIB; em 1933, surgem as *Diretrizes Integralistas*; em 1935, os Estatutos da AIB, que a preparam para, em 1936, tornar-se partido político com a pretensão de concorrer às eleições estaduais, federais e à presidência da República. Em suma, a biografia política de Salgado apresenta datas mais ou tão significativas quanto 1930 ou 1935.

Por que perrepista e não membro do PD? Fundado em 1926, o Partido Democrático tinha pretensões liberais, opondo-se a toda revisão constitucional que restringisse as liberdades individuais, pelejando pela moralização eleitoral (voto secreto, medidas asseguradoras do escrutínio, das apurações e do alistamento), pela independência da magistratura e do magistério público. Nascido de uma aliança de classes de São Paulo, classe média e setores agrários descontentes, o PD era anti-industrialista e agrarista, vendo nos industriais, estrangeiros exploradores, responsáveis pelo aumento do custo de vida. Opondo-se à aliança entre o setor cafeeiro e industrial, representado pelo PRP, o PD estaria mais próximo das ideias de Salgado do que o Partido Republicano Paulista. Será, pois, a fachada liberal do programa que impedirá a adesão a ele, uma vez que, para Salgado, o liberalismo é filho do capitalismo e pai do comunismo. A frente única do PRP e do PD pelo separatismo, em

Revolucionária de São Paulo, organizada em novembro com a aprovação do coronel Alberto, formada com o propósito de assegurar a liberdade, nada mais é do que pura atividade comunista". Afirmando que o manifesto é um texto muito longo, vago e filosofante, o adido militar seleciona algumas passagens que considera importantes para os Estados Unidos e, entre elas, as seguintes: "Acreditamos que o Brasil pode ainda oferecer ao mundo uma nova mensagem"; "A inteira formação de nossas leis deve originar-se de nós e não ser trazida de fora; a Constituição de 1891 ocasionou todos os males da República que caiu em 1930 porque foi feita para o Brasil e não pelo Brasil"; "O Estado deve ser fundado sobre o 'Trabalho'"; "Os Estados devem ter o máximo de autonomia administrativa e o mínimo de autonomia política"; "Uma legislatura de técnicos e não de políticos"; "Devolução das terras para os homens que atualmente as cultivam"; "Progressiva nacionalização do aparato bancário, dos meios de transportes, das minas, da energia hidráulica" (RELATÓRIO do adido militar no Brasil: Division of Latin American Affairs. Department of State. n. 968, 12 mar. 1931, p. 1).

1932, torna-os igualmente suspeitos aos olhos daquele que, ao redigir o *Manifesto da Legião*, escrevera:

> A representação política nacional não deve mais basear-se nas expressões políticas dos Estados [...] A autonomia dos Estados deve ser delimitada dentro das possibilidades da pátria comum [...] O que é necessário, principalmente, é criar um governo forte e dispondo de meios para efetivar uma política no alto sentido da palavra, porém, absolutamente sobreposto a competições de ordem pessoal, às quais deve ser alheio.[63]

Autoritária como convém a um membro do PRP, todavia a proposta de Plínio extravasa os interesses paulistas, evidentemente não porque haja uma política "regional" contra uma outra "nacional", mas porque, sob a representação regionalista, escondem-se interesses de classe que se consideram prejudicados por uma plataforma nacionalizante.[64]

Também é compreensível a ruptura com o PRP por parte daquele que, em outubro de 1930, escrevera a Augusto Schmidt:

> A bandeira que imagino que a Nação deve contemplar – será o Nacionalismo. Porque com ela captaremos os sentimentos. O sentimentalismo é a única força positiva da economia social brasileira. Com ele fizemos a Independência. Com ele fizeram-se todas as revoluções. Essa energia é incontestável no caráter nacional. Recrutemo-la. Ela, como sempre, caminhará às cegas. Nós a dirigiremos. Antes que outros a venham dirigir.[65]

---

[63] MANIFESTO da Legião Revolucionária de São Paulo. *Correio da Manhã*, Rio de Janeiro, 5 mar. 1931.

[64] A esse respeito ver: DEAN, Warren. *A industrialização em São Paulo*. 2. ed. São Paulo: Difel, 1971. "Os chefes da revolução paulista de 9 de Julho de 1932 expressaram seus motivos de queixa em termos que eram sobretudo políticos e nacionalistas. Insistiam em que buscavam compelir Vargas a reconhecer as metas liberais da Revolução de 1930: governo constitucional e autonomia local. As justificações que apresentavam para a revolta, porém, tendem a mostrar que os paulistas desejavam a restauração de sua autonomia principalmente em razão do controle que assim recobrariam do Estado" (p. 205).

[65] SALGADO, Plínio. *O integralismo na vida brasileira*. *Op. cit.*, p. 25. Ainda nesta mesma carta, anterior à ruptura, explica a Schmidt por que permanece no PRP: "Estou com o Júlio [Prestes] por motivo de dignidade, de coerência doutrinária: pela ordem, pelo Brasil conservador, pelo respeito à autoridade; motivos particulares: minha estima a ele" (p. 26).

Ora, quem são esses "outros", se PRP e PD não são nacionalistas? Será numa outra carta, datada de 2 de janeiro de 1931, às vésperas da fundação do jornal *A Razão*, que Salgado dirá a Schmidt quem são os "outros".

> Esse jornal deve atuar de modo a dividir bem nitidamente a massa brasileira em dois campos distintos: o dos que pretendem subordinar o Homem à Máquina; e o dos que pretendem subordinar a Máquina ao Homem [...] A unanimidade de nosso povo (com exceção dos burguesões materialistas, nossa plutocracia) declara hoje guerra de morte ao capitalismo. O clamor é enorme; um coro de angústias. A própria alma nacional, numa intuição profunda, parece compreender aquilo que Tristão deixou tão meridianamente esclarecido: que o comunismo é apenas um desdobramento do capitalismo [...] Que parta do Brasil como um protesto que ecoará entre os povos meridionais, sem hulha, sem petróleo, sem ferro, sem possibilidades para exercer um imperialismo econômico [...] Essa afirmação de nacionalidade é o grande ponto de contacto entre as correntes que não se conformam com o "materialismo histórico". Acredito que ela arrastará as multidões brasileiras.[66]

Unificando capitalismo, imperialismo dos países industrializados e não conformismo perante o materialismo histórico, fazendo do comunismo o desdobramento do capitalismo, Salgado designa a burguesia (sem especificar suas frações) e os revolucionários como os "outros" e, acreditando que o nacionalismo arrastará a massa, usará essa bandeira como arma política. Resta saber de onde lhe vem a crença na força do nacionalismo espontâneo da massa. Ou melhor, da classe média, uma vez que, como já apontamos Salgado a coloca como vanguarda integralista.

Em seu texto acerca da classe média como "portadora da Ideia", e portanto, como revolucionária, Miguel Reale explicita as razões que a conduzem à "revolução": a perda da posição social e econômica. Uma vez que a AIB está a convocar a classe média, cumpre saber se esta perdeu sua posição social e econômica. Ora, em suas análises, Trindade, como vimos, procura salientar que, objetivamente, a classe média encontra-se em plena ascensão. Por outro lado, o censo de 1920 para a cidade de São Paulo registra, para o que poderíamos chamar a

---

[66] SALGADO, Plínio. *O integralismo na vida brasileira. Op. cit.*, p. 31-32.

"classe média urbana", os seguintes números: Administração, 4.964; profissões liberais (não especificadas), 13.980.[67] O censo para a mesma cidade em 1934 registra: Administração, 27.290; profissões liberais (não especificadas), 25.008.[68] O censo de 1940 nos dá: Administração, 31.499; Profissões liberais (não especificadas), 17.496.[69] Percebe-se, portanto, que há crescimento global da população de classe média, embora, em números relativos, os ocupados na administração tenham aumentado mais do que os dedicados às profissões liberais. Quanto à população operária, Azis Simão nos fornece os seguintes dados, referentes à população ocupada: em 1920, no Estado de São Paulo, para 4.145 estabelecimentos há, desigualmente distribuídos, 83.998 operários; em 1934, no Estado de São Paulo, para 8.575 estabelecimentos, há, desigualmente distribuídos, 202.900 operários.[70]

No tocante às "elites intelectuais", ao que tudo indica, no período,

> [...] as diferenças entre a elite estabelecida e os aspirantes ficaram claras na Revolução de 1930, quando a conciliação entre os valores da velha elite e os dados da nova deixaram de ser compatíveis, gerando uma fase de considerável descontinuidade política [...] Paralelamente à razoável homogeneidade da elite que emergiu da Revolução de 1930, as tarefas do governo se complicaram. Os papéis político, econômico e social do Estado foram muito ampliados. Isso fez com que a demanda quantitativa por administradores e técnicos crescesse consideravelmente. O golpe do Estado Novo foi, por assim dizer, a consolidação, no plano político formal, dessas mudanças iniciadas em 1930 e aceleradas em 1934. O que ficou claro após 1937 foi que havia necessidade de mais elites treinadas nas tarefas que o Estado advogava para si. Para fazer face a essa situação, o governo cuidou de promover uma "socialização de emergência" dessas novas elites, das quais necessitava para continuar a tarefa da construção do Estado Nacional.[71]

---

[67] CIDADE de São Paulo, Recenseamento 1920, v. IV, parte 5, t. I, p. 173.

[68] BOLETIM do Departamento Estadual de Estatística – 1939, n. 1 p. 92.

[69] IBGE. Recenseamento geral do Brasil 1940, t. II, p. 472. Censo Demográfico, parte XVII.

[70] SIMÃO, Azis. Sindicato de Estado. São Paulo: Dominus, 1966.

[71] BARROS, Alexandre S. C. A formação das elites e continuação da construção do Estado Nacional. Dados, n. 15, 1977, p. 112.

Explica-se, pois, o aumento da população ocupada na administração, bem como o número de técnicos. Por outro lado, o crescimento do parque industrial (atestado pelos números fornecidos por Azis Simão) amplia a urbanização e explica o aumento da população de profissionais liberais. Além disso, se levarmos em conta que os setores de classe média agrupados em torno do PD aderem ao ideário da "indústria natural" contra os exploradores estrangeiros (incompetentes que sobrecarregam o país com tarifas elevadas e criam obstáculos para o consumo dos produtos importados, de melhor qualidade), é possível concluir que, se a classe média reivindica o consumo de tais bens, é porque tem poder aquisitivo para consumi-los e não se poderia considerar o "aumento do custo de vida", implicado pela indústria nacional, como indicador de "perda da posição social e econômica". Nesse quadro, onde "encaixar" a convocação de Reale? Estaríamos aqui diante de um discurso vazio, proferido por um "estamento que aspira pelo poder sem as disputas plebeias", como sugere Faoro?

Ora, há no discurso dos integralistas algo, já presente na carta de 2 de janeiro de 1931 de Plínio a Schmidt, que não pode ser ignorado: a tônica anticomunista. À primeira vista, esse aspecto pode ser tido como decorrência do caráter mimético da AIB em face dos fascismos europeus, ou como decorrência do espiritualismo católico do Chefe que, naquela carta, afirma que haverá dois blocos opostos: "por Deus e contra Deus". Se o lema "Deus, Pátria e Família" alimenta o catolicismo dos militantes e explica seu moralismo na crítica da democracia liberal que destrói os valores sagrados, esse lema também sustenta a atitude anticomunista, na medida em que marxismo, socialismo, bolchevismo e comunismo, sendo "materialistas", são ateus, internacionalistas e destruidores do núcleo familiar. Todavia, é preciso lembrar que as relações da AIB com a Igreja sempre foram complicadas e nem sempre pacíficas, havendo necessidade, a cada passo, por parte do Chefe, de provar sua ortodoxia e apelar para o testemunho de eclesiásticos integralistas. A ambiguidade de Tristão de Athayde, com quem será travada interminável polêmica, os ataques de Dom João Becker, arcebispo de Porto Alegre, ao lado do pouco fervor religioso de um Gustavo Barroso e das reservas de um Miguel Reale, tornam problemático admitir como fonte da posição anticomunista a posição religiosa dos membros da AIB. Sem dúvida, um texto como o *Sofrimento universal*, ciclo de conferências de Salgado para os católicos portugueses, é prova de que o catolicismo é um elemento *tático e ideológico* de grande envergadura, porém, é preciso não ignorarmos a natureza do público a que era destinado: salazaristas convictos.[72]

Um outro aspecto que não pode ser negligenciado é o fato de que, coerente com sua atitude crítica em face dos partidos políticos da "liberal-democracia", a AIB pretende ser apenas um movimento de cultura e uma "mística nacional". No entanto, em 1936, converte-se em partido político e deseja concorrer às eleições. Qual a origem dessa modificação? A resposta é dada pelo próprio Chefe:

> O comunismo é realmente um partido de âmbito nacional, conquanto as condições de sua vitalidade venham de fora para dentro, pois tanto sua doutrina como a sua orientação, tanto sua técnica habilíssima como a psicologia específica de seus componentes e até sua estrutura, o seu hino e os seus símbolos procedem de uma Nação estrangeira (fato jamais antes verificado no país) e tem por fim extirpar as raízes da brasilidade, pelas quais se devem alimentar os partidos nacionais, como força de opinião uniforme em todas as latitudes e como sustentáculo da soberania da Pátria! [...] Que temos, verdadeiramente nacional, do ponto de vista político, para contrapor a essa invasão ideológica e psicológica, tendendo a destruir a independência, a liberdade, a dignidade da Nação Brasileira? Sendo internacional, sendo estrangeiro, pelo que quer e pelo que combate, o Comunismo é, entretanto, um partido de âmbito nacional, dado sua unidade de fins, uniformidade de ação, identidade psicológica de seus partícipes e rígida disciplina que o rege. Que outro partido, também nacional, opõe-se-lhe? Em contraposição a esse partido de envergadura e âmbito nacional, porém formado fora do Brasil, só se pode erguer uma agremiação, também de âmbito

---

[72] A esse respeito veja-se a polêmica com Tristão de Athayde em: REALE, Miguel. Atualidades brasileiras. In: *Documento 9. O Integralismo perante a nação*. Vejam-se os testemunhos sobre o catolicismo da AIB: O Integralismo à luz da doutrina católica. In: *O Integralismo perante a nação: os depoimentos de Luís Compagnoni*; Por que me tornei e continuo integralista. In: *Enciclopédia do Integralismo*, t. V; AYRES, Leopoldo. Carta aberta aos sacerdotes de minha pátria. In: *Enciclopédia do Integralismo*, t. V; os artigos de D. Helder Câmara na revista *Panorama*. Ver também: WILLIAMS, Margaret Todaro. Intregalism and the Brazilian Catholic Chuch. *Hispanic American Historical Review*, v. 54, n. 3, ago. 1974; LUSTOSA, Oscar de Figueiredo. A Igreja e o Integralismo no Brasil, 1932-1939. *Revista da História*, São Paulo, v. LIV, n. 108, 1976.

nacional, e nacional por índole, formação, doutrina, atitudes, processos, diretrizes, psicologia, mentalidade, provindas do próprio Brasil, originária do coração da Pátria, com raízes caboclas, filha dos sertões, expressão vibrante da alma patrícia – o Integralismo.[73]

Todavia, se a justificativa para transformar a AIB em partido político a partir dos eventos de 1935 é pertinente, não justifica o surgimento da própria AIB, anterior a essa data, como vimos. Será no texto tardio de *O Integralismo na vida brasileira* que encontraremos uma periodização nova, embora, no argumento de Salgado, ela deva encontrar seu ponto terminal em 1930, 1931 e 1932. Nesse texto, Plínio descreve o quadro das forças políticas em luta:

> É preciso notar que um elemento novo entrava na política brasileira: o comunismo internacional. Essa corrente ideológica tivera ingresso no país depois da implantação do bolchevismo na Rússia e da reestruturação do Comintern por Dimitroff, em bases de maior eficiência. Mas sua presença no Brasil começa a se fazer sentir mais fortemente *pelas alturas de 1926*, quando agentes de Moscou principiam a conquista das classes intelectuais. Até então, as agitações tinham sido provocadas pelos anarcossindicalistas, cujo maior de campo de ação era São Paulo. O problema do trabalho e do trabalhador apenas se esboçava como preocupação dos homens de Estado, o que se evidencia no conhecido discurso de Rui Barbosa, pronunciado no Congresso de Petrópolis em 1919 [...] Mas a organização de um partido comunista, filiado à III Internacional só se efetivou em plenitude de eficiência, *nos três anos anteriores à Revolução de 1930*, principalmente depois do Congresso Comunista realizado em Bueno Aires. No decorrer de 1931, o partido comunista achava-se em franca atividade de propaganda, utilizando-se da infiltração de seus elementos na imprensa e nas associações fundadas com o intuito de dar à Revolução de 1930 um caráter de continuidade no tocante às reformas julgadas imprescindíveis".[74]

Salgado prossegue, enumerando todos os grupos que se formavam pró e contra 1930, indo do Clube Três de Outubro, a Montanha

---

[73] SALGADO, Plínio. *O Integralismo na vida brasileira*. Rio de Janeiro: Livraria Clássica Brasileira, [s.d.], p. 105-106.

[74] SALGADO, Plínio. *O Integralismo na vida brasileira*. *Op. cit.*, p. 13. Grifos meus, MC.

(mineira), a Legião Cearense do Trabalho (fascismo de Severino Sombra), uma corrente positivista, um partido socialista nos moldes da II Internacional (provavelmente aquele que Miguel Costa tentou articular em São Paulo), até à Frente Negra Brasileira e conclui: "Não se pode negar que o governo discricionário chefiado pelo senhor Getúlio Vargas, constituído de políticos experimentados, procurou conter os excessos daqueles que ainda não tinham contacto com a coisa pública e *defender a Nação contra as manobras dos convertidos ao credo moscovita*".[75]

A periodização, portanto, considera 1926, 1927, 1928, 1929 e 1931 as datas mais significativas.

Por que 1926? Se considerarmos o caso de São Paulo (capital e interior), Azis Simão registra para aquele ano uma única greve, quando em 1919 houve 37, em 1922, 13, em 1927, 2 e em 1928, 6. Todavia, Basbaum escreve: "O 1º de maio de 1926 foi uma das maiores concentrações operárias em praça pública organizadas no Brasil, naquele período".[76] Porém, talvez a data seja importante porque, em vista das eleições de fevereiro de 1927 (às quais Salgado concorre pelo PRP), começa a articulação e constituição do Bloco Operário (BO), que, no ano seguinte, elege, no Rio de Janeiro, um deputado federal, Azevedo Lima. Enfim, a data deve ser de peso, porquanto a 31 de dezembro de 1926, como indício das pressões para liberalizar o espaço político, Washington Luís põe fim ao estado de sítio, iniciado em julho de 1922. Também é de 1926 a publicação do romance de Salgado, *O estrangeiro*, no qual, quase por acaso, a personagem principal é um russo imigrado, Ivan, que, simbolizando a decadência do Velho Mundo e fracassando na tentativa de integrar-se à pátria nova, suicida-se. Todavia, podemos observar que, em *O Integralismo e a vida brasileira,* Salgado não diz explicitamente 1926, mas "pelas alturas de 1926". Ora, entre 1924 e 1926, narra Everardo Dias em *Bastilhas modernas: 1924-1926*, 15 militantes anarquistas foram enviados para a Clevelândia[77] (juntamente com mais 900 prisioneiros, a maioria ligada a Isidoro), e destes, seis perecem e

[75] SALGADO, Plínio. *O Integralismo na vida brasileira. Op. cit.*, p. 13. Grifos meus, MC.

[76] BASBAUM, Leôncio. *História sincera da República*. São Paulo: Alfa-Ômega, 1968-1976, v. II, p. 215.

[77] Campo de concentração para prisioneiros políticos, na região amazônica.

nove ficaram inutilizados. Entre outros condenados, além dos mencionados por Everardo, encontravam-se operários cariocas, paranaenses e rio-grandenses e *O Sindicalista*, órgão da Federação Operária do Rio Grande do Sul, de orientação anarcossindicalista, passou a noticiar sistematicamente, a partir de 1925, a situação dos degredados, as condições de vida em verdadeiro campo de concentração e a média diária de 12 mortes. Em 1926, portanto, a imprensa operária e a imprensa de direita referiam-se à Clevelândia quer para descrevê-la criticamente, quer para justificá-la. Chamada de "bastilha moderna", a Clevelândia figura nos debates públicos de Arthur Bernardes e de Miguel Calmon, estampados em *O Jornal*, dirigido por Assis Chateaubriand.

1927: de 3 de janeiro a 11 de agosto ressurge o jornal *A Nação*, cujo lema, em 1924, era "É preciso republicanizar a República", e em 1927, um verso da Internacional, "Não há direitos para o pobre, ao rico tudo é permitido", ostentando na primeira página a foice e o martelo. O jornal cessa após a Lei Celerada, proposta em julho por Aníbal de Toledo e posta em vigor por Washington Luís em 12 de agosto, lançando o PC na ilegalidade.

> Durante esses poucos meses de existência, *A Nação* assumiu o papel de eficiente instrumento da grande ofensiva que o Partido Comunista estava desencadeando em vários níveis do movimento operário, sobretudo no Rio de Janeiro [...] *A Nação* procurava envolver a totalidade da vida operária e conduzi-la à ação política, ao mesmo tempo que centraliza e socializa todas as informações que sejam do interesse do proletariado [...] inicia-se uma série de artigos que denunciam as condições de trabalho, as ligações dos diretores da empresa com o imperialismo, a violência das capatazes, etc. e que terminam por conclamar os operários daquele estabelecimento a lerem *A Nação*, a votarem nos candidatos do Bloco Operário, à participação nos sindicatos, a estudarem o comunismo e a ingressarem no Partido Comunista.[78]

O jornal desencadeia uma propaganda para a formação da Confederação Geral do Trabalho (CGT). Órgão do PC e impondo aos

---

[78] MUNAKATA, Kazumi. *A Nação. O Bloco Operário e as eleições de 1927*. Campinas: Unicamp: 1977, p. 4. (Mimeografado.)

operários a adesão ao Bloco Operário (BO), o jornal é, evidentemente, sectário e coloca como inimigos traidores todos os que estiverem fora do partido; critica duramente o Partido Socialista Brasileiro (PSB) e Maurício de Lacerda, ao mesmo tempo que festeja o sempre silencioso Prestes, Cavaleiro da Esperança. É ainda de 1927 a fundação da Juventude Comunista. Para esse ano, Azis Simão registra no Estado de São Paulo duas greves. Em 3 de fevereiro a Coluna Prestes alcança a fronteira boliviana. Em junho, a polícia noticia ameaça de greve geral na empresa britânica de energia elétrica, a Ligth, mas assegura à população que 13 conspiradores (todos estrangeiros) já foram presos e expulsos do país. O jornal *A Plebe* nega o fato e o classifica de "farsa espalhafatosa", a serviço da aprovação, pela opinião pública, da Lei Celerada "que restringe ainda mais as possibilidades exíguas do proletariado de se defender da tirania sempre crescente do capitalismo internacional que domina o país".[79] A imprensa de direita anuncia um plano da III Internacional, em abril, supostamente doando 50 mil dólares aos agentes bolchevistas para promover uma greve geral no Brasil, com a finalidade de pressionar o governo brasileiro para que intervenha contra a execução de Sacco e Vanzetti nos Estados Unidos. A Lei Celerada é aprovada em agosto. *A Nação* e *A Plebe* são fechados; o PC, considerado ilegal. Sacco e Vanzetti, executados.

1928: Constitui-se o Bloco Operário Camponês (BOC) que, em São Paulo, entra numa composição heterogênea com o PD e os Tenentes, na oposição do PRP. "Dois temas são comuns nas propostas desses três grupos e dão sentido ao acordo. Luís Carlos Prestes, 'O cavaleiro da esperança' é um mito enfaticamente mantido. A oposição ao fantasma da oligarquia é o outro tema."[80] Todavia, as propostas não são idênticas: o PD quer reformas liberais e moralizadoras; os Tenentes pretendem dar continuidade ao movimento de 1924; o BOC, usando o espaço aberto pelo PD, encara as eleições como "um ensaio importantíssimo dos trabalhadores, no campo da luta de classes, mas principalmente um meio oportuno para poder o proletariado se organizar e estar, então, preparado para outras lutas de seu interesse

---

[79] A PLEBE. A Reação contra o proletariado, XI, n. 253, jun. 1927.

[80] VESENTINI, Carlos A.; DECCA, Edgard de. *A revolução do vencedor. Op. cit.*, p. 65.

econômico-político".[81] Comentando esse programa, Vesentine e de Decca escrevem:

> [...] o texto reproduzido nos dá a dimensão da outra memória – aquela que foi perdida dentre todas [...] Observe-se que ele não pretende a vitória e luta puramente eleitorais; esta é a função e pretexto para a tarefa organizatória que se propõe em três momentos: propaganda, organização da classe e reforço dos sindicatos.[82]

De maio de 1928 a fins de 1929, reinicia-se a publicação de *A Classe Operária*, órgão oficial do PC, desenvolvendo uma campanha para a fundação de um secretariado sindical que culminasse em um Secretariado Sindical da América Latina. De julho a setembro de 1928, Leôncio Basbaum e Paulo Lacerda participam do VI Congresso em Moscou, onde aprovam todas as teses, incluindo a condenação de Trotsky e a afirmação de que o maior inimigo do comunismo não era o nazismo, mas a social-democracia. Candidatos pelo BOC às eleições municipais do Rio de Janeiro, Otávio Brandão e Minervino de Oliveira, após prisões, impugnações de votos, campanha do *Correio da Manhã* contra a "invasão da onda vermelha da Rússia subvertida", são, afinal, eleitos e empossados.

1929: terceiro congresso do PC (de 29 de dezembro de 1928 a 4 de janeiro de 1929). Entre as deliberações, anuncia-se a ruptura com o BOC, uma vez que o partido não consegue exercer pleno controle sobre ele, ao mesmo tempo em que a atuação de Brandão e Minervino no Conselho Municipal do Rio não é do agrado de Basbaum. Em fins de abril, antes da fundação da Confederação Geral dos Trabalhadores Brasileiros (CGTB), o PC estimula no Rio a greve de padeiros; em 16 de abril, estoura a greve da União dos Operários da Construção Civil, anarcossindicalista, que prognosticada para ter êxito, foi prejudicada pelo desejo do PC de controlá-la. Minervino considerou a greve inoportuna, a polícia prendeu três grevistas que convenciam outros a abandonar o trabalho. Usando a Lei Celerada, o governo fornece estatísticas para provar o declínio e o fim da greve. Os anarquistas afirmam a traição do PC, responsável pelo desmantelo dos

---

[81] VESENTINI, Carlos A.; DECCA, Edgard de. *A revolução do vencedor. Op. cit.*, p. 66.
[82] *Idem, ibidem*, p. 66.

artesãos, pela cisão dos sapateiros e da construção civil e pela campanha de perseguição aos membros do Centro Cosmopolita. A maior das greves, com duração de 72 dias, inicia-se em 23 de março: é a greve dos gráficos de São Paulo. Em maio é fundada a CGTB, que, em 25 de maio, no Rio, promove passeata e comício dos gráficos cariocas em solidariedade aos de São Paulo e, nos últimos dias de maio, convida outros setores operários a engrossar as greves. Azis Simão registra seis greves no Estado de São Paulo. Leôncio Basbaum encontra Luís Carlos Prestes em Buenos Aires e o convida para uma candidatura em frente única da Coluna e do PC. Apresentado o programa,[83] Prestes o considera muito radical e o substitui por outro[84] que Basbaum considera absurdo. De volta ao Brasil, propõe ao Comitê Central que o PC faça sua revolução sem Prestes, no que não foi ouvido. A decisão, que culminará na adesão de Prestes e em seu manifesto em maio de 1930 é, segundo Basbaum, o fim do Partido e o início do prestismo. A prisão, as torturas, a dissolução de comícios, a apreensão de panfletos do BOC tornam-se prática policial costumeira; no conselho municipal do Rio os demais intendentes atacam Brandão aos gritos de "abaixo o comunismo", "abaixo a destruição", e um dos oponentes declara que os operários brasileiros têm consciência da pátria e da família e que só pelo engodo podem ser atraídos para o comunismo. Em dezembro de 1929, há proibição para que os discursos dos comunistas entrem nas atas do Diário de Debates; Brandão recorre a apartes para obter o registro de sua palavra, mas, em 1930, também os apartes serão censurados. Ainda em 1929, de uma célula dissidente do PC, é fundado por Mário Pedrosa o Grupo Bolchevique Lênin, contando com maior parte de

---

[83] Programa de Basbaum: 1) nacionalização da terra e repartição dos latifúndios; 2) nacionalização das empresas industriais e bancárias imperialistas; 3) abolição das dívidas externas; 4) liberdade de organização e de imprensa; 5) direito de greve; 6) legalidade para o PCB; 7) jornada de 8 horas, lei de férias, aumento de salários e outras melhorias para os trabalhadores. BASBAUM, Leôncio. *Uma vida em seis tempos*. São Paulo: Alfa-Ômega, 1976, p. 70.

[84] Programa de Prestes: 1) voto secreto; 2) alfabetização 3) justiça; 4) liberdade de imprensa e de organização; 5) melhorias para os operários (*idem, ibidem*, p. 70). Basbaum comenta que, tempos depois, após ler Marx e Lênin, bem como os anais dos congressos argentinos, a leitura deve ter surtido efeito "porque um ano depois Prestes lançaria seus célebres manifestos, pelos quais se mostrava mais comunista do que os próprios comunistas" (*idem, ibidem*, p. 71).

gráficos e que terá como jornal a *Luta das Classes*, vindo, em 1931, a constituir-se como Liga Comunista Internacionalista, com sede em São Paulo. Surgem na cena os trotskistas.

Essa enumeração (bastante lacunar, evidentemente) é suficiente para nos fazer compreender por que Salgado enfatizou aquelas datas. Essa mesma enumeração também há de permitir compreender por que ele privilegia 1931, e não 1930, e por que, afirmando o caráter "discricionário do governo do senhor Getúlio Vargas", todavia, afirma que este fez o possível para defender a nação contra os que poderiam ser vítimas dos convertidos ao credo moscovita.

Em janeiro de 1930, Vargas introduz em sua plataforma eleitoral o tema da "questão social":

> Tanto o proletariado urbano como o rural necessitam de dispositivos tutelares aplicáveis a ambos, ressalvadas as respectivas peculiaridades. Tais medidas devem compreender a instrução, a educação, higiene, habitação, a proteção às mulheres, às crianças, à invalidez e à velhice; o crédito, os salários, até o recreio, como os desportos e a cultura artística. É tempo de cogitar da criação de escolas agrícolas e técnicas industriais, da higienização das fábricas, das usinas, saneamento dos campos, construção das vilas, aplicação da lei de férias, a lei de salários-mínimos, as cooperativas de consumo, etc.[85]

Por seu turno, de agosto de 1930 a novembro de 1935, os relatórios dos cônsules e adidos norte-americanos no Brasil, enviados ao Departamento de Estado, dedicam páginas e mais páginas às atividades comunistas em Pernambuco e às ligações entre os grupos pernambucanos e o Comitê Central, além de relatórios dedicados às atividades comunistas no Rio de Janeiro. Um desses relatórios traz como subtítulo: "O governo brasileiro não deve permanecer indiferente às atividades comunistas no futuro".[86] Quanto à situação pernambucana, o relator afirma: "Tal propaganda comunista que aqui existe é muito perigosa, principalmente porque justifica e incita pilhagens, às quais levantes

---

[85] *Apud* SILVA, Hélio. *1926. A Grande Marcha*. São Paulo: Civilização Brasileira, 1971, p. 453.

[86] AMERICAN CONSULATE PERNAMBUCO. *Political Report Bulletins*, n. 164-165, set. 1930.

políticos são promissores para oferecer amplas oportunidades".[87] Um outro relatório afirma que na região de Pernambuco o comunismo fizera pouco progresso até à data (setembro de 1930), em virtude do analfabetismo, que dificulta a propaganda clandestina por escrito, e da falta de líderes agressivos na região, o que obriga a trazer agitadores do sul. No entanto, acrescenta o relator, "as condições locais não são inteiramente desfavoráveis para um arranque comunista. Os salários são baixos; o nível de vida é baixo; as condições de habitação são ruins. E a maioria dos camponeses, sendo analfabeta, é crédula e facilmente influenciada em dias difíceis".[88] Enfim, datado de março de 1931, um relatório transcreve e comenta o editorial de *O Jornal* do dia 14, no qual Assis Chateaubriand relata as atividades comunistas e suas relações com as diretrizes de Moscou.[89] A plataforma de Vargas leva a sério as "recomendações" norte-americanas...

Azis Simão registra 12 greves no Estado de São Paulo em 1930. E em novembro desse mesmo ano, Lindolpho Collor inicia a obra anunciada pela plataforma de Vargas: em 26 de novembro, cria o Ministério dos Negócios do Trabalho, Indústria e Comércio; em 2 de dezembro, pronuncia o discurso de posse, declarando que "a questão social entre nós nada tem de grave ou de inquietador [...] o que de inquietador e grave aparece no Brasil é a preocupação de ignorar oficialmente problemas dessa natureza e desse alcance";[90] no Rotary Club do Rio, em 26 de dezembro afirma: "É tempo de substituirmos o velho e negativo conceito de *luta de classes*, pelo conceito novo, construtor e orgânico de *colaboração de classes*".[91] Ainda nessa fala, considera que as dificuldades dos patrões e os sofrimentos dos operários não podem ser ignorados, mas que nenhum deles deverá esquecer que os direitos de ambos encontram-se delimitados pelos limites impostos pelo interesse do Estado.

---

[87] AMERICAN CONSULATE PERNAMBUCO. *Political Report Bulletins*, n. 164-165, set. 1930.

[88] *Idem, ibidem*.

[89] Fonte: Enclosure n. 2 to Despatch n. 3559 of March 28, 1931 from the American Embassy at Rio de Janeiro – relator Morgan.

[90] *Apud* CARONE, Edgard. *A República Nova*. São Paulo: Difel, 1974, p. 132.

[91] *Apud* CARONE, Edgard. *Op. cit.*, p. 133. Grifos meus, MC.

Nessa atmosfera, a expressão "colaboração de classes" torna um tanto difícil falar numa "revolução" de 1930 ou mesmo num processo político que possa tornar-se inteligível sem o conhecimento do que se passa nas atividades operárias. Desta maneira, 1931 ganha o relevo que Salgado lhe atribui.

Em abril de 1931, reunido com os industriais, alguns enfrentando greves, Collor declara:

> Ou aceitam (os operários) a ação do Ministério do Trabalho, que traz uma mentalidade nova, de corporação, ou se consideram dentro de uma questão de polícia, no sentido do antigo governo. Ou abandonam a mentalidade bolchevista e subversiva, ou se integram no corpo social a que pertencem [...] as classes operárias estão sendo fomentadas por elementos subversivos – *comunistas, para dizer a palavra perigosa* – notei, não há a menor dúvida.[92]

Além dessa coisa perigosa que é o comunismo, Collor, em discurso a operários, aponta um outro inimigo do proletariado *nacional*: o operário *estrangeiro*, que toma o lugar dos nativos, considerados pelos patrões como inferiores aos imigrantes – além de conclamar operários e patrões para a construtiva colaboração de classes, semeia a necessária divisão entre o proletariado. E assim, para "proteger" o proletariado contra a ameaça subversiva, é decretada, em 19 de março, a Lei de Sindicalização: fica abolida a pluralidade sindical e é estabelecida a tutela estatal dos sindicatos, em suma, peleguismo. Além das diversas portarias e leis, o que se pretende é a criação de um sindicato único e a organização de um Congresso Sindicalista Proletário Brasileiro, reunindo 80 sindicatos, vários de última hora. Como dirá Natalino Rodrigues, secretário-geral da Federação Operária de São Paulo, a Lei de Sindicalização é uma súmula da *Carta del Lavoro*, de Mussolini, que, além de controlar inteiramente a atividade operária, corta o direito de greve e a participação dos operários estrangeiros e de sua experiência política.[93]

---

[92] *Apud* CARONE, Edgard. *Op. cit.*, p. 134. Grifos meus, MC.

[93] *Idem, ibidem*, p. 139. A propósito da regulamentação da Lei de Férias, Warren Dean (*op. cit.*) comenta que tal medida "proporcionou aos empregadores o mais poderoso instrumento que já tinham tido para o controle dos organizadores de

Porém, 1931 é, para Plínio Salgado, uma data significativa ainda por outras razões. Se, em novembro de 1930, redige o manifesto da Legião Revolucionária de São Paulo, publicado em março de 1931, e logo depois abandona a Legião, declarando-a infiltrada por marxistas, também em março de 1931 (dias 12 e 28) são publicadas as duas cartas abertas de Prestes criticando o "prestismo", o engano político do manifesto de maio de 1930, que criara a Liga da Ação Revolucionária (LAR), por falta de uma ideia clara a respeito da luta de classes e do problema do imperialismo e atacando todos os brasileiros que não derem total apoio ao PC. A carta de 28 de março declara não compactuar com as legiões revolucionárias nem com projetos insurrecionais dentro do Exército e da Marinha, para as quais Prestes fora convidado a participar:

> Erraram dirigindo-se a mim [...] Amedronta-os o espectro comunista. E, sem o querer, vão indicando às massas o verdadeiro caminho. Sabem todos eles onde está o perigo que é um só: o comunismo. E por isso o combatem em toda parte. Mas não conseguirão evitar que as massas trabalhadoras nas cidades e nos campos se congreguem em torno de seu partido de classe e que as conduzirá à vitória – O Partido Comunista.[94]

Se já é uma dificuldade imensa pensar as relações entre a classe média urbana da década de 1930 e a classe dominante (especialmente quando se leva em conta o fato de que esta última, segundo a maioria dos intérpretes, também parece ser indefinível), quando se trata de suas relações com a classe operária, as dificuldades tornam-se gigantescas. Não obstante, para o período que nos interessa aqui, os trabalhos existentes são altamente significativos na medida em que deixam patente (e sem levar em conta, no momento, a interpretação e a valoração feitas pelos autores que estudaram o problema) o

---

sindicatos. Para poder reclamar o pagamento de suas férias, o trabalhador teria de exibir caderneta provando que não as reivindicava de nenhum outro empregador. Entretanto, a caderneta era útil também como método de identificação" (p. 202. Grifos meus).

[94] *Apud* SILVA, Hélio. *1931: os tenentes no poder*. São Paulo: Civilização Brasileira, 1972, p. 164.

fato de que, com ou sem o partido, com ou sem "más influências" anarquistas e anarcossindicalistas, com ou sem ANL, com ou sem "maturidade" política, a classe operária constitui, se não um perigo imediato, pelo menos uma ameaça suficientemente forte para obrigar a "questão social" a receber um tratamento político *simultâneo* ao tratamento policial.[95]

[95] O problema da repressão não se esgota no tratamento "político" da classe operária pelo Ministério do Trabalho e pela Lei de Sindicalização. Um relatório de outubro de 1930, cuja duplicata foi enviada pela Embaixada Americana ao secretário de Estado Americano, contendo o Relatório Anual da Polícia do Distrito Federal feito pelo seu chefe de Polícia, no capítulo "Ordem Pública", afirma que "as nações avançadas exercem sobre os comunistas e outros pregadores revolucionários uma ação repressiva e não apenas vigilante como nós. Isso se deve ao fato de que o medo de movimentos subversivos no Brasil é infundado porquanto aqui não ocorre o que se verifica nas nações avançadas onde os distúrbios se devem à penúria e à impaciência das massas. A despeito de afirmações que negam haver no Brasil uma mentalidade liberal, existe uma constituição política que defende os justos direitos e ambições populares, sem distinção de classe, condição e nacionalidade" (p. 2 da duplicata). Depois dessa declaração, o chefe de Polícia prossegue: "O fato de existirem nesta capital pequenos grupos de trabalhadores que se declaram afiliados ao comunismo, chegando a ter representantes na Câmara Municipal, prova a existência de prática republicana estrita" (p. 2 da duplicata). Basta esquecer o que ocorreu a Minervino e a Brandão, e os presos e mortos, para que o paraíso brasileiro exista. Ora, a "prática republicana" tem [...] limites. O chefe de Polícia prossegue: "Esses grupos minoritários estão querendo realizar um trabalho de autodestruição da legislação municipal. Se o comunismo fosse apresentado de maneira culta e coerente, não seria um perigo para o Brasil, mas é defendido por pessoas que ignoram a situação nacional e nada entendem de política. Eis a razão plena para que a polícia vigie esses elementos que causam conflitos e distúrbios entre os trabalhadores, fingindo ser operários também. Por isso, a polícia, em salvaguarda da segurança pública, fica de olho em certas atividades, organizou um censo dos trabalhadores, com sua nacionalidade [nota da autora: há pouco fora dito que a nacionalidade não era empecilho para a justiça social], profissão, idade, residência [nota da autora: há pouco fora dito que classe e condição não eram empecilhos para os justos direitos], e outras informações, além de mapas contendo relatórios dos distritos. O serviço de registro dos comunistas é feito no Departamento de Ordem Política e Social, onde devem prometer que não farão *meetings* ilícitos, protestos, greves e ataques à propriedade pública e privada. Percebi que a maioria dos indivíduos não conhecem a doutrina comunista, mas tornam-se suspeitos porque frequentam grupos para penetrar mistérios dessa doutrina social que, negando a inexorabilidade das leis sociais e econômicas, concluem por uma igualdade irrealizada e de impossível realização [nota da autora: a cultura política do chefe de polícia confunde "comunismo" e "anarquismo"] (p. 3 da duplicata). Elogiando a natureza honesta e ordeira do povo brasileiro, o chefe de Polícia prossegue, dizendo que isso facilita muito a ação policial, de modo que a estrita vigilância dos suspeitos faz parte "do inegável dever do poder público em manter a ordem, bem como provar por meio da prevenção

Embora fuja do âmbito destes apontamentos qualquer veleidade de interpretar a prática operária, é necessário retomar aqui as análises de Weffort, relativas à dificuldade para uma definição da classe operária brasileira desse período:

> Com respeito ao Brasil, dificilmente se poderia analisar a participação política das classes sociais sem ter em conta a grande heterogeneidade de cada uma delas. E essa heterogeneidade não é um atributo exclusivo das classes dominantes. Ela é particularmente notória quando nos referimos àquelas classes que teoricamente deveríamos designar como proletárias, "em vias de proletarização" ou "assimiláveis ao proletariado": operários industriais, operários agrícolas, operários urbanos não industriais, trabalhadores urbanos por conta própria, trabalhadores rurais não assalariados, pequenos assalariados, pequenos assalariados do comércio e dos serviços, etc. Entre esses diferentes setores – e no interior de cada um deles – são notáveis as diferenças com relação às condições de vida, relações de trabalho, "situação ecológica", etc. Demais, é duvidoso que se possa tomar qualquer desses setores – com a possível exceção dos operários industriais, no que se refere ao comportamento sindical – como um grupo politicamente homogêneo. Pode-se sem dúvida falar de *classes populares* ou de *massas populares*, expressões imprecisas, mas de qualquer modo úteis para captar a heterogeneidade possível a esse grande conjunto de pessoas que ocupam os escalões sociais e econômicos inferiores nas diversas áreas do sistema capitalista vigente no Brasil. Como especificação dentro desse amplo conjunto é possível reconhecer, de maneira mais coerente, o setor urbano das massas populares, cujas particularidades são sua vinculação à economia urbana e sua presença política.[96]

Para o período que aqui nos interessa, os intérpretes (frequentemente alegando motivos diferentes) consideram que a classe operária, ou as classes populares urbanas, estão marginalizadas da "grande política".

---

e da repressão pela administração policial, em sua tenaz luta para reduzir o crime ao mínimo" (duplicata – p. 3) [nota da autora: esqueceu-se o chefe de Polícia que só as nações adiantadas usam repressão?]. Fonte: ENCLOSURE n. 2 to despatch 3432 of. Oct., 2, 1930, from the American Embassy at Rio de Janeiro – Arquivo do Estado, Washington.

[96] WEFFORT, Francisco. *O populismo... Op. cit.*, p. 65.

Quando lemos obras como as de Hélio Silva, Barbosa Lima Sobrinho, Olbiano de Mello, e mesmo Faoro, os operários não estão ausentes apenas da "grande política": estão ausentes dos *textos*. Já quando lemos Leôncio Martins Rodrigues, a ausência é de outro teor: para esse intérprete, a classe encontra-se marginalizada, desenvolve um sindicalismo agressivo de minorias militantes "típico de uma situação em que as associações não são legalmente reconhecidas e nem dispõem de vias institucionalizadas de diálogo com o poder e com as classes patronais".[97] Para Martins Rodrigues, resulta daí que, impossibilitadas de interferir nos rumos da sociedade industrial e da política, rechaçam ideologicamente todo compromisso com a ordem social, defendem temas antimilitaristas, anticlericalistas, internacionalistas típicos do anarquismo até que, a partir de 1930, com a manipulação estatal, a burocratização sindical toma conta da classe a ponto de, mesmo em 1945 ou nos princípios de 1960, as lideranças não serem capazes de luta coerente pela autonomia sindical, pois a debilidade da classe e a natureza reformista de suas aspirações não permitiam uma verdadeira política operária. Quando lemos Bóris Fausto, o operariado não intervém *como classe* nos acontecimentos de 1930 e sua "reduzida vanguarda manteve-se alheia ao movimento e criticou-o em bloco, *formulando a única análise na época, onde há uma crítica à estrutura econômica e social do país*".[98] Por outro lado, a partir de 1931, as medidas tomadas pelo Estado não visam transformar o proletariado em base de sustentação do poder, incentivando a criação de um partido trabalhista, pois "a fraqueza do movimento operário brasileiro torna desnecessária uma política desse tipo que comportaria muitos riscos".[99] A intenção do Estado, segundo Fausto, esgota-se em ajustar patrões e empregados e em anular a velha influência anarquista e a nova influência comunista. Quando lemos Edgard Carone, o quadro parece bastante diferente: os conflitos entre anarquistas e trotskistas, as greves, as lutas conta a Lei Celerada e contra a Lei de Sindicalização, a tortura e sua denúncia, a

[97] RODRIGUES, Leôncio M. Classe operária e sindicalismo no Brasil. In: *Sindicalismo e sociedade*. São Paulo: Difel, 1968, p. 346.

[98] FAUSTO, Boris. A Revolução de 30. In: *Brasil em Perspectiva*. São Paulo: Difel, 1976, p. 246. Grifos meus, MC.

[99] *Idem, ibidem*. p. 253.

penetração do peleguismo sem que os operários cheguem claramente a se dar conta do que implica, em virtude de crerem em certas antigas lideranças (Maurício de Lacerda, Joaquim Pimenta, Agripino Nazaré) não percebendo que, embora sejam "defensores de prerrogativas operárias, porém o que realizam são lutas por certos direitos legais do operariado e não por uma política revolucionária e de consciência de classe",[100] a incapacidade da burguesia para entender-se com os operários, esperando e incentivando a solução das questões por parte do Estado, a luta contra o nazismo, o integralismo, os fascismos, o imperialismo, a dubiedade governamental, ora envolvendo, ora reprimindo os operários – todos esses aspectos fazem com que a presença operária, por mais heterogênea que possa ser, surja como um dado permanente. Todavia, quando passa à "história política", Carone retorna às ideias clássicas da sociologia paulista de coronelismo, regionalismo, política dos governadores, política café com leite e deixa que a "grande política" se realize com total ausência das repercussões da ação operária sobre ela. Ora, como sugere Weffort, ao mesmo tempo em que não se pode falar em passividade operária, também não se pode falar simplesmente em manipulação operária. Em lugar desse último termo, Weffort prefere falar em "aliança (tácita) entre setores de diferentes classes sociais", na qual a hegemonia sempre se encontra do lado dos interesses vinculados à classe dominante, interesses que não podem realizar-se sem atender a algumas aspirações básicas das classes populares.

Ora, não seria demais lembrar aqui alguns tópicos da Lei de Segurança Nacional (que os operários chamarão de Lei Monstro), que entrará em vigor em 1935 e cujo pretexto é a ameaça comunista. Nessa lei, são "crimes contra a ordem": incitar diretamente o ódio entre as classes sociais; instigá-las à luta pela violência; incitar ou realizar atentados contra pessoas e bens, em nome de motivos doutrinários, políticos ou religiosos; instigar ou preparar a paralisação de serviços públicos ou em empresas privadas, por motivos estranhos ao trabalho (em suma, a greve); promover, organizar ou dirigir sociedades de qualquer espécie cuja atividade subverta a ordem pública ou social. Nessa mesma lei, são "crimes contra a ordem política": aliciar ou articular pessoas,

---

[100] CARONE, Edgar. *Op. cit.*, p. 142.

organizar planos de execução; aparelhar recursos para esta; formar grupos para executá-los; fazer funcionar clandestinamente aparelhos de radiotransmissão ou usar qualquer veículo para incitar desobediência ao cumprimento da lei de ordem pública; criar animosidade entre as forças armadas e políticas militares, ou contra elas; fabricar, guardar, transportar ou fornecer armas e engenhos explosivos ou instrumentos de destruição.

A simples recordação desses tópicos é suficiente para perceber que a classe operária não é um espantalho inventado pelo Estado a fim de justificar-se perante aos grupos que se lhe oponham. Se isso é óbvio, contudo, disso decorre uma outra que talvez não o seja: além de não estar passiva, a classe operária *não está ausente nem mesmo da "grande política"*, pois se a realização de interesses de setores da classe dominante passa por certas alianças de classes e pela concessão de certos benefícios ao proletariado, por outro lado, essas atitudes exigem uma contraparte repressiva e, assim sendo, considerar uma Lei de Segurança Nacional como algo exterior ou marginal à "grande política" parece um tanto esdrúxulo. É verdade que a classe operária está ausente quando pensamos a política de baixo para cima, mas lá está ela quando pensamos a política brasileira de cima para baixo, pois o simples fato de haver um "baixo" sobre o qual recai a Lei Monstro indica, pelo menos, que esse "baixo" faz parte integrante da "grande política". Além disso, se considerarmos as greves, pressões, lutas contra as leis, reivindicações, formas de organização como PC, Liga Comunista, BOC, Federação dos Operários, Coligação dos Operários, etc., talvez não seja exagero dizer que a classe operária não está passiva, não está ausente, nem é irrelevante para a "grande política". Greves, passeatas, comícios, reivindicações, pressões, formas de organização, jornais (efêmeros ou não) são suas formas políticas de luta e de presença. Não interessa aqui saber se tais formas de ação foram "objetivamente" corretas ou incorretas, eficazes ou ineficazes *para a classe*. Todas as breves e lacunares alusões aqui feitas acerca do operariado visaram a apenas elucidar e compreender como a *classe média urbana* percebe, interpreta e representa essa prática e como responde a ela.

Essas afirmações não implicam em uma abordagem "voluntarista", no que diz respeito à classe operária, nem numa visão "psicologista", no que tange à classe média; o que procuro sugerir aqui é apenas que há ação política sempre que o poder esteja em questão, isto é, sua legitimidade, de sorte que o Estado não é necessariamente o único polo que determina o campo político, mas este também é determinado por todos os pontos nos quais o poder se manifesta no interior das relações sociais, o Estado sendo uma síntese deles, mas não o exclusivo referencial da política. Por outro lado, o que desejo sugerir aqui é que a ação pode ser considerada política sem que exija para tanto e necessariamente canais institucionais ou, pelo menos, canais institucionais que não tenham sido legitimados pelos próprios agentes. Poderíamos dizer, sem com isso incorrer na defesa dos "anarquismos" (que, aliás, não pedem para ser defendidos), que é da perspectiva do Estado que a "questão social" se converte em questão política quando lhe são *dados* canais institucionais para exprimir-se. Seria interessante saber se os opositores reais possuem a mesma perspectiva. Em outras palavras, seria pertinente indagar se a necessidade de canais institucionais já não seria uma certa representação da política e não toda política possível.

Quanto a levar em consideração a maneira pela qual a classe média urbana desse período percebe a prática operária e a ela responde, trata-se, aqui, simplesmente de "filtrar", por meio de alguns depoimentos integralistas, a imagem operária construída e, portanto, encontrar na expressão manifesta da classe média integralista a visão implícita do social e do político veiculada pela imagem assim construída. Por outro lado, o privilégio conferido à tônica anticomunista dos depoimentos e dos discursos não significa que seus autores estejam visando diretamente ao Partido Comunista, ou à Liga Comunista, pois nunca é demais lembrar que o termo "comunista", no Brasil, não tem um sentido preciso, mas possui um amplo espectro de significações, todas elas, porém, convergindo para a imagem de subversão e destruição da ordem vigente por agitadores que usam as insatisfações dos pobres para levá-los à revolta.

No que respeita à ambiguidade do termo "comunista", no Brasil, basta lembrar que a Legião Revolucionista de São Paulo, de 1931, é proposta por um Tenente – Miguel Costa – e, no entanto, ela é considerada comunista por parte dos representantes do governo dos Estados Unidos e infiltrada por marxistas, segundo Plínio Salgado, redator do Manifesto de 1931. Além disso, as afirmações feitas por Miguel Costa, como chefe de Polícia em São Paulo, são consideradas radicais e suspeitas não só pelo PRP, mas também pelo PD, e este último, no entanto, aceitará, em 1927 e 1928, coligar-se ao BOC. Esse "comunismo" atribuído à Legião é apenas uma representação para definir o radicalismo "esquerdizante" de uma parte dos Tenentes, os quais, segundo a historiografia e a ciência política, são representantes das "camadas médias", com apoio esporádico da classe operária. Também é preciso não esquecer que a ANL de 1935, apesar de Sissón e Prestes, apesar da aprovação ora concedida, ora negada pelo PC, é ainda outra presença tenentista e seu programa nacionalista, anti-imperialista, nacionalizador da economia, defensor das liberdades pessoais e de um governo popular de frente única, e, ainda, defensor da pequena propriedade, não poderia ser considerado revolucionário em termos absolutos, mas assim é visto e é designado como "comunista" por razões conjunturais e porque tal qualificação serve aos interesses dos grupos ligados a Vargas. Se compararmos o programa da AIB (centralização, estatismo econômico, corporativismo, educação moral e cívica, alfabetização, liberdade religiosa, fim de luta de classes pela integração do indivíduo na família, desta no município, deste na região, desta na nação e desta no Universo) com o programa da ANL, sem dúvida o primeiro é de extrema direita e defende a Lei de Segurança Nacional, enquanto o segundo tem pretensões populares e luta contra a Lei Monstro. Todavia, não há no programa da ANL nada que lhe dê um cunho revolucionário ou "comunista". O fato de que, durante o período de março a julho de 1935, a ANL represente o primeiro esforço da esquerda para articular-se nacionalmente combatendo o sistema existente, explica porque Salgado dirá ser a AIB o único partido nacional capaz de fazer frente aos "comunistas", mas isso não nos deve iludir: trata-se da representação que a classe média conservadora possui de um movimento oposicionista. Enfim, é preciso ainda lembrar que tal representação é fortificada pelo tipo de composição da ANL (Tenentes radicais como Miguel Costa, Hercolino Cascardo, Agildo Barata, intelectuais como Caio Prado Junior, estudantes socialistas e trabalhadores ligados às células do PC, além, evidentemente, de Sissón e Prestes) comparados à composição da AIB (intelectuais de classe média, funcionários públicos, artesãos independentes, setores semirrurais de italianos e alemães simpatizantes do nazifascismo, pequenos proprietários simpatizantes com a natureza municipalista do programa, oficiais da Marinha e padres ligados ao Centro Dom Vital). Feitas essas considerações, os depoimentos anticomunistas que serão citados devem ser inseridos nesse contexto onde a prática da classe operária e a política de outras organizações pouco proletárias formam um todo homogêneo para a construção imaginária ou a representação ideológica do comunismo nesse período. Porém, se não houvesse *prática operária*, certamente também não haveria a representação ideológica anticomunista.

Em seu livro, *O Integralismo ao alcance de todos*, Wenceslau Júnior, professor primário mineiro, escreve:

> O comunismo é uma porção de homens que também querem tomar conta do governo do Brasil para judiar com os seus pais e desrespeitar a sua mãe e as suas irmãs. Se o comunismo vencer, você não será mais de seu Pai. Pertencerá ao governo. Não morará com seu Pai e sua Mãe. O comunismo acabará com a tua família.[101]

Numa tentativa um pouco mais... sutil, Olbiano de Mello dirá:

> Dois são os processos usados pelos bolchevismo para a implantação de sua doutrina. Um, puramente revolucionário – aquele que explodiu na Rússia em novembro de 1917, empolgando o poder –, é o que, se aproveitando dos abalos sociais por que às vezes passam os povos, assalta à mão armada as posições oficiais e nela se instala, transformando, a jeito, os diversos aparelhos administrativos dos sovietes. O outro, mil vezes pior, terrivelmente mais perigoso, visto como é sorrateiro e maneiroso, é mentiroso e sem exemplo: é entorpecente administrado aos poucos, lentamente até que empolgue por inteiro as consciências. É o teórico, pregado pelos escritores marxistas. É o que se infiltra com pés de lã nas mais nobres instituições, aquele que transpõe os umbrais dos lares, melhores organizados, através de uma literatura adrede preparada, mascarada em romance e novelas pelos ideólogos do novo credo, aconselhando o desrespeito dos filhos aos pais e vice-versa, erigindo em uma instituição a delação, a traição, o adultério, o incesto, o amor ao prazer e ao luxo. É ainda aquele que se aboleta nas cátedras oficiais dos estabelecimentos de ensino

---

[101] WENCESLAU JÚNIOR. *O Integralismo ao alcance de todos*. Minas Gerais: Sociedade Impressora Brasileira, 1936, p. 87.

primário, secundário e superior, antepondo às forças morais as materiais, procurando materializar os espíritos das gerações moças que lhes veem desprevenidas às mãos.[102]

A preocupação de Olbiano de Mello volta-se menos para os efeitos futuros da vitória comunista e muito mais para os riscos, aqui e agora, devendo alertar os incautos contra a propaganda da esquerda. Há, no entanto, nesse texto, como no anterior, a fabricação da imagem comunista não apenas como anticristo e delação, mas ainda como catástrofe absoluta, na medida em que, favorável ao incesto, o comunista liquida a civilização. É interessante, sobretudo, notar qual é, no momento, o inimigo visado: o intelectual de esquerda, o agente externo. A escolha desse inimigo permite separar a classe operária e seus supostos mentores teóricos, de sorte que a substituição destes últimos pelo pregador integralista seja possível. Nessa medida, Olbiano de Mello dirige-se menos ao proletariado e muito mais à classe média, de onde sairão quadros integralistas, ou seja, outros teóricos, dos quais é um exemplo.

Leopoldo Ayres, padre, escreve:

> A passos largos o Brasil marcha para uma situação idêntica à da Espanha. O comunismo ronda – *circuit, quarens quem devotat* – buscando a presa inerme e indefesa [...] Estai certos, porém, de que a urdidura se está tecendo às ocultas e com a conivência ignominiosa desse liberalismo anacrônico, imbecilizado e paralítico, que só tem entranhas para perder a liberdade que pessimamente usava, mas não se condói com os pobres e as criancinhas e miseráveis viúvas que perderam seu arrimo, seu tudo na existência [...] O comunismo sagrou o Integralismo como seu maior e mais perigoso inimigo. Não há mais expressivo testemunho do valor do Integralismo, como elemento de reação aos desmandos e monstruosidades moscovitas [...] o único plano unificado de combate eficaz aos arreganhos do tartarismo pestilento.[103]

---

[102] MELLO, Olbiano de. *Comunismo ou fascismo?* Rio de Janeiro: Typografia Terra do Sol, 1931, p. 137-139.

[103] AYRES, Leopoldo. Carta aberta aos sacerdotes de minha pátria. In: *Enciclopédia do Integralismo: estudos e depoimentos*. Rio de Janeiro: Livraria Clássica Brasileira, [s.d.], p. 127-130. t.V.

Em carta aberta ao *Correio da Manhã*, Belisário Penna retoma a ideia de Ayres (o comunismo fez do integralismo seu pior inimigo), porém, com uma outra tônica, o que sugere alguma modificação conjuntural:

> Malevolamente confundem Integralismo e Comunismo, sabendo que para galgar o poder, o Comunismo não escolhe meios. A traição, a mentira, a calúnia, a intriga, a infâmia, o saque, o incêndio, o massacre das populações, a violência contra a honra das mulheres, para implantar o terror entram em cena sem piedade. Mas sabem que o Integralismo procura conquistar a alma e o coração dos brasileiros dentro da ordem, da lei do respeito às autoridades, fazendo obra de educação moral e de solidariedade, num ambiente de disciplina voluntária e consciente; que se registrou como partido nacional no Superior Tribunal para disputar pelo voto e não pela violência.[104]

Os comícios e passeatas integralistas, a violência nas ruas e o aparato paramilitar da AIB exigem que seus dirigentes e alguns militares "esclarecidos" se encarreguem de desanuviar o temor que possa pairar sobre as cabeças da classe média urbana, se esta não conseguir diferenciar o conteúdo, mas especialmente a forma que determina a política integralista comparada à pura "violência comunista".

Convocando os artistas para aderirem ao movimento do Sigma,[105] brada Rodolpho Josetti:

> Não é mais admissível que o artista totalmente emancipado e insubmisso aos postulados e cânones mais sagrados, deles faça tábua rasa, agindo rebelde e desvairadamente, dando livre curso à fantasia desequilibrada, poluída pelo grande mal da época que desgraçadamente se alastrou da Rússia Soviética por todo o orbe. Além dos povos, das religiões, da sociedade, também as artes estão sofrendo os nefastos efeitos desta chamada "ideologia vermelha", concebida, organizada e posta em prática por um

---

[104] PENNA, Belisário. Carta a M. Paulo Filho. In: *Enciclopédia do Integralismo: estudos e depoimentos*. Rio de Janeiro: Livraria Clássica Brasileira, [s.d.], p. 18-19. t. II.

[105] A expressão "movimento do Sigma" se deve ao fato de que, imitando o *fascio* italiano e a suástica nazista, o Integralismo colocou como seu símbolo a letra grega *sigma*, que, na matemática, significa integração.

tenebroso complô internacionalista que jurou guerra de morte a todas as expressões de Bem e do Belo, tornando-se perfeito arquiteto de ruínas.[106]

Ao lado desse desvario, há depoimentos visando diretamente ao operariado. Madeira de Freitas dirá:

> Nos quadros do Integralismo estão, desde os primeiros instantes da vida do movimento do Sigma, os trabalhadores do Brasil, esses obreiros que mourejam nas oficinas ou na gleba, forjando, com heroísmo silencioso do labor quotidiano, a riqueza da pátria. O Integralismo é, para o operário brasileiro, a única solução compatível com a sua dignidade. Enquanto o Comunismo acena ao proletariado com uma falsa miragem de uma ordem de coisas, a um tempo utópicas e execrandas; enquanto o Comunismo condiciona a felicidade dos trabalhadores pela privação de direitos que são sagrados e invioláveis para a pessoa humana: enquanto o Comunismo promete resolver a questão social do trabalho pelo preço ignominioso da própria dignidade do trabalhador; enquanto Comunismo exige que o operário renuncie à família, à Pátria e às mais nobres aspirações espirituais; enquanto o Comunismo escraviza o obreiro dos campos ou das fábricas ao Capitalismo Internacional, substituindo os patrões gananciosos pela tirania de um único patrão, o ditador vermelho; enquanto o Comunismo transforma o trabalhador em peça de uma máquina e como tal o força e utiliza [...] – o Integralismo promete apenas uma coisa: justiça social e nada mais. Porque sem justiça social não é possível integrar o trabalhador no posto que lhe cabe dentro da sociedade nacional como fator básico da economia, da riqueza e da prosperidade de uma grande Pátria.[107]

Para concluir essas primeiras análises concernentes à natureza do destinatário do discurso e da ação política integralistas, convém apontar quais as "ofertas" e "promessas" feitas pela AIB às quais o destinatário é sensível. Destas, destacarei aqui três: a ideia de propriedade, a ideia de trabalho e a ideia de liberdade, explicitamente confrontadas ao marxismo e ao comunismo como seus inimigos principais.

---

[106] JOSETTI, Rodolpho. O sentido estético do Integralismo. In: *Enciclopédia...* p. 124-125. t. II.

[107] FREITAS, Madeiras de. O movimento do Sigma. In: *Enciclopédia...* p. 155-156. t. II.

Plínio Salgado sempre fez profissão de fé de homem católico e inúmeras vezes menciona a *Rerum Novarum*, suma católica com que Pio IX traçou as coordenadas do pensamento e da prática conservadores, a começar pela ideia da propriedade privada:

> Conquanto coisa inanimada, a propriedade participa, de certa forma, das prerrogativas de intangibilidade da pessoa humana. Sendo base material de independência econômica, ela contribui para fortalecer a liberdade social e política do Homem e, sobretudo, a autonomia da Família. O Homem imprime nela seu caráter. Fá-la segundo os seus desejos, segundo ideias de aproveitamento econômico ou de beleza que haja engendrado. A propriedade, por conseguinte, deve ser mantida numa sociedade cristã, com o fim assinalado pelo ensinamento cristão: atender às necessidades humanas do proprietário e também à do bem comum da sociedade (*Rerum Novarum*).[108]

Evidentemente, essa profissão de fé permanecerá inócua se não for acompanhada de medidas práticas. Cabe a Miguel Reale localizar a questão da propriedade e propor uma forma política que realize o ideal exposto por Plínio:

> O fato capitalista não está ligado ao fato em si da propriedade [...] Foi reconhecendo isto que alguns marxistas apresentaram uma definição mais restrita afirmando que em todas as formas de produção há capital, mas que o capitalismo só existe quando uma classe possui o monopólio real ou virtual de todos os meios de produção, constituindo uma regra o trabalho assalariado [...] Os economistas liberais costumam dar um exemplo muito simples para mostrar como a terminologia marxista é imprecisa e falha, pois um mesmo objeto pode ser, segundo as circunstâncias, ora de produção, ora de consumo. Uma agulha, por exemplo, quando usada por uma senhora para cozer suas próprias roupas é um instrumento de consumo; mas se a senhora a usar para fazer vestido de uma freguesa passará a ser instrumento de produção [...] Deve, pois, ser posta de lado toda definição do capitalismo que relacione o fato do capitalismo com o fato da propriedade. Fácil nos é imaginar uma sociedade não capitalista tendo em sua base o direito pessoal da propriedade [...] Ora, Marx

---

[108] SALGADO, Plínio. *Direitos e deveres do homem. Obras completas*. 2. ed. São Paulo: Editora das Américas, 1957, p. 259.

afirma que o capitalismo leva à acumulação dos capitais nas mãos de uns poucos indivíduos, alargando cada vez mais a esfera dos não possuidores. Portanto o capitalismo destrói a propriedade particular e não é absurdo que o anticapitalista, em lugar de defender a propriedade, pregue a destruição desta e sua transferência para o Estado. Nada de extraordinário, portanto, que na Rússia haja capitalismo de Estado, em lugar de socialização da propriedade. É que os socialistas confundem socializar com estatizar. Socializar deveria ser distribuir a propriedade, permitir que pelo esforço próprio todo trabalhador possa chegar a ser proprietário [...] o Integralismo reconhece a propriedade e a iniciativa privadas, mas, para garantir a todos uma faculdade efetiva e real, salvaguardando ao mesmo tempo o bem social, estabelece a norma e a responsabilidade do produtor perante o Estado. Transforma, destarte, a arbitrariedade da produção de tipo liberal em liberdade de produção. Reconhece ainda que o Estado – que não representa uma classe, mas a totalidade das classes – será tanto mais necessário e tão mais necessariamente forte quanto maior for o número de faculdades de produzir e das atividades diferenciadas.[109]

No que tange ao trabalho, Salgado escreve:

O Trabalho, para nós cristãos, não é a mercadoria sujeita à lei da oferta e da procura, conforme considera a economia liberal. Nem simplesmente o produto sujeito à especulação da "mais-valia" segundo o socialismo marxista, que dessa forma o toma como complemento do objeto inanimado sobre o qual opera o trabalhador. Ambos esses conceitos são materialistas, conduzindo o primeiro ao desamparo completo do Homem [...], e o segundo à própria escravização do mesmo Homem [...] O Trabalho, entretanto, para nós cristãos, é considerado como um ato ou uma série de atos puramente espirituais. Daí o conceito em que o temos: 1) como expressão da liberdade humana; 2) da capacidade criadora do Homem; 3) como meio pelo qual o Homem visa a um bem temporal objetivando um dos sobrenaturais. O Trabalho é a expressão da liberdade humana porque o Homem trabalha sempre porque quer, ainda mesmo quando a isso o obrigam.[110]

[109] REALE, Miguel. *O capitalismo internacional: introdução à economia nova*. Rio de Janeiro: J. Olympio, 1935, p. 43-45, 164.

[110] SALGADO, Plínio. *Direitos e deveres...*, p. 268-269.

Novamente caberá a Reale a descida à terra.

> Na Rússia, o trabalho não é o sujeito, mas o objeto da economia [...] Quando o Integralismo proclama que o Trabalho é um dever social e o sujeito da economia, quer dizer que todo homem deve ser um produtor, com máximo de possibilidade de desenvolver as qualidades que lhe são próprias. Neste sentido, ao Estado incumbe afastar todas as barreiras que obrigam hoje um desempregado a pedir favores, mendigar para pistolões "a fim de cumprir" o "dever de trabalhar" [...] Cumpre notar que o Estado garante como regra a propriedade privada, estabelecendo a responsabilidade do proprietário, mas pode também se tornar produtor direto e proprietário exclusivo em casos especialíssimos, quando assim exige o bem comum, como o caso do aparelhamento bancário, do aproveitamento da energia, da exploração, das minas, dos transportes [...] O Estado deve intervir quando surge o processo produtivo. A esta última consequência está estreitamente ligado o problema do crédito [...] Popularização do crédito, normalização das funções creditoriais, eis os problemas fundamentais de nossos dias [...] O Integralismo, no setor econômico-social, propõe-se a organizar o crédito e orientar a produção a fim de igualar cada vez mais as oportunidades entre os homens, permitindo que o Trabalho seja um criador efetivo e geral de autarquias.[111]

Um último tema que merece ser focalizado, diz respeito à questão da liberdade. Escreve Plínio:

> Todos os sofrimentos do mundo moderno se originam de um só defeito da grande máquina: a falta de disciplina. O conceito de liberdade excessiva, o predomínio do individualismo mais desenfreado, determinou o desequilíbrio social que perturba o ritmo da vida de nosso século [...] E foi a liberdade que espelhou pelas nações as doutrinas mais contraditórias, as afirmativas mais absurdas, os brados mais lancinantes de angústia do pensamento e do coração [...] E a Liberdade é o supremo dom do homem [...] Como salvaremos a liberdade? Pela disciplina.[112]

---

[111] REALE, Miguel. *O capitalismo...*, p. 178-183.
[112] SALGADO Plínio. *O sofrimento universal*, p. 189-190.

Como bom católico, Plínio Salgado considera a liberdade ambígua. "Supremo dom do homem", o livre-arbítrio é também causa de sua ruína. Cumpre, pois, domá-lo por meio da disciplina. Salvar a liberdade exige, portanto, um preço, e o integralista sabe que vale a pena pagá-lo:

> O Integralismo considera a Autoridade como força unificadora que assegura a convergência e o equilíbrio das vontades individuais e realiza o aproveitamento das energias da Nação em razão do bem coletivo.[113]

Apontando os erros do liberalismo e os perigos do comunismo, redefinindo representações e valores tacitamente admitidos pela classe média, mas norteando essas representações e valores para um novo rumo onde se acredita que irão efetivar-se, o discurso integralista não é uma ideologia autoritária cuja fraseologia, por vezes europeia e achegada a promessas fascistas do Velho Mundo, não corresponderia a aspirações sociais e políticas dos setores reacionários da classe média desse período. Recorrendo à autoridade teórica e prática de pensadores e líderes europeus, apenas funciona como todo pensamento autoritário, que sempre pede garantias para pensar e agir. O nacionalismo e o estatismo, em vez de serem cópias grotescas de modelos europeus e, na condição de cópias, impossibilitados de serem "reflexos" da realidade brasileira, são construções que exprimem uma situação real tal como é apreendida imediatamente pelos dirigentes e militantes: não são reflexos nem são mentiras, não são cópias nem simulacros, mas pilares para a elaboração de uma história imaginária que justifique a política integralista e permita seu reconhecimento pela classe a que se dirige. Nessa medida, torna-se de menor importância saber se houve importação dos fascismos europeus, pois o que interessa compreender é que importando ou não ideias que não poderiam espelhar a situação brasileira, as formulações integralistas exprimiram, na forma da construção pura, a verdade do nacionalismo como política autoritária, mesmo quando os militantes aderiam à AIB pelo medo ao comunismo ou pelo antiliberalismo, na esperança de ver realizados ideais que, de outra maneira, permaneceriam como simples *desiderata*.

---

[113] DIRETRIZES Integralistas, 1933, item III.

A AIB em ação

Não deixa de ser sintomático o fato de que o grande momento da prática integralista seja 1936, chamado o Ano Verde[114]. De junho a setembro daquele ano, o número de membros e de simpatizantes da AIB dobrou, ultrapassando a casa do milhão e os núcleos integralistas locais multiplicaram-se. Nas eleições municipais, os integralistas conseguiram 250 mil votos, elegendo 500 vereadores e 24 prefeitos. Em fevereiro e em novembro, seu jornal, *A Offensiva,* publicou um recenseamento evidenciando o crescimento da AIB: dos 2.023 centros espalhados pelo Brasil até fevereiro, passou-se para 3 mil até novembro; dos 800 mil membros, passou-se para mais de um milhão; dos 102 semanários, passou-se a 123, incluindo *A Ação,* em São Paulo; das 200 escolas primárias fundadas desde 1932, passou-se para 1.285. Ainda nesse período, foi criado o Departamento de Assistência Social com clínicas capacitadas para atender 2 mil pacientes, com 100 farmácias, 100 clínicas dentárias e dezenas de centros de puericultura e lactários. Além da ampliação da rede de ensino primário, a SEP passou a ter centros de estudos em várias faculdades, em escolas de agronomia e nas escolas técnicas. Evidentemente, preparando-se para a campanha eleitoral contra a ANL, o interesse pelas escolas primárias aumentou assim com pelos cursos de alfabetização de adultos: ao lado da "benemerência cívica", tratava-se de produzir alfabetizados, isto é, eleitores. Em 1936, a AIB lança-se como partido político e, embora o Partido

---

[114] Imitando os fascistas italianos, que introduziram o uso da camisa negra como uniforme, os integralistas vestiam camisa verde (seus críticos os chamavam de "galinhas verdes"). Assim como Mussolini era chamado Duce (condutor) e Hitler, Führer (guia e condutor), Plínio Salgado era chamado Chefe. Recapitulemos a cronologia do Integralismo: 1931: fundado o jornal *A Razão;* 1932: fundada a Sociedade de Estudos Políticos (SEP) e lançado o *Manifesto* que cria a Ação Integralista Brasileira (AIB); 1933: estabelecimento das Diretrizes Integralistas; 1935: publicação dos Estatutos da AIB, com a finalidade de tornar-se partido político; 1936: de junho a setembro ganha eleições municipais e estaduais, elege prefeitos, vereadores e deputados; 1937: prepara-se para as eleições presidenciais de janeiro de 1938; novembro de 1937: golpe de Estado de Vargas e início do Estado Novo — Vargas não cumpre promessas feitas a Salgado pelo apoio dado ao golpe; maio de 1938: tentativa de golpe pela AIB, cujo fracasso a submete à Lei de Segurança Nacional, que a declara ilegal; a AIB é dissolvida, e Plínio Salgado parte para o exílio, permanecendo fora do Brasil até 1945.

dos Trabalhadores do Brasil tivesse solicitado ao Supremo Tribunal Eleitoral que impugnasse a inscrição da AIB por seu programa antidemocrático, os integralistas foram vitoriosos.

Em 1937, a AIB lança sua plataforma para as eleições presidenciais de 1938, baseada no artigo n. 3 dos *Estatutos* redigidos em março de 1935. Reza o artigo 3:

> Como partido político, a Ação Integralista Brasileira objetiva a reforma do Estado, por meio da formação de uma nova cultura filosófica e jurídica, de sorte que o povo brasileiro, livremente, dentro das normas da Constituição de julho de 1934 e das leis em vigor, possa assegurar de maneira definitiva, evitando lutas entre Províncias, entre classes, entre raças, entre grupos de qualquer natureza e principalmente evitando rebeliões armadas: a) o culto de Deus, da Pátria e da Família; b) a Unidade Nacional; c) o princípio da Ordem e da Autoridade; d) o prestígio do Brasil no exterior; e) a Justiça Social, garantindo aos Trabalhadores a remuneração correspondente a todas às necessidades e à contribuição que cada qual deve dar à Economia Nacional; f) a paz entre as Famílias Brasileiras e entre as forças vivas da Nação, mediante o sistema orgânico e cristão das corporações; g) a Economia que garante a intangibilidade da propriedade até o limite imposto pelo bem comum; a iniciativa particular orientada no sentido da maior eficiência da produção nacional; a soberania financeira da Nação; a proteção das riquezas e o aproveitamento dos nossos recursos naturais em benefício do Povo Brasileiro; a prosperidade e a grandeza da pátria; h) a liberdade da pessoa humana dentro da ordem e harmonia social; i) a grandeza e o prestígio das forças armadas; j) a união de todos os brasileiros.[115]

O partido propõe, assim, reformar o Estado sem recorrer à luta armada e garantir espiritualidade, ordem, autoridade e unidade nacional fundada na harmonia social a ser criada pelas corporações, atendendo aos justos salários para os trabalhadores e às justas aspirações da propriedade privada, de maneira que haja liberdade, mas ordeira. As "famílias brasileiras" são as "forças vivas da Nação" – está, pois, assegurado que

---

[115] Estatutos da Ação Integralista Brasileira – aprovados no II Congresso Integralista de Petrópolis em março de 1935 e registrados no Superior Tribunal de Justiça (STJ) em setembro de 1937. In: *O Integralismo perante a nação*, p. 133-134.

as forças sociais não são o capital e o trabalho. Além de nacionalista, porque contrário às dissensões regionais, o programa é nacionalizador: o tópico sobre a economia declara a "soberania financeira da Nação". E, nesse mesmo tópico, esclarece-se a posição estatista, na medida em que a iniciativa privada deve submeter-se a maior "eficiência da produção nacional", o que implica intervenção do Estado na economia. Antiliberal e "anticomunista", compreende-se que o temor inicial da AIB diante da promulgação da Lei de Segurança Nacional fosse um temor infundado.

Com efeito, após os eventos de 1935, que culminaram na proscrição da ANL e na "Intentona Comunista", os integralistas estavam certos de que a AIB também seria lançada na ilegalidade – os conflitos de rua durante o Congresso Integralista de Petrópolis e as várias prisões de militantes em São Paulo, Rio de Janeiro, Espírito Santo, Pernambuco e Rio Grande do Sul levavam a supor que as pretensões de permanecer sob as garantias da Constituição de 1934 caíam por terra. É significativo que, atemorizados, tenham recorrido a um procedimento peculiar: obter declarações públicas de personalidades insuspeitas que deveriam responder a duas perguntas: "Pode o Integralismo ser considerado um extremismo?" e "Pode o Integralismo ser confundido com o comunismo?". Juristas (Brito Bastos, do Tribunal de Justiça de São Paulo); militares (general Pantaleão Pessoa, chefe do Estado Maior do Exército; general Goes Monteiro, ministro da Guerra); padres (cônego Francisco Bastos, do Cabido Metropolitano de São Paulo); pensadores (Conde Affonso Celso, João Dente e Azevedo Amaral); políticos (Cirilo Júnior, presidente da Câmara dos Deputados Federais), são todos unânimes nas respostas: Não. O Integralismo não é um extremismo e, *por isso*, não se confunde com o comunismo.[116]

Por seu turno, os editores de *A Offensiva*, em abril de 1936 (especialmente os dos dias 4 e 5), procuravam não só enfatizar a natureza democrática do movimento, mas, sobretudo, declarar seu apoio a Vargas, que "nesse momento crítico defende nossos lares, a honra de nossas famílias, nossas tradições cristãs, nossa propriedade e nossa liberdade".[117] Por essa razão, os integralistas "são pelo governo da

---

[116] O Integralismo julgado por seus contemporâneos. In: *O Integralismo perante...*, p. 171-178.

[117] SALGADO, Plínio. O Princípio de Autoridade. *A Offensiva*, 4 abr. 1936.

República. Não quero dizer que concordamos com o sistema político. Não somos contra o regime, mas achamos que, a fim de manter o regime, precisamos mudar o sistema".[118] E, se os *Estatutos*, redigidos em março de 1935, pretendiam permanecer dentro da lei, o *Manifesto Programa de 1936*, no qual é apresentada a plataforma para a presidência da República, no item "A organização corporativa do Estado", declara que o sistema corporativo será estabelecido com base na Constituição de 1934, na Lei Eleitoral e na Lei de Segurança Nacional. Por outro lado, se os *Estatutos* apenas sugeriam o estatismo, no *Manifesto de 1936*, o item "Economia Nacional e Finanças" declara explicitamente que sem uma economia organizada será impossível conter a revolta das massas e organizar a força trabalhadora nacional, entendendo-se por esta tanto os operários quanto os patrões.[119]

Será, porém, numa carta de 28 de janeiro de 1938, endereçada a Vargas, que Plínio Salgado nos deixa compreender porque a Lei de Segurança Nacional não visou à AIB no correr de 1935, 1936 e 1937, para, no entanto, ser usada contra ela a partir de 1938. Nessa carta, Salgado escreve:

> Antes de ter um novo encontro com V. Excia. para, em conformidade e com o que anteriormente ficou estabelecido, transmitir-lhe minha resposta com relação ao convite que V. Excia. se dignou fazer-me para ocupar a Pasta da Educação em seu governo, resolvi, com a maior lealdade e franqueza, fixar nas linhas que seguem, os aspectos de uma situação que reputo grave e que só poderia ser resolvida se encarada com absoluto realismo político.[120]

"A grave situação" resume-se a "calúnias" que comunistas, governadores de estado, partidos políticos e imprensa lançam contra a AIB, declarando-a cúmplice de Vargas por lhe haver dado apoio pessoal, quando, na verdade, tratava-se de uma "orientação doutrinária". Isto

---

[118] SALGADO, Plínio. *A Offensiva*, 5 abr. 1936.

[119] Manifesto-Programa de janeiro de 1936 com que a Ação Integralista Brasileira comparecerá às eleições de presidente da República (*A Offensiva*, jun. 1937).

[120] Carta do chefe nacional da Ação Integralista Brasileira, Plínio Salgado, ao senhor Dr. Getúlio Vargas, presidente da República em 28 de janeiro de 1938 (*O Integralismo perante...*, p. 219).

posto, cumpre ao Chefe explicar ao outro por que tal orientação não o impediu de candidatar-se à presidência da República, embora o Integralismo seja uma "mística nacional" (ameaçada agora de destruição por Vargas, sugere o missivista) antes de ser um partido político com pretensões ao poder (o que seria desmentido pela tentativa integralista de golpe de Estado em maio do mesmo ano). Prossegue Plínio:

> As relações entre o Integralismo e o Presidente da República sempre foram, pela força da própria doutrina do Sigma, as do respeito do primeiro pelo segundo e do acatamento do segundo pelo primeiro. Éramos a única força nacional organizada; *éramos um milhão de brasileiros que opunham uma barreira ao comunismo e combatiam o partidarismo regionalista;* éramos a inspiração criadora de fortes sentimentos cívicos, *e tudo isto coincidia com a linha política do Presidente da República.*[121]

Mas não havia apenas coincidência de interesses. Salgado declara que, sendo o Integralismo uma doutrina que valoriza o poder central e a autoridade e que combate o comunismo, é um auxiliar precioso para Vargas e este só não chega a percebê-lo porque se deixa influenciar por aqueles que, até há pouco, eram justamente seus inimigos: governadores de estado, chefes de partidos, a imprensa liberaloide. Em que Integralismo e Vargas coincidiam, além da defesa do autoritarismo do poder central e do combate ao comunismo?

> Ora, a constituição [de 1934] nos prometia a organização corporativa do país e a possibilidade de leis que certamente com o tempo iriam reajustando as instituições aos nossos ideais integralistas, não duvidaríamos em apoiar o "fato consumado" [leia-se: o golpe de Vargas em novembro de 1937], desde que o Governo prometia que seríamos nós, integralistas, tratados com todo respeito e mantidos em nossa missão apostolar.[122]

Quem dera tanta segurança a Salgado? Este não deixa de exibir os nomes daqueles que lhe prometeram respeito pela "missão apostolar": relata os entendimentos com Filinto Muller, Francisco Campos e Eurico

---

[121] *Idem, ibidem*, p. 229. Grifos meus, MC.

[122] *Idem, ibidem*, p. 223.

Gaspar Dutra. O primeiro assegurou-lhe que a AIB nada tinha a recear com a vinda do golpe; o segundo, que o Integralismo seria a base do novo regime; o terceiro, "aborrecido de que não viesse o 'estado de guerra', ele que tanto se distinguira no combate ao comunismo, convenceu-me de que o Brasil se achava realmente em perigo e eu lhe afirmei que nós, integralistas, estávamos do lado dele".[123]

O que há de interessante nessa carta não é tanto a subserviência nem os inevitáveis conchavos com quem de direito, ou seja, não é o aspecto "palaciano" nem a intenção de participar da "grande política". O que nela interessa é a possibilidade de darmos um conteúdo àquilo que, no início destes apontamentos, foi designado como um lugar-comum da historiografia brasileira, isto é, a afirmação do atrelamento da classe média à classe dominante. Porém, e nisso creio residir o interesse do texto citado, o que é característico do atrelamento integralista, que faz de seus dirigentes e militantes massa de manobra de Vargas, é o fato de que, sob a bandeira do combate ao comunismo, a classe média desse período serve de ponta de lança para a repressão exercida contra o proletariado. Não se trata sequer da suposta convergência político-ideológica entre integralistas e o golpe de 1937, nem se trata do suposto fascismo de uns e de outros, mas sim de que, *por motivos diferentes*, o autoritarismo e a ditadura surgem para dominantes e classe média integralista como freio indispensável quando se tem em mira obter a paralisia operária. Nesse contexto, supor que o Estado Novo nasce de um "vazio" de poder (como afirmam alguns historiadores e sociólogos) não me parece adequado.

Resta saber por que, do ponto de vista do militante integralista (e não dos dirigentes), a adesão ao Movimento do Sigma cresce a partir de 1936. Azevedo Amaral, "testemunha ocular" desse crescimento, assim o explica:

> A luta contra o extremismo marxista proporcionou, por dois motivos, ao extremismo fascista oportunidade para passar rapidamente da relativa obscuridade em que até então estivera a uma situação de verdadeiro destaque nacional. Dado o perigo imediato concretizado na atividade comunista, o governo, segundo a lógica da situação

---

[123] *Idem, ibidem*, p. 225.

e em obediência a sentimentos compreensíveis, era naturalmente levado a tolerar e até animar uma corrente que, no momento, poderia ser aproveitada para a defesa da ordem e segurança do Estado. Essa tolerância do poder público, chegando talvez mesmo a tomar forma concreta de um favoritismo particularmente vantajoso nas circunstâncias anormais em que se achava o país, teve a decisiva influência vitalizadora sobre o movimento fascista representado pelos integralistas. O outro fator do rápido desenvolvimento dessa corrente, desde o levante comunista de 1935, foi o reforço de suas fileiras por elementos de duas categorias, cuja influência se poderia considerar, à primeira vista, paradoxal. Enquanto elementos da burguesia, atemorizados pela perspectiva de recrudescência de motins comunistas gravitavam para o campo integralista, que se inculcava como centro de resistência ao marxismo, contingentes comunistas para ali também se dirigiam, provavelmente movidos por duas ordens de razões facilmente compreensíveis. Em muitos casos, a incorporação às legiões comandadas pelo Sr. Plínio Salgado devia ser apenas um expediente comandado pela prudência. Vestir a camisa verde era uma garantia contra os riscos que a repressão policial envolvia para os que anteriormente haviam professado o credo vermelho. Ao lado desses convertidos por considerações de segurança pessoal, provavelmente apareciam elementos que aceitavam o fascismo como um sucedâneo do seu ideal marxista, cuja realização se lhes afigurava impossível, diante da forte reação nacional contra o comunismo.[124]

Não cabe, aqui, analisar as palavras de Azevedo Amaral, pois sabe-se que seu livro foi escrito apenas para demonstrar que o Estado Novo, necessário à nação, não é um Estado fascista, acusação que lhe era feita na época. Isso explica porque coloca a tolerância e até mesmo o favoritismo de Vargas para com "o movimento fascista dos integralistas como decorrente da "lógica da situação" e de "sentimentos compreensíveis" do governo, em outras palavras, do oportunismo do grupo de Vargas. O caso é, porém, que o aumento do contingente integralista é tido por ele como decorrência dos eventos de 1935, mas isso esclarece pouca coisa ou, se quiser, repete o que já é sabido: a classe média, ainda uma vez, foi usada pela classe dominante. Na verdade,

---

[124] AMARAL, Azevedo. *O Estado autoritário e a realidade nacional.* Rio de Janeiro: J. Olympio, 1938, p. 142-143.

portanto, resta saber o essencial: o que o Integralismo oferece como contrapartida ao comunismo para que uma parcela de classe média se sinta atraída para a AIB?

As entrevistas feitas por Trindade com ex-participantes da AIB, relativas às motivações fundamentais dos militantes, revelam que as motivações mais fortes eram o anticomunismo e a simpatia pelos fascismos europeus. Segundo Trindade, o vínculo do anticomunismo, na maioria dos casos, não é estabelecido com o nacionalismo, mas com uma atitude fascistizante. Por outro lado, aqueles que foram mais motivados pelo nacionalismo não apresentavam grande motivação anticomunista e, às vezes, nenhuma nesse sentido. A conclusão de Trindade é a de que tais motivações confirmam a hipótese de que o anticomunismo era puro mimetismo em face dos movimentos fascistas europeus e não uma clara percepção de alguma ameaça comunista interna.

Não obstante, a conclusão a que chega esse autor não é necessariamente a única que poderíamos tirar. Com efeito, o vínculo entre anticomunismo e nacionalismo que parece não ser característico da AIB, no entanto, é característico do fascismo, cuja pretensão é a de resolver a questão proletária dentro dos quadros da nação. Por outro lado, o vínculo entre comunismo e nacionalismo ocorreu no Brasil (e não só aqui, como sabemos), segundo atestam programas do PC e da ANL, que, no entanto, continham sempre uma plataforma antifascista. Aliás, é pertinente considerar o caráter nacionalista do programa da ANL, identificada pelos integralistas com o comunismo, como uma das razões pela qual a motivação anticomunista dos militantes da AIB não esteja imediata e conjunturalmente vinculada ao nacionalismo. Enfim, é perfeitamente possível que uma atitude anticomunista não precise manifestar-se imediatamente em uma ideologia nacionalista (os anarquistas são anticomunistas sem serem por isso nacionalistas). O nacionalismo pode manifestar-se mediatamente por meio de outros conteúdos, tais como os da centralização do poder do Estado e o de sua modernização e racionalidade. O Integralismo pode conferir identidade a seus militantes quer definindo-os como cidadãos do Estado brasileiro, quer como povo brasileiro, porém, seja como "cidadão", seja como "povo", o integralista não possui uma identidade de classe, senão quando esta é reduzida à profissão ou quando, na qualidade de "média", é tida como "portadora da Ideia", classe universal acima das classes e, *consequentemente,* como não-classe determinada. É mais plausível admitir que a articulação entre anticomunismo e atitude fascistizante é, antes, uma articulação entre anticomunismo e algo que parece ser muito atraente a certos setores da classe média brasileira: uma visão do Estado como fonte *impessoal* do bem e da justiça públicos. Em outras palavras, se nos lembrarmos de que, ao lado do anticomunismo, a proposta autoritária do Integralismo funda-se numa crítica da imoralidade e injustiça próprias da democracia liberal que, no Brasil, segundo o Chefe, é politicagem de camarilhas e de clientes, então a atitude fascistizante, apontada por Trindade, em lugar de ser mimetismo com relação à Europa, poderia ser encarada como algo que se assemelha àquilo que Weffort denomina "populismo janista", oposto ao paternalismo e ao clientelismo do líder, em nome da moralidade, da autoridade e da burocratização estatal, pelos quais o chefe deve ser responsável. Em outras palavras: o Integralismo pode ser tido como fenômeno político-ideológico local, prenúncio de um populismo falhado, o de Jânio Quadros, diverso do de Vargas, e que não se ocuparia com o "povo operário", mas com o "povo-classe média". Sob esse prisma é possível supor que o fracasso da AIB tenha algo a ver com o sucesso de Vargas, não porque este teria estado mais à altura da "grande política", e sim porque não permaneceu cego à prática operária, enquanto o Movimento do Sigma, estabelecendo uma cisão entre o "monstro comunista" e o "mísero obreiro", aprisionou-se nas imagens pequeno-burguesas do social e do político, permanecendo apenas à altura do destinatário de seu discurso.

Um tema mobilizador: a imagem da crise

Inversão das relações de determinação (o determinado visto como determinante e este, como determinado) e das relações entre causas e efeitos, abstração e, portanto, desconhecimentos da gênese e de um processo histórico, autonomia das ideias com respeito à sociedade e à história, a ideologia, produto da luta de classes, é também e sobretudo seu ocultamento[125]. Além de pressupor, mas escamotear, a divisão social (do trabalho, da política e da sociedade, das instituições),

---

[125] Para a gênese e o modo de operação da ideologia cf. neste volume o ensaio "Crítica e ideologia".

a ideologia tem a peculiaridade de fundar uma separação entre as ideias dominantes e os indivíduos dominantes de maneira a impedir a percepção do "império dos homens sobre os homens" graças à figura "neutra" do império das ideias. Posto como autônomo, o universo das ideias organiza-se numa ordem onde, misticamente, as ideias parecem engendrar-se umas às outras, independentemente de toda e qualquer determinação "não ideal". Eis por que Plínio Salgado pôde escrever:

> A História é a crônica do desenvolvimento e da transformação do Espírito dos Povos numa aspiração de perfectibilidade [...] É aqui que devemos reivindicar à ação da Ideia a sua capacidade de interferência transformadora [...] Essas leis (da história) dizem respeito, evidentemente, à capacidade modificadora do Espírito Humano [...] Eis por que a permanência da Revolução é fenômeno e necessário o sistema do mundo [...] Precisamos realizar a *nossa Revolução* [...] Dar unidade ao Pensamento. Só então poderemos impor unidade moral, unidade econômica e unidade política ao grupo humano a que pertencemos [...] Esse papel incumbe às elites intelectuais.[126]

Ora, visto que a "nossa revolução" é o Integralismo, ela designa seus inimigos. Todavia, em lugar de designá-los imediatamente como inimigos políticos, Plínio Salgado os nomeia por meio da oposição entre os que pensam e os que são incapazes de pensamento:

> As mentalidades crepusculares não entenderão essas palavras. Mas eu não falo aos gastos, aos que já se acostumaram a todas as monotonias. Não falo ao argentário, não falo aos velhos. Falo aos que são moços e aos que se rejuvenesceram pela inteligência e pelo milagre da palavra nova.[127]

O que buscam os que pensam? "Reivindicar à ação da Ideia a sua capacidade de interferência transformadora" e, para tanto, "dar unidade ao Pensamento" a fim de dar unidade moral, econômica e política à nação. Eis uma boa chave para compreendermos uma das fontes da força da ideologia.

---

[126] SALGADO, Plínio. *Psicologia da revolução*. 4. ed. Rio de Janeiro: Livraria Clássica Brasileira, 1953, p. 14, 29, 147-148.

[127] SALGADO, Plínio. *Palavras Novas... Op. cit.* p. 9-10.

Com efeito, a ideologia tira sua força do ocultamento da divisão social e da separação entre sociedade e Estado, oferecendo a imagem da unidade aos sujeitos sociais e políticos que vivem em sociedades fundadas na luta de classe e na divisão entre a sociedade civil e o poder do Estado. Ela oferece à sociedade fundada na divisão e na contradição uma imagem capaz de anular a existência efetiva da luta, da divisão e da contradição, por meio da construção de uma imagem na qual a sociedade surja como idêntica, homogênea, harmônica e una.

O desejo da identidade tem uma origem precisa: para que a violência da dominação exercida por uma classe surja como natural, inscrita nas coisas e legítima ou como lugar de direito do exercício da dominação (sem o quê os dominados teriam o direito de insurgir-se contra ela), é preciso que seja anulada como violência, e a única via possível para isso consiste em produzir uma imagem unificada da sociedade, com polarizações suportáveis e aceitáveis para todos os seus membros. O imaginário ideológico responde a duas necessidades. Por um lado, fornece, aos membros de uma sociedade dividida e separada do poder, a imagem da indivisão política; por outro, elabora, para a classe que detém o poder, uma imagem de si e do social que faça do poder um representante homogêneo e eficaz da sociedade no seu todo. Assim, a operação ideológica passa por dois ocultamentos: oculta a divisão social e oculta o exercício do poder por uma classe social ou uma de suas frações sobre as outras. Para tanto, o discurso ideológico tende a fixar de uma vez por todas a origem e o sentido dos fatos, de sorte a oferecer certos signos fixos e constantes que neutralizam toda contradição possível entre o já dado e o acontecimento que venha a negá-lo. As ideias assim elaboradas são representações e normas que constituem um *corpus* de prescrições a serem seguidas quando se quer conhecer ou agir. A ideologia nada espera do social e da história como fontes do saber e de ação, submetendo-os ao *corpus* que tudo explica e tudo prevê, mantendo identidades imaginárias entre o saber e a ação, graças à fixação imaginária de seus conteúdos.

Elevando todas as esferas da vida social e política à dimensão de essências explicadas pelas ideias, a ideologia se desincumbe da tarefa da explicação e do conhecimento do real, pois sua origem e sentido encontram-se fixados. As supostas essências garantem a identidade, a repetição, a permanência e até mesmo a transformação, esta última imaginada como desdobramento de potencialidades já dadas e dirigidas por uma finalidade pré-fixada, ou como escreve Salgado a respeito da história: "Crônica do desenvolvimento e da transformação do Espírito dos Povos numa aspiração de perfectibilidade".

Não se trata de negar que a ideologia também procura gêneses, mas de perceber a peculiaridade de uma gênese ideológica, na medida em que, operando com um tempo vazio, linear, sucessivo e empírico, confunde cronologia e história, de sorte que explica a origem apelando para causas anteriores e exteriores ao acontecimento e ao processo histórico, de tal maneira que a gênese é sempre extrínseca, pois a ideologia não tem como alcançar o movimento interno no qual as precondições (os pressupostos) são incorporadas e repostas pelas condições de existência e de reprodução do processo no seu todo. Eis porque a "História" ideológica só pode ser fantástica, como o texto de Plínio Salgado evidencia.

Se a ideologia é um discurso que se oferece como representação e norma da sociedade e da política, como saber e como condição da ação, promove uma certa noção da racionalidade cuja peculiaridade consiste em permitir a suposição de que as representações e normas estão coladas no real, ou melhor, são o próprio real ou sua verdade. Em outras palavras, da mesma maneira que a operação ideológica fundamental consiste em camuflar as contradições em nome de uma indivisão e de uma harmonia de direito que devem constituir a sociedade e a política, também é uma operação típica da ideologia, enquanto "saber", escamotear a diferença entre o pensar e o real, pois tal diferença impede que as ideias sejam tomadas como a própria realidade.

Uma vez que a racionalidade ideológica pretende ser a afirmação da identidade entre ideia e realidade e da racionalidade do social e do político, como explicar que, algumas vezes, essa realidade escape dos cálculos e das previsões, mas, sobretudo, escape das leis e dos modelos que a explicam? Embora a ideologia esteja encarregada de promover um discurso capaz de escamotear as divisões da sociedade fundada em classe, todavia uma outra modalidade de divisão reaparece na representação ideológica. Essa divisão tem uma dupla origem: por um lado, serve para apagar a divisão real em uma outra que é seu efeito, por outro lado, é consequência da própria elaboração abstrata da racionalidade. Essa nova modalidade de divisão é aquela na qual a sociedade é representada organizada em subunidades ou subsistemas institucionais parciais, cada qual dotado de leis e racionalidade próprias, mas que devem, de direito, estar em harmonia com o todo, embora, de fato, possa haver conflito entre a parte e o todo ou entre as partes. Há, pois, um jogo incessante entre a racionalidade do todo e a das partes. Todavia, quando os conflitos entre as múltiplas parcialidades institucionais já não podem ser controlados surge uma ideia-chave, panaceia de todos os males, uma explicação irrecusável daquilo que "efetivamente" estaria ocorrendo no real: *a imagem da crise.*

Na crise, a continuidade e a harmonia das racionalidades parciais parecem romper-se; cada parte surge como independente das outras e do todo, e este último emerge como mescla indecisa entre uma racionalidade geral dos fenômenos sociais e uma irracionalidade do sistema no seu conjunto. A crise é imaginada como um movimento da irracionalidade que invade a racionalidade do social e do político, gera desordem e caos e precisa ser conjurada para que a racionalidade (anterior ou outra, nova) seja restaurada. A noção de crise permite representar a sociedade invadida por contradições, mas, simultaneamente, permite tomar as contradições como um acidente, um desarranjo, pois a harmonia é pressuposta como de direito, de sorte que a crise é uma desordem factual provocada seja por um engano (involuntário) dos agentes sociais, seja por um mau funcionamento de certas partes do todo (por exemplo, como dirá o Integralismo, pela coexistência desarmônica do arcaico e do moderno, ou pela inadequação do liberalismo "litorâneo" à realidade "sertaneja" da nação). A crise serve para opor uma ordem ideal a uma desordem empírica, na qual a norma ou a lei são contrariadas pelo acontecimento. Este, encarado como engano ou como acidente, permite não só pensá-lo como inadequado (ou então, pensar o "sistema" ou o "modelo" como inadequados porque não podem absorver o evento), como também permite imaginá-lo como um desvio. Crise e desvio pressupõem um dever-ser contrariado pelo acontecer, mas que poderá ser restaurado justamente porque é um dever-ser. Longe de ser percebida como algo que ateste os limites de uma racionalidade meramente representada, a noção de crise realiza uma tarefa oposta, isto é, confirma e reforça a construção ideológica da identidade da sociedade consigo mesma: a crise nomeia os conflitos no interior do social e do político, mas o faz para melhor escondê-los.

Com efeito, o conflito, a divisão e até mesmo a contradição podem chegar a ser nomeados pelo discurso da crise, mas o são com um nome bastante preciso: *perigo*.

Não é por acaso que a noção de crise é privilegiada nos discursos contrarrevolucionários, neles funcionando em dois registros diferentes, mas complementares: por um lado, serve de *explicação* (saber) para a emergência do irracional no coração da racionalidade (isto é, serve para ocultar a crise verdadeira), por outro, mobiliza os agentes sociais acenando-lhes o risco da perda da identidade, suscitando-lhes o medo da desagregação social, isto é, da revolução e lhes oferece a oportunidade de restaurar uma ordem não crítica, graças à ação de alguns salvadores da ordem ameaçada (eis porque a crise, no discurso contrarrevolucionário, é posta como *crise de autoridade*). Com isso, a imagem da crise serve para reforçar a submissão a um poder miraculoso que emana dos chefes esperados, que encarnam em suas pessoas a identidade possível da sociedade consigo mesma.

A crise é usada para fazer com que surja diante dos agentes sociais o sentimento de um perigo que ameaça *igualmente a todos*, dá-lhes o sentimento de uma *comunidade* de interesses e de destino e os leva a aceitar a bandeira da salvação da sociedade supostamente homogênea. Nessa medida, a imagem da crise pode funcionar como mola propulsora de um discurso e de uma prática contrarrevolucionários porque visa impedir que as classes sejam assumidas como tais (os integralistas não se cansarão de afirmar que a "crise brasileira" só pode ser superada se forem abandonados os interesses "classistas" do capital e do trabalho e se uma classe, não comprometida com as outras duas, puder conduzir os destinos da nação). Por outro lado, embora a imagem da crise seja inseparável do contexto onde possa haver a figuração empírica de salvadores ou chefes, no entanto, o tipo de poder que é atribuído a eles irradia-se para a sociedade inteira, por intermédio de aparelhos que exerçam *a mesma e única autoridade* de sorte que o projeto de uma organização burocrática, corporativa e militarizada da sociedade não será, no caso integralista, senão a consequência lógica da análise da realidade brasileira como "crítica".[128]

---

[128] Não é por acaso que Gramsci afirma que, nas análises de crise de hegemonia, é preciso levar em conta a maneira pela qual a crise é representada ideologicamente por aqueles setores de classe que dependem da burocracia civil ou militar. A crise de

No projeto integralista, a inspiração do totalitarismo fascista é clara: a solução da "crise" exige que classes sociais, sociedade civil e Estado se consubstancializem na *organização nacional*, em que o poder atravessa todas as esferas do social como um poder único e unívoco, em uma pirâmide hierárquica que figura em toda parte a *mesma* autoridade. A hierarquia funcional vincula cada membro da sociedade ao núcleo central da socialização (o Estado), que os identifica em um *corpo indiviso, total*, isto é, *integral*. O poder multiplica seus núcleos sem risco de divisão porque é sempre o mesmo poder que é exercido em todos eles. A divisão entre dominantes e dominados se esfuma: a sociedade identifica-se com o Estado; os cidadãos identificam-se com o partido; os funcionários, com as instituições e os trabalhadores, com as corporações. A crise serve, assim, para dissolver todas as diferenças e contradições, empenhando todos os agentes sociais na tarefa da reorganização da nação.

Escreve Reale:

> O Integralismo é a doutrina que não crê em soluções fragmentárias para a questão social e prega a necessidade do Estado forte para garantir o equilíbrio entre as várias classes; que faz do Estado um realizador de fins morais e sustenta a necessidade de uma política voluntarista, capaz de acompanhar e dirigir a marcha rápida dos acontecimentos humanos, pondo sempre a realidade acima das teorias; que faz do Estado a síntese das aspirações nacionais e o coordenador das atividades individuais, mas não faz do Estado um fim absoluto e exclusivo, um tabu; que combate o individualismo porque o homem só vale integralmente como membro de uma coletividade e como expressão de um grupo, mas se afasta do comunismo que aniquila o indivíduo, tornando-o um meio, um instrumento; que só compreende o internacionalismo como resultante dos valores específicos de cada povo, de cada Nação; que não admite a demagogia popular e a mentira do sufrágio universal, mas foge igualmente da ditadura e do cesarismo que sufocam a liberdade em nome de um interesse de qualquer ordem; que não desconhece os imperativos da Tradição, mas não faz deles pontos

hegemonia, sendo representada como irracionalidade e como crise de autoridade, desemboca no projeto de restaurar a racionalidade (leia-se: a ordem) por meio da racionalização da autoridade (leia-se: por meio da burocracia política e administrativa).

de chegada e sim de marcos de uma contínua evolução; que não se baseia na consideração exclusiva dos valores econômicos, mas em todos os valores espirituais e materiais do homem.[129]

Por seu turno, escreve Plínio Salgado:

O Integralismo considera a autoridade como força unificadora que assegura a convergência e o equilíbrio das vontades individuais e realiza o aproveitamento das energias da Nação em razão do bem coletivo (item 3). O Integralismo considera a sociedade como união moral e necessária dos seres vivendo harmonicamente segundo seus superiores destinos (item 4). O Integralismo compreende o Estado como uma instituição essencialmente jurídico-política, detentora do princípio da soberania para realizar a unidade integral da Nação, coordenando e orientando numa diretriz única todos os grupos materiais que a constituem e todas as forças vitais que a dinamizam (item 6). Na concepção integralista o Estado reveste-se da suprema autoridade político-administrativa da Nação controlando e orientando todo seu dinamismo vital, subordinando-se, porém, aos imperativos da hierarquia natural das coisas, da harmonia social e do bem comum dos brasileiros (item 7). Fiscalização direta do Estado sobre o cinema, o teatro, a imprensa, o rádio e todos os veículos do pensamento que estão hoje atentando contra a liberdade, forçando o povo a submeter-se aos caprichos de capitalistas internacionais, de burgueses materialistas, de espíritos anárquicos e de agentes de Moscou; auxiliar todos os empreendimentos artísticos, proteger o cinema nacional, sanear a imprensa, elevando-a e libertando-a de interesses particulares que a oprimem (item 14). Uma vez formado e organizado o *Estado Integral*, este *não poderá permitir que se formem quaisquer forças que possam ameaçar a independência ou a integridade moral, econômica ou territorial da Nação* (item 22).[130]

A crise é caracterizada em quatro registros diferentes, mas postos em relação de dependência tal que cada um deles exige o seguinte e por ele se esclarece. Há uma crise *conjuntural* ou de autoridade, representada pelas revoluções de 1930 e 1932 que, como dirá Reale, não foram propriamente revoluções, mas quarteladas que tiveram o

---

[129] REALE, Miguel. Súmula do Integralismo. In: *Perspectivas integralistas. Op. cit*, p. 135-136.

[130] SALGADO, Plínio. Diretrizes integralistas. In: *O que é o Integralismo. Op. cit.*, p. 110-127. Grifos meus, MC.

mérito de apontar a necessidade de uma revolução e quem seria seu verdadeiro agente, isto é, o povo. O Integralismo surge, portanto, para realizar essa revolução sempre abortada. Há uma crise *estrutural ou orgânica* representada pela dualidade de dois Brasis antagônicos: o Brasil litorâneo, formal, liberal de fachada e cópia de modelos sociopolíticos estrangeiros, e o Brasil sertanejo, concreto ou essencial, germe da nacionalidade que o outro Brasil não deixa desabrochar. A coexistência de "duas mentalidades" antagônicas é o obstáculo maior para o surgimento da nação. O Integralismo pretende desmantelar o Brasil formal acordando as "forças vivas" do Brasil concreto. Embora a vanguarda seja a inteligência litorânea, a revolução virá do campo para a cidade, do sertão para o litoral, dos municípios para as capitais, pois a missão do partido é civilizadora em duplo sentido: leva ao sertão a verdade e traz do sertão a nação. Há uma terceira crise que explica tanto a conjuntural quanto a estrutural ou orgânica: trata-se da crise da *política mundial*, representada pela falência da democracia liberal e pelo perigo comunista. Há, enfim, a crise da *civilização ocidental*, representada pela permanência, no século XX, de ideias materialistas e do maquinismo do século anterior, mas, em particular, pela presença do prestígio teórico da análise sobre a síntese.

A crise conjuntural

Após os episódios de 1930 e 1932, afirma o integralista, o Brasil atravessa uma crise que se manifesta em três grandes riscos. O primeiro risco é o fortalecimento das oligarquias estaduais e a luta dos estados pela hegemonia federal, implicando enfraquecimento do poder central, subordinando-o às políticas de bastidores ou à política dos governadores. Do ponto de vista econômico, isso implica a influência de grupos antinacionais no governo (agentes de Wall Street e da City) e na guerra entre os estados, feita pelas oligarquias regionais em busca de privilégios. Do ponto de vista social, implica a escravização crescente dos trabalhadores nas mãos dos oligarcas regionais, o que torna os trabalhadores muito sensíveis à propaganda e subversão comunista, feita por agentes de Moscou. Do ponto de vista político, implica o domínio da finança sobre o Estado. Do ponto de vista moral, implica um materialismo degradante. Globalmente essa situação aumenta o regionalismo dos opressores e o internacionalismo dos oprimidos.

O segundo risco é o retorno a governos centrais fracos, incapazes de traçar planos para uma política e economia nacionais, ao mesmo tempo que é incapaz de conter as lutas econômicas internas, o agravamento dos desastres econômicos e a luta entre o capital e o trabalho que, deixados à sua sorte, organizam-se como pequenos estados dentro do Estado (cartéis e trustes do lado do capital, sindicatos e partidos, do lado do trabalho).

O terceiro risco é o retorno à demagogia parlamentar ou à ditadura arbitrária de alguns, com o estabelecimento de um engodo generalizado para as massas: o sufrágio universal, onde os eleitores são explorados por demagogos e jornalistas mercenários. Não é surpreendente que esse estado de coisas conduza as massas a atitudes extremistas e subversivas. Esses três riscos cristalizam-se em dois: o separatismo dos oligarcas, em conluio com o capitalismo internacional, e o internacionalismo dos trabalhadores, enganados pelos agentes de Moscou. Assim, a fragilidade interna abre caminho para a ação de agentes externos que impedem a nacionalidade.

A crise conjuntural indica os primeiros remédios para a salvação nacional: 1) criação de um Estado nacional forte, identificado como único instrumento da nação; 2) subordinação da luta de classes (criada pelo liberalismo) ao critério do bem nacional, levando as classes a se organizarem em corporações profissionais articuladas ao poder central por sindicados que representem os interesses recíprocos dos profissionais e da nação; 3) supressão do sufrágio universal pelo voto corporativo; 4) submissão da produção econômica a planos nacionais traçados pelo poder central para atender exclusivamente aos interesses da nação; 5) minimizar a interferência do capital internacional na política nacional e suprimir sua crueldade para com as massas trabalhadoras; 6) reprimir o comunismo punindo os agentes de Moscou e declarando o comunismo inimigo da pátria, devendo ser eliminado, se for obstinado; 7) sufocar o cosmopolitismo e a importação de ideias estrangeiras criando uma cultura nacional; 8) reformar de alto a baixo o ensino, da escola primária à universidade, imprimindo aos cursos brasilidade e civismo; 9) censurar e sanear a imprensa e o rádio; 10) disciplinar o povo para o trabalho e para os princípios da moral cristã.

A crise estrutural ou orgânica

Em *Palavras novas aos tempos novos*, Plínio Salgado apresenta um panorama desolador:

> Não encontramos no Brasil nenhuma nitidez nos quadros políticos, nem na luta social. Tudo aqui se imprecisa, tudo nos foge das mãos. País sem tipos uniformes de cultura, sem unidade ética, temos que criar nele uma consciência, uma homogeneidade, uma força que tenha sobre todas as outras formas larvares a firmeza de lineamentos precisos. Somos o primeiro bloco de terra firme que emerge dos pântanos amorfos do *complexus* nacional como os primeiros penhascos anunciadores dos primeiros continentes. Esse movimento é o despertar de uma Nação. Não estamos fazendo uma campanha partidária, estamos sacudindo uma nacionalidade, acordando um continente, anunciando uma nova era e supervisionando toda a Nação em seu espaço geográfico, na sua realidade social, assim como toda sua projeção no tempo.[131]

Na *Psicologia da revolução*, porém, o tom muda sensivelmente. Agora já não se trata de dizer que não há "lineamentos precisos", nem que a massa é o "monstro estúpido". Para convocar a vanguarda e para preencher as fileiras militantes, é elaborada uma teoria que substitui a "falta de contornos" pela imagem da crise orgânica da sociedade. A crise brasileira decorre da impossibilidade de encontrar a identidade nacional, mas não porque "tudo é indeciso" e sim porque há dois Brasis antagônicos, votados a uma luta mortal. Há, de um lado, o Brasil letrado e minoritário dos residentes na faixa litorânea que inventaram um país constitucionalista e liberal, caricatura da Europa. Há, de outro lado, o Brasil analfabeto e majoritário, formado pela massa sertaneja, pelos proletários e pelos aglomerados municipais fragmentados. Esse é o Brasil concreto e essencial, mas submetido ao poder de caudilhos porque seu individualismo aventuroso, sua dispersão e incultura o fazem presa fácil do Brasil liberal. Este importou uma ideia europeia e sufocou a ideia nacional, oferecendo ao outro Brasil a imagem de uma falsa unidade e impondo-lhe uma política inadequada. Para que o Brasil concreto vença é preciso demolir o Brasil formal e dar ao primeiro o que lhe

---

[131] SALGADO, Plínio. *Palavras novas... Op. cit.*, p. 91.

falta, isto é, um Estado forte que lhe dê coesão. A artificialidade do Brasil litorâneo e a fraqueza política do Brasil sertanejo levam a uma degenerescência das forças vivas da nação e é preciso uma política que seja simultaneamente de criação e de salvação nacional. Essa política só pode ser realizada por aqueles que conhecem efetivamente o país, isto é, pelos intelectuais, únicos a possuírem uma ideia de revolução e únicos que podem levá-la adiante porque a inteligência está situada fora e acima da luta das classes provocadas pelo Brasil formal.

A teoria dos dois Brasis possui várias finalidades. Com ela, é possível afirmar que ainda não há a nação, mas que esta não irá brotar do nada (Salgado apresenta os traços positivos do brasileiro que tornarão possível criar a nação: sentimento de família, bravura, vivacidade, moralidade dos costumes, respeito aos velhos, mulheres e crianças, docilidade e candura, espírito de sacrifício, índice diminuto de perversidades, pacifismo *and so on*). Um programa é traçado que vai desde a criança, da autoridade e do espírito de disciplina até à organização da hierarquia social que parte da família e do município, passa pelo sindicato e pela corporação, alcança as regiões e culmina no topo do Estado e de sua burocracia. O perfil da nação é desenhado em miniatura na organização do partido que antecipa, assim, a forma que deverá assumir a nação no seu todo. Com o *slogan* "centralização política e descentralização administrativa" é proposto um programa de identificação total entre o partido e a nação e entre esta e o Estado. O fato de considerar o Brasil concreto e essencial como analfabeto dá à vanguarda um papel iluminista; porém, a afirmação de que o Brasil concreto é *sertanejo* tem um sentido menos geográfico e mais psicológico. O sertão, diz Salgado, é uma mentalidade, um estado de espírito, a brasilidade propriamente dita como sentimento da terra. Do ponto de vista ideológico, essa imagem desemboca na afirmação do "Brasil-país--agrário-e-das-riquezas-naturais", de tal modo que a crítica do inimigo alcance o capitalismo financeiro, a "indústria artificial" e as oligarquias agrárias quando se submetem ao capital financeiro internacional.

Todavia, sob a rubrica do "espírito aventuroso" as críticas são endereçadas ao Estado, que não é capaz de traçar planos para a agricultura, o comércio e a indústria, para a constituição de um mercado interno forte, para a distribuição dos créditos e para vigiar os abusos cometidos contra os trabalhadores:

Diante de tais fatos, não há como negar a imprescindível necessidade de uma interferência estatal que venha auxiliar e propulsionar as capacidades dos grupos, supervisionando os problemas e traçando uma diretriz harmonizadora. Interferência do Estado que deverá, porém, ser natural consequência do estudo das questões pelos próprios técnicos interessados, através dos órgãos representativos de sua classe [...] Sente-se por toda parte, mesmo nos setores mais liberais que nada se poderá fazer sem uma estreita colaboração entre o governo e os grupos industriais.[132]

Malgrado o sentimento de *déjà vu*, esse texto de Miguel Reale é interessante menos por afirmar a necessidade de colaboração entre a burguesia industrial e o Estado, e mais pelos eufemismos que emprega: "capacidade dos indivíduos e dos grupos"; "técnicos interessados", "grupos industriais". O cuidado vocabular visa dizer as coisas sem nomeá-las, isto é, afirmar os direitos da propriedade privada dos meios sociais de produção, mas sem conflito com o proletariado; afirmar a centralização econômica, mas sem estatização completa; colocar os "técnicos" como "interessados", sem, contudo, dizer qual é o interesse, mesmo porque os "técnicos" são indivíduos ou grupos industriais. Esse malabarismo só se torna claro quando nos voltamos para o terceiro registro da crise, isto é, para a crítica do liberalismo e do comunismo.

A crise da política mundial

Se a crise conjuntural nada mais faz senão espelhar a crise orgânica, se esta decorre da presença de um liberalismo de fachada, cumpre saber por que o liberalismo é inadequado para o Brasil concreto. Ora, uma surpresa nos aguarda: o liberalismo não é inadequado para o Brasil, é inadequado para toda e qualquer nação. A falência da liberal-democracia abre caminho para o bolchevismo. Demolir a primeira e expulsar o segundo é a tarefa da política integralista.

O Estado liberal, diz Reale nos *Estudos integralistas*, é a consagração sistemática da indiferença do Estado para com a vida social e econômica, limitando a ação governamental à esfera jurídica, de tal modo que nele "o direito é monopólio do Estado enquanto a economia é monopólio dos indivíduos". Trata-se de um Estado nascido de um

---

[132] REALE, Miguel. *Atualidades brasileiras. Op. cit.*, p. 144-145.

equívoco político que regulamenta a vida jurídica, mas não regulamenta a vida econômica. Como consequência, o liberalismo é a *crise* permanente, pois produz a desarticulação de todos os "fatores sociais", culminando na organização dos indivíduos não dentro do Estado, mas *contra* o Estado, visto que o poder jurídico estatal é incessantemente ameaçado pelo poder econômico ilimitado dos indivíduos, passando destes aos grupos que vieram a constituir verdadeiros estados dentro do Estado: o capital, que se organiza em trustes, cartéis e sindicatos, plasmando a vida social segundo seus interesses graças à indiferença do Estado; o trabalho, que, por uma defesa quase biológica, também se organiza contra o Capital em sindicatos e partidos. Conclui-se, então, que o liberalismo *cria* a luta de classes.

Plínio Salgado, em *O que é o Integralismo*, declara que a democracia liberal está falida pelos efeitos que produziu: a Grande Guerra (1914-1918); a tragédia russa; a mazorca chinesa; o banditismo norte-americano. Perturbações em todo o planeta. Também são provas da falência da democracia liberal os desastres econômicos: a superprodução de mercadorias, o desemprego em massa, o "pânico do Capital" e a "miséria do Trabalho". É uma angústia universal.

A origem dessa falência encontra-se não só na incapacidade do liberalismo para criar um Estado central forte acima das lutas dos indivíduos e grupos e capaz de promover a "justiça social pelo equilíbrio da produção e do consumo", mas, sobretudo, nos absurdos dos princípios liberais. Que princípios são estes? O conceito de homem cívico, que é um absurdo biológico; o conceito de soberania nacional, que é um absurdo sociológico porque é confundido com a soma das vontades dos homens cívicos; a prática do voto, absurdo político nascido da relação entre o homem cívico e a soberania nacional. O voto, eixo da democracia liberal, é uma mentira que serve para oprimir os trabalhadores e para enganar os eleitores, visto que os problemas públicos nunca lhes são apresentados e que votam apenas em nome do princípio abstrato da vontade geral e da representatividade. O sufrágio universal desconhece tanto as necessidades locais ou geográficas quanto as de classe ou históricas dos eleitores, uma vez que pressupõe uma unidade objetiva meramente administrativa, sem considerar "a organização dos grupos financeiros e dos sindicatos dos trabalhadores". E Salgado conclui primorosamente: "Perdendo o controle da Nação, o Estado liberal transformou-se numa superestrutura, para usarmos a terminologia marxista, um luxo da civilização burguesa e capitalista, uma superfluidade estranha aos imperativos orgânicos dos povos".[133] Assim, confundindo superestrutura com superfluidade Salgado pode afirmar que a democracia liberal é o regime político onde "ninguém está garantido: nem o capitalista, nem o operário, nem o industrial, nem o comerciante, nem o agricultor. Compreende-se, que num regime assim, cada qual trate de salvar-se por meio de aventuras pessoais, muito embora os ideólogos fanáticos e os fariseus hipócritas clamem pela moralidade administrativa".[134] Quem defende a liberal-democracia? A grande burguesia (porque tal democracia não opõe entraves ao capital) e a ala extrema-esquerda do proletariado internacional (porque o liberalismo não opõe entraves à luta das classes e facilita, assim, a doutrinação marxista e a ditadura comunista).

Mais prudente, Reale prefere indagar quais os efeitos da crise da democracia liberal e responde: o nascimento de duas formas alternativas de Estado, o fascista e o bolchevista. O primeiro é a reação do Estado contra as organizações que procuram absorvê-lo; o segundo, a absorção da máquina do Estado por uma das organizações sociais, isto é, o proletariado. Na realidade, o bolchevismo é a consequência final e indireta do próprio liberalismo, no qual a economia predomina sobre a política, diferindo da sociedade liberal apenas porque substitui a relação Estado jurídico/cidadão pela relação Estado econômico/produtor. Ao contrário, o fascismo acrescenta um outro fator e é o nascimento do Estado moderno. Esse outro fator é a ideia de soberania do Estado como instrumento da nação organizada. Dessa maneira, o Estado não resulta da vitória de um grupo social sobre outro, mas da fusão de todos eles, graças à representação econômica das corporações. Só assim, um novo Estado pode surgir: aquele que se coloca como realizador de fins morais. Os Estados que não optaram pelo bolchevismo nem pelo fascismo encontram-se num beco sem saída. Na Europa, recorrem a paliativos: os conselhos técnicos, que nada resolvem porque a luta de classes permanece. Nos Estados Unidos, o predomínio do capital

---

[133] SALGADO, Plínio. *O que é o Integralismo. Op. cit.*, p. 38.

[134] *Idem, ibidem*, p. 47.

conduz a uma política pragmática e a uma economia dirigida, mas que beneficia uns poucos em detrimento de todos os outros.

Ora, o que é extremamente interessante na crise da política mundial, tal como é descrita pelos dirigentes integralistas, é o fato de que as descrições não recobrem exatamente a situação brasileira. E Salgado e Reale sabem disso. Porque o sabem farão algo extraordinário: a Europa e os Estados Unidos aparecem como "modelos negativos", isto é, "antes que nos aconteça o que lhes acontece" sejamos integralistas. Assim, embora haja um liberalismo de fachada no Brasil litorâneo e a agitação comunista nos centros urbanos mais importantes, a democracia liberal não produziu aqui todos os seus efeitos, nem o comunismo já se apoderou dos trabalhadores, de sorte que a crise mundial é apenas exemplar ou doadora de lições. A opção pelo fascismo como modelo mais próximo dos ideais integralistas precisa, porém, ser explicada, visto que as condições brasileiras não são as europeias.

Salgado se incumbe, então, de justificar porque o Integralismo combate o liberalismo e o bolchevismo. Combate o liberalismo porque: 1) este promete uma liberdade que só é garantida aos mais fortes economicamente; 2) promete uma justiça que não cumpre, pois fecha os olhos para a luta entre o capital e o trabalho; 3) promete defender o indivíduo, mas o submete à materialidade do capital; 4) o Estado é um joguete nas mãos dos poderosos; 5) sua liberdade é liberdade para a burguesia e não para todos. Combate o bolchevismo porque: 1) este criou uma casta de exploradores do trabalho em nome de uma doutrina (o marxismo) que é negada cotidianamente pela experiência; 2) suprime o que há de nobre no homem, reduzindo-o a um autômato a serviço do Estado; 3) mecaniza o trabalho, em vez de dignificá-lo e intelectualizá-lo; 4) porque tudo isso é feito sem que os resultados práticos sejam positivos, pois na Rússia o nível da produção diminui, as massas trabalhadoras não melhoraram de condição e o Estado converteu-se no único patrão. Para combater o bolchevismo, porém, é preciso combater sua fonte: o socialismo marxista-leninista, pois este tem as seguintes pretensões: 1) internacionalizar o proletariado, destruindo a pátria; 2) propalar ideias materialistas, para destruir a família e a religião; 3) facilitar o desenvolvimento da luta de classes; 4) combater a inteligência, a cultura, os padrões morais e tradicionais que constituem "tremendo obstáculo à marcha dialética dos embates classistas". No Brasil, o marxismo tem agravado as crises sociais e tem posto água no moinho anarcossindicalista e bolchevista, tanto quanto no dos patrões e demagogos. Na verdade, diz Salgado, quem combate o liberalismo necessariamente combate o marxismo, pois este é produto daquele. E para prová-lo, no *Alerta contra o socialismo*, Salgado declara: o marxismo é a única teoria que pode criticar o liberalismo "por dentro" porque os princípios de ambos são os mesmos; consequentemente, o intelectual brasileiro que quiser demolir o liberalismo deve fazer uma análise marxista da história do Brasil, pois só o marxismo pode dar conta dessa história. Pela identificação do marxismo com o liberalismo, Salgado pode safar-se da dificuldade para explicar como, não havendo no Brasil as mesmas condições históricas que levam ao fascismo na Europa, o fascismo é exemplar para a solução da crise brasileira. Aquela identificação faz com que a crise política mundial fique reduzida à falência do liberalismo, da qual o comunismo é um efeito e o que se passa no Brasil litorâneo, um subefeito. Nas *Notas sumárias da vida brasileira,* Salgado pode, então, escrever:

> Os que apelam para a índole liberal do povo brasileiro demonstram não conhecer as nossas realidades, *pois nosso povo é sedento de ordem e de disciplina, subordinando-se espontaneamente à autoridade.* O grande rumo liberalista da política brasileira obedeceu sempre aos interesses dos capitais estrangeiros e de grupos incipientes da burguesia capitalista nacional [...] Cumpre acrescentar que a democracia liberal encontrava seus prosélitos mais fervorosos entre intelectuais de formação cultural europeia, em juristas sem consciência das realidades nacionais e sem capacidade de criação original [...] A marcha liberalista levou-nos à hipertrofia dos grupos econômicos regionais [...] que degenerou em natural sentimento de região e o grito das Províncias em prol do federalismo obedecia à fatalidade da própria marcha liberal desagregadora [...] O liberalismo impunha contra o espírito profundo da unidade nacional o seu sentido de desagregação e de ruína [...] Somos hoje um povo que acompanha caudilhos e uma turba de caudilhos que trabalha mesquinha por desmoralizar os valores nacionais [...] Foi obra do liberalismo e é contra ele que se levanta o Integralismo, com sua concepção de Estado.[135]

[135] SALGADO, Plínio. *Notas sumárias sobre a vida brasileira. Op. cit.*, p. 58-66. Grifos meus, MC.

Eis vários coelhos mortos com uma só paulada: para que o Integralismo não seja acusado de ser uma "ideia fora do lugar", basta mostrar que o liberalismo é superfetação de intelectuais de formação europeia, enquanto o integralista é o único conhecedor da crise nacional e de sua solução; para que a opção fascista não pareça descabida, basta mostrar que o desejo de ordem e de disciplina então "na índole do povo"; para que o comunismo não seja negligenciado como inimigo, basta identificar marxismo e liberalismo; para que a crise mundial nos diga respeito, basta reduzi-la a uma crise do liberalismo; para que o Integralismo seja salvação nacional como criador da própria nação, basta dar ao Estado a tarefa de construtor da nacionalidade.

Ocorre, porém, que são intelectuais da classe média urbana que estão proferindo esse discurso e oferecendo-se para pô-lo em prática. Para que a tarefa política seja, primeiro, uma tarefa intelectual, cumpre demonstrar por que cabe à intelectualidade o papel de vanguarda. Trata-se, pois, de mostrar a crise fundamental: a da civilização.

A crise da civilização ou a crise das ideias

Em *Psicologia da revolução*, Plínio Salgado escreve:

> O século passado criou seus valores baseados no êxito e no acaso, nas finanças e no comércio. Nós temos que criar o valor do Pensamento e da Cultura, ou melhor, o valor do Espírito, impondo definitivamente seu domínio. *Proclamamos a permanência da revolução como fenômeno puramente espiritual em contraposição ao conceito revolucionário do materialismo histórico* que compreende uma revolução automática e medíocre sujeita simplesmente à lei da evolução biológica. Em consequência, proclamamos a interferência do espírito nos impulsos revolucionários da História. Proclamamos a necessidade de uma nova civilização.[136]

O exame dos textos integralistas revela uma constante em seus teóricos: as três crises anteriores encontram sempre como explicação última o individualismo, o pragmatismo e o "materialismo" das ideias difundidas no século XIX, embora produzidas pelo Ocidente desde a Revolução Francesa. Ao culto do indivíduo, feito pelo século XVIII,

---

[136] SALGADO, Plínio. *Psicologia da revolução. Op. cit.*, p. 63-64. Grifos meus, MC.

veio somar-se o culto à máquina e ao dinheiro, no século XIX. Esses cultos decorrem do privilégio teórico dado à análise, que é, por definição, desagregadora. Assim, a crise das ideias, da cultura e da civilização aparece como uma crise da humanidade ética e dos ideais cristãos da civilização. Coerente com a afirmação de que a História é feita pelas ideias (a Ideia-força de uma época, diz Salgado), os integralistas apoiam-se numa crise radical das ideias para afirmar não apenas seu programa político, mas para poder mobilizar a única classe que só pode representar-se a si mesma como "ideia" e como "ideadora" – a classe média urbana. A crise conjuntural é crise de um Estado fraco, este é produto da crise crônica da sociedade brasileira, provocada pelo litoral liberal; a crise é, pois, do liberalismo, e com isso é crise do universo das ideias liberais. A irracionalidade dessas ideias desencadeia a racionalidade integralista, panaceia dos males do século.

Ora, o tema da crise da civilização, espalhado pelo interior de todos os discursos dos dirigentes e de vários militantes, é o objeto específico de *Psicologia da revolução*, onde Salgado desenvolve sua teoria da História. Se pudermos compreender o significado dessa teoria, de seu vínculo com uma certa concepção do Estado e da nação, compreenderemos também que a imagem da crise, cuja função é mobilizar os agentes sociais para a Ação Integralista Brasileira, cumpre ainda um outro papel ideológico, complementar ao primeiro.

A História, escreve Salgado, é um movimento duplamente determinado: é a confluência da Ideia-fato, isto é, dos dados existentes e que não dependem dos homens, e da Ideia-força, isto é, do Espírito e de seu livre-arbítrio. A revolução marxista não é revolução porquanto se funda unilateralmente na Ideia-fato e nega a liberdade do Espírito. Só há História e só há revolução quando o Espírito, que aspira pela perfectibilidade e pelo absoluto, efetiva a Ideia-força de uma época. Por outro lado, a revolução só existe quando transforma o Estado; consequentemente revolução e transformação do aparelho estatal são sinônimos. "O movimento espontâneo da sociedade é Evolução. O movimento pela interferência do espírito é Revolução."[137] Ora, aspirando pela perfectibilidade, o Espírito aspira pela realização da justiça

---

[137] SALGADO, Plínio. *Psicologia da revolução. Op. cit.*, p. 57.

e da felicidade da natureza humana. Esta se define por dois traços biopsíquicos: a família e a nação. Nessa medida, o espírito deve buscar a preservação da família e a harmonia da nação. Só poderá fazê-lo por intermédio do Estado como finalidade ética da humanidade, na medida em que o Estado, por "sua origem como centro de aspirações de harmonia e de equilíbrio; por sua finalidade, como realização da justiça social; por sua missão, de interferente, de centro de colaboração, de estímulo, de subordinação de forças esparsas a um condicionamento nacional, de supervisionador do complexo panorama do país"[138] é a realização da Nação e do Espírito. Ora, é isto o que nos falta: o liberalismo dispersivo e individualista, de um lado, e o materialismo marxista, de outro, impedem a realização histórica brasileira. A História do Brasil é, pois, a crônica da falência da Nação, do Estado e do Espírito. Falência da Ideia-força, a História do Brasil é uma sucessão de crises às quais a revolução integralista deverá pôr fim, integrando a verdadeira Ideia-fato (o sertão) e a verdadeira Ideia-força (o Estado integral). Isso significa que a revolução integralista não partirá da estaca zero, nem se alimentará de outros ideais revolucionários puramente destrutivos: dará continuidade ao Brasil essencial, que ainda não pôde exprimir-se.

> A revolução é o trânsito de uma posição de equilíbrio para uma nova posição de equilíbrio [...] Uma Revolução se efetiva objetivamente na História, obedecendo, na aparência, a certas causas diretas; mas essas causas passam a ser simples conjunto de efeitos, desde que o concurso de circunstâncias que atuam durante o período da transição revolucionária começa a pôr em evidência fatores novos e desconhecidos pela limitada visão dos comparsas.[139]

A tarefa destrutiva deve ser feita pela sociedade, enquanto o momento construtivo da revolução será obra do Estado, expressão positiva dos anseios da sociedade. Esta só pode ser levada à ação destrutiva se perceber a construção por vir, mas, sobretudo, se perceber a crise existente. E esta é revelada pela Ideia-força.

Quando buscamos o momento em que a noção de crise passou a fazer parte do vocabulário dos historiadores e cientistas sociais, verificamos

---

[138] SALGADO, Plínio. *Psicologia da revolução. Op. cit.*, p. 56.
[139] *Idem, ibidem*, p. 46.

que o termo entra em uso na segunda metade do século XIX, quando "os conservadores pós-revolucionários viram, na noção de crise, sintomas da incapacidade dos homens para dominar a história, reações aos venenos da democracia, da centralização e da secularização".[140] Nesse contexto, o termo *crise* anuncia fraqueza, isto é, tanto a democracia e o jogo de interesses na sociedade civil, quanto a impossibilidade de controlar as contradições constitutivas das relações sociais no modo de produção capitalista. O primeiro significado do termo, portanto, o associa às ideias de anormalidade, patologia, imprevisibilidade e ruína. No discurso integralista, esse primeiro sentido encontra-se presente, sustentando as análises da conjuntura e da estrutura brasileira.

Todavia, há ainda um segundo sentido para a noção de crise, aparentemente oposto ao primeiro, mas realmente complemento dele.

> As "histórias de crises" focalizam momentos críticos nos quais as instituições e o caráter nacional eram supostos como modelados por provas decisivas e submetidas a elas. As investigações monumentais sobre os passados nacionais, se não tinham permitido atingir a verdade absoluta, tinham, no entanto, ensinado que a história é feita simultaneamente de continuidade e descontinuidade. Os filósofos do início do século chegaram a conclusões análogas, transformando a história em arma onde se opunham forças e princípios obscuros. Em um mundo de entidades nacionais conscientes delas mesmas, essa concepção das grandes crises suscitou a criação de mitos de origens heroicas, destinados a legitimar burgueses bem pouco heroicos.[141]

Esse segundo sentido da noção de crise serve como uma luva para o discurso integralista. Não só conduz à mitologia do bandeirantismo e à ressurreição dos tupis-tapuias, como ainda justifica a figura do Sertão como essência da nacionalidade aventurosa, destemida, hospitaleira e cândida, sufocada pelo litoral hipócrita e malévolo. No entanto, além desse papel que permite a emergência da ideologia nacionalista e mítica, a dramaturgia da crise tem um outro mais preciso e que alimenta a teoria pliniana da história: *a dramaturgia da crise é o contraponto necessário para neutralizar a revolução.* Enquanto esta possui referências históricas

---

[140] STERN, Randolph. Metamorphoses d'une notion. *Communications*, École des Hautes Études en Sciences Sociales, Paris, p. 7.

[141] *Idem, ibidem*, p. 7.

precisas, a imagem da crise é abstrata, desprovida de referencial determinado, pois a crise pode estar em qualquer parte e manifestar-se a qualquer hora. Aplicada a qualquer momento, sua imagem permite algo essencial: estabelecer a permanência e admitir a mudança, porque implica a continuidade de processos orgânicos sem, contudo, cair na suposição de um equilíbrio estável (Plínio fala em passagem de um equilíbrio para outro) e, sobretudo, sem ter que negar a existência de conflitos para recusar uma revolução plena. Ao contrário, a imagem permite adaptar a ideia de revolução às "necessidades" da Ideia-fato, da qual a crise é o diagnóstico espiritual.

> No instante em que se rompe uma velha ordem, um velho equilíbrio, ficam às soltas, livres e petulantes, todos os medíocres, incapazes de se manifestar nas épocas normais. A Ideia-força tem que ser heroica nas suas atitudes, perseverante na sua luta, firme nos seus desígnios e nas suas decisões. Seus processos devem ser ostensivos, de sorte a criar inimigos, pois o inimigo é a condição fundamental do êxito.[142]

Poderia haver imagem que fosse mais progressista e varonil, e, no entanto, mais apaziguadora do que esta? Que mais desejaria a classe-média, impoluta "portadora da Ideia"?

[142] SALGADO, Plínio. *Psicologia... Op. cit.*, p. 47.

Crítica e ideologia*

Procurarei desenvolver minha exposição em quatro momentos, delimitando, inicialmente, a noção de ideologia; em seguida, examinando como a noção de objetividade possui um sentido ideológico; a seguir, apresentando, contra a noção de objetividade, a noção de crítica enquanto contradiscurso; e, finalmente, revisitando a ideologia da crise.

A ideologia é um conjunto lógico, sistemático e coerente de representações (ideias e valores) e de normas ou regras (de conduta) que indicam e prescrevem aos membros de uma sociedade o que devem pensar e como devem pensar, o que devem valorizar e como devem valorizar, o que devem sentir e como devem sentir, o que devem fazer e como devem fazer. Ela é, portanto, um conjunto de ideias ou representações com teor explicativo (ela pretende dizer o que é a realidade) e prático ou de caráter prescritivo, normativo, regulador, cuja função é dar aos membros de uma sociedade dividida em classes uma explicação racional para as diferenças sociais, políticas e culturais, sem jamais atribuí-las à divisão da sociedade em classes, determinada pelas divisões na esfera da produção econômica. Pelo contrário, a função da ideologia é ocultar a divisão social das classes,

---

* Versão revista da exposição feita no simpósio *Filosofia e Sociedade*, promovido pela SEAF (Sociedade de Estudos e Atividades Filosóficas), Rio de Janeiro, 1977. Publicada originalmente em: *Cultura e Democracia*. São Paulo: Moderna, 1981; e São Paulo: Cortez, 1989.

a exploração econômica, a dominação política e a exclusão cultural, oferecendo aos membros da sociedade o sentimento de uma mesma identidade social, fundada em referenciais unificadores como, por exemplo, a Humanidade, a Liberdade, a Justiça, a Igualdade, a Nação.

Se acompanharmos as exposições de Marx em *A ideologia alemã,* diremos que basta os homens tomarem consciência imediata do *aparecer* social (sob o qual se oculta o *ser* da sociedade) para que surja a ideologia, desde que a divisão social do trabalho tenha operado a separação entre trabalhadores manuais e intelectuais, ou entre trabalhadores e pensadores. No entanto, como observa Claude Lefort[1], no sentido forte do termo, a ideologia só pode efetivar-se plenamente nas sociedades históricas, isto é, naquelas sociedades para as quais a questão de sua origem ou de sua instituição é não só um problema teórico, mas sobretudo uma exigência prática renovada.

Em sentido amplo, toda sociedade é histórica: possui data própria, instituições próprias e precondições específicas; nasce, vive, transforma-se internamente e perece. O que estamos designando, aqui, como sociedade *propriamente* histórica é aquela para a qual o fato de possuir uma data, pressupor e repor condições determinadas, transformar-se e perecer não é um dado, mas uma questão aberta.

Toda sociedade é histórica porque temporal. A sociedade *propriamente* histórica, porém, tematiza sua temporalidade pondo-a como objeto de reflexão porque, incessantemente reposta por suas práticas, ela não *está* no tempo, mas *é* tempo. Isso significa que a sociedade propriamente histórica não cessa de criar internamente sua diferença consigo mesma, pois o tempo não é senão criação da diferença temporal interna[2] pela qual uma sociedade reconhece seu passado e visualiza seu futuro como *seus outros.* Produtora de sua própria alteridade, a

---

[1] LEFORT, Claude. Gênese das ideologias nas sociedades modernas, tradução Marilena Chaui. *Estudos,* n. 10, CEBRAP, 1974. Republicado em *As formas da história.* São Paulo: Brasiliense, 1979.

[2] Na *Fenomenoliga da percepção,* Merleau-Ponty procura desfazer nossa imagem convencional do tempo como sucessão linear contínua de momentos ou a linha contínua que vai do passado ao presente e deste ao futuro. Pelo contrário, em lugar das diferenças entre os tempos, o filósofo fala em *diferença temporal* e descreve o tempo como pura inquietude, isto é, como criação da pura diferença de si consigo mesmo.

sociedade propriamente histórica é aquela que não pode, senão sob a forma da violência e da máscara, repousar numa identidade fixa, na qual se reconheceria a si mesma. Justamente por isso, nessa sociedade o fenômeno da ideologia ganha sentido concreto, na medida em que a operação ideológica consiste numa paralisação do tempo para conferir à sociedade uma identidade para sempre fixada[3].

Diferentemente da sociedade propriamente histórica, há formações sociais que oferecem para si mesmas uma explicação – mítica ou teológica – sobre sua origem e permanência, de tal modo que o momento de sua instituição ou de sua fundação possa ser representado por seus membros na dependência de um saber e de um poder exteriores, anteriores e transcendentes à sociedade, porque a instituição social é atribuída à ação de uma ou várias divindades, que para isso fizeram os humanos como seres sociais por Natureza. A intemporalidade do saber-poder fundador se transmite à sociedade, que por isso pode representar-se a si própria como sempre idêntica a si mesma e intemporal. Ora, uma vez estabelecidas a origem, a forma e a significação de tal sociedade, assim como de suas hierarquias internas, tipos de autoridade e de poder, e de suas instituições econômicas e culturais, o todo social se imobiliza para si mesmo e concebe a si mesmo como uma essência eterna. Sua temporalidade se petrifica. Temporal em si, mas intemporal para si, essa sociedade é histórica apenas para nós, quando deciframos o processo pelo qual ela se protege contra o tempo.

Ora, a petrificação do tempo é o que a sociedade propriamente histórica não pode conseguir senão por meio da ideologia. Para essa sociedade, sua existência temporal e, portanto, sua emergência como sociedade são percebidas como ambíguas; mas essa ambiguidade não é um "defeito" explicativo, e sim constitutiva do ser mesmo da sociedade. Com efeito, a origem é percebida como dependente da ação dos próprios homens enquanto capazes de sociabilidade e, portanto, como sujeitos sociais, de tal maneira que estes percebem que sua ação criadora do social não é pré-social, mas já é algo social. Em outras palavras, o problema posto pela sociedade histórica é o da impossibilidade de determinar o ponto anterior à sua existência, pois nasce da ação

---

[3] A ideia de nação é um dos casos exemplares dessa fixação.

dos homens como seres sociais ao mesmo tempo em que é condição dessa ação. A imanência do ato fundador e da sociedade fundada se revela simultaneamente como imanência da sociedade fundadora e do ato fundado. A sociedade histórica é aquela que precisa compreender o processo pelo qual a ação dos sujeitos sociais lhe dá origem e, simultaneamente, precisa admitir que ela é a própria condição para a atuação desses sujeitos – sem uma sociabilidade originária, não há origem da sociedade, mas sem a sociedade não há como determinar a existência de uma sociabilidade anterior a ela. Em suma, a sociedade propriamente histórica é aquela para a qual o fato de estar no tempo é uma questão que exige resposta, e esta não pode ser a afirmação de que os humanos são sociais por Natureza, visto que não é a Natureza e sim a ação humana que institui a sociedade.

A historicidade é, pois, uma questão complexa do ponto de vista teórico, na medida em que a prática instituidora do social é ação de sujeitos que são instituídos como sociais por esse mesmo social que sua ação institui. As dificuldades para compreender esse duplo movimento de instituição conduz, desde o início do modo de produção capitalista, isto é, desde a Renascença e sobretudo no decorrer da Modernidade, a partir do século XVII, a várias consequências teóricas, tais como a elaboração dos conceitos de direito natural dos indivíduos e de estado de Natureza como forma de sociabilidade precária superada pelo advento do contrato social como decisão consciente dos indivíduos para passar de seres naturais a seres sociais ou políticos, reunidos sob o direito civil (lembremos, aqui, o *Leviatã*, de Hobbes). Ou, ainda, a explicação do surgimento da vida social não por um pacto de vontades, mas por um golpe violento ou por uma fraude praticada por alguns poderosos sobre os demais, aos quais é proposta uma unidade que irá, na verdade, submetê-los à espoliação e à opressão (lembremos, aqui, o *Discurso sobre a origem das desigualdades entre os homens,* de Rousseau). Ou, então, na vertente aberta por Hegel, o advento da sociedade civil será explicado pela negação-superação e conservação da família, entendida como unidade natural, determinada pelos laços de sangue e pela vingança do delito ou do crime sangrento contra um de seus membros (é este o tema das tragédias gregas). Em termos hegelianos, a passagem da família à sociedade civil decorrerá da desagregação da unidade familiar com o surgimento de indivíduos portadores de interesses conflitantes cuja universalidade não é mais determinada pelo sangue e pela linhagem, mas definida em termos jurídicos (o direito civil subjetivo) para a segurança da pessoa e da propriedade privadas; no entanto, por ser determinada pela esfera dos interesses antagônicos, a sociedade civil necessita a presença de um árbitro impessoal e transcendente a ela, o Estado, portador do direito objetivo. Ou, enfim, podemos pensar em Marx, para quem o advento da vida social é determinado pela divisão social do trabalho (que, na família, assume a forma de divisão sexual e etária das tarefas), isto é, pelas relações dos homens com a Natureza e deles entre si, determinando, por seu turno, as divisões sociais das classes e a da autoridade ou da forma do poder. Em todos os casos que brevemente mencionamos, o que se nota é o esforço de uma elaboração na qual a teoria possa determinar, por meio dos conceitos, o instante prático da instituição da sociedade ou o momento preciso no qual ela teria nascido por obra dos seres humanos.

Na verdade, é esse o problema da História, ou seja, o problema filosófico para determinar um ponto fixo no real a partir do qual seja possível enunciar o começo da sociedade. Por que um problema? Porque, como vimos, o momento em que a sociedade começa é o momento no qual também começam seus próprios sujeitos para, dessa maneira, colocá-la no real, de sorte que, para que possam realizar essa ação instituinte, precisam que a sociedade seja a fonte dessa ação. Isso significa simplesmente (o que é enorme) que o advento da sociedade histórica não pode ser determinado como um fato empírico nem como um fato ideal – isto é, nem como um dado positivo nem como uma ideia positiva – mas precisa ser pensado como um *trabalho*, no sentido forte do termo, isto é, como ação que toma o existente e o nega enquanto tal para fazer existir o que até então era inexistente; ou seja, ação que consiste em negar o existente tal como ele é ao transformá-lo naquilo que em si mesmo ele não era.[4]

---

[4] Tomemos um exemplo bastante simples: quando um artesão produz uma mesa de madeira, ele faz vir à existência algo até então inexistente e cuja existência depende inteiramente de sua ação produtiva. Ora, essa ação consiste numa *negação*: uma mesa de madeira é a negação de uma árvore, ou seja, a mesa, enquanto produto do trabalho, é a não-árvore. Em outras palavras, o trabalho do artesão é uma relação com a natureza (a árvore) para negá-la enquanto natureza e transformá-la em artefato humano. Como não-árvore ou como não-natureza a mesa é manifestação da humanidade de seu produtor. O trabalho, portanto, é criador ou instituinte graças à negação da naturalidade da matéria sobre a qual ele se realiza.

No entanto, uma nova questão nos aguarda. A sociedade histórica precisa dar conta da origem de algo muito peculiar e que outras sociedades podem resolver por intermédio dos mitos da origem, seja numa versão propriamente mítica, seja numa versão teológica: além de precisar enfrentar o enigma de sua autoinstituição, a sociedade histórica precisa enfrentar o problema do advento do poder político como um polo separado do social e que, no entanto, nasce da própria ação social. É forçada, portanto, a compreender como o poder político nasce em seu interior e como dela se destaca, indo alojar-se numa figura visível que parece pairar fora e acima dela: o Estado. Assim, na gênese do poder político, a sociedade histórica enfrenta o mesmo problema que encontrara para a sua gênese social. Agora, como antes, a reflexão precisa dar conta do momento no qual, desprovida de garantias externas e transcendentes (oferecidas pelos mitos e pelas teologias), surge a dimensão da lei, que é fundadora do político, mas também fundada por ele. Ora, essa sociedade, que está sendo instituída pelo político, é a condição para que o próprio poder político seja criado. Reencontramos, assim, o mesmo problema anterior: o fundante e o fundado estão numa relação de reciprocidade e de imanência. Por isso aqui também a dimensão do *trabalho* é decisiva: o poder político é o trabalho que a sociedade realiza sobre si mesma para dar a si mesma a figura simbólica de sua identidade e de sua unidade, negando aquilo mesmo que é a condição do surgimento da lei, isto é, as divisões sociais das classes.

Nos dois casos – origem social da sociedade e origem política do poder –, estamos diante da realidade da *práxis social*, cuja peculiaridade consiste, justamente, desde os gregos, em ser um tipo de ação no qual o agente, as ações e os fins são termos indissociáveis.[5]

Creio ser possível, agora, compreender por que a emergência da ideologia em sentido forte é algo intrínseco às sociedades históricas. A partir do momento em que os sujeitos sociais e políticos deixam

---

[5] Aristóteles comparava a práxis à ação do arqueiro lançando a flecha ao alvo: não é possível separar o arqueiro da ação que ele realiza. Os filósofos estoicos propunham uma comparação ainda mais precisa ao afirmar que a práxis é como a ação do dançarino, na qual é impossível separar aquele que dança, a ação de dançar e a dança realizada por ele.

de contar com o anteparo de um saber e de um poder anteriores e exteriores à sua práxis (mitos e teologias), que legitimariam a existência das divisões sociais e de formas de dominação, e a partir do momento em que a divisão social separa o trabalho físico e o intelectual, as ideias passam a ocupar o lugar do saber e do poder separados, que, de fora e do alto, farão, como enfatiza Marx, com que o modo imediato do *aparecer* do social e do político (os dados empíricos) seja considerado como o próprio *ser* do social e do político (a realidade social e política).

Em *A ideologia alemã*, Marx escreve:

> A divisão do trabalho só se converte em verdadeira divisão a partir do momento em se separam o trabalho físico e o intelectual. A partir desse instante, a consciência pode imaginar que é realmente algo mais e algo distinto da prática existente, que ela representa realmente algo sem representar algo real; a partir desse instante, a consciência se acha em condições de liberar-se do mundo e entregar-se à criação da teoria "pura".[6]

É elaborado, assim, um discurso que, partindo do discurso social (o discurso *do* social ou da prática social) e do discurso político (o discurso *da* política ou da prática política), se transforma num discurso impessoal *sobre* a sociedade e *sobre* a política.[7] Impessoal porque ninguém parece estar pensando tais ideias, que parecem, assim, emanar diretamente da própria realidade social e política. Essa impessoalidade das ideias por meio da passagem do discurso *de* para o discurso *sobre* constitui o primeiro momento na elaboração da ideologia ou da consciência "liberada" do mundo. As ideias, por si mesmas, magicamente se organizam num conjunto de representações e normas por meio do qual os sujeitos sociais e políticos se representarão a si mesmos e à vida coletiva. Esse corpo de representações e de normas oferece aos sujeitos sociais e políticos uma explicação para a origem da sociedade e do poder político, para as formas das relações sociais, econômicas e políticas, determinam as formas "corretas" ou "verdadeiras" de conhecimento e de ação e justificam, por meio de ideias gerais abstratas

---

[6] MARX, Karl. *La ideología alemana*. Barcelona: Ediciones Grijalbo, 1974, p. 32.

[7] Cf. LEFORT, Claude. *op. cit.*, *loc.cit.*

(o Homem, a Pátria, a Nação, o Progresso, a Família, a Ciência, o Estado), as formas reais da desigualdade, dos conflitos, da exploração e da dominação, apresentando-as como "naturais" (isto é, universais e inevitáveis) e "justas" (isto é, legítimas).

Nesse primeiro nível de operação, podemos dizer que a ideologia faz com que as *ideias* (as representações sobre o homem, a família, a sociedade, a nação, a pátria, o saber, o poder, o progresso, etc.) expliquem as relações sociais e políticas, tornando impossível perceber que tais ideias só são explicáveis pela própria forma da sociedade e da política. O *aparecer* social é constituído pelas *imagens* que a sociedade e a política possuem para seus membros, imagens tomadas como se fossem a realidade concreta do social e do político. O campo da ideologia é o campo do *imaginário*, não no sentido de irrealidade ou fantasia, mas no de *conjunto coerente e sistemático de imagens ou representações* tidas como capazes de explicar e justificar a realidade concreta. Esse aparecer não é uma "aparência" no sentido de que seria falso, mas é uma aparência no sentido de que é a maneira pela qual *aparece* o processo *oculto,* que produz e conserva a sociedade. O aparecer social posto como explicação pela ideologia é o que se *manifesta* para os homens sem que estes o alcancem realmente.

O passo seguinte é dado pela ideologia no momento em que, pretendendo fazer coincidir as representações elaboradas sobre o social e o político com aquilo que o social e o político seriam em sua realidade, opera um novo passe de mágica: a elaboração do imaginário será vinculada à justificação do poder separado, isto é, à legitimação do Estado moderno. Somente se levarmos em conta o advento e a forma do Estado moderno poderemos compreender a função precisa e específica da ideologia ou, para usarmos os termos clássicos de Marx, a operação para fazer com que *o ponto de vista particular* da classe que exerce a dominação apareça para *todos* os sujeitos sociais e políticos como *universal*, e não como interesse particular de uma classe determinada.

Para entendermos a ideologia, que fala sobre as coisas, sobre a sociedade e sobre a política, pretendendo dizer o que são em si e pretendendo coincidir com elas, precisamos, portanto, vinculá-la ao advento da figura moderna do Estado enquanto um poder que se representa a si mesmo como instância separada do social e, na qualidade de separado, proporciona à sociedade aquilo que lhe falta primordialmente.

O que falta primordialmente à sociedade? Falta-lhe unidade, identidade e homogeneidade. A sociedade moderna ou histórica (isto é, a sociedade capitalista) é constituída pela divisão em classes e fundada na luta de classes. Essa divisão, que faz com que a sociedade seja, em todas as suas esferas, atravessada por conflitos e por antagonismos que exprimem a existência de contradições constitutivas do próprio social, é o que a figura do Estado tem como função ocultar. Aparecendo como um poder uno, indiviso, localizado e visível, o Estado moderno (instituído a partir da ideia de *soberania* como unidade indivisa do poder) oculta a realidade social, na medida em que o poder estatal oferece a representação de uma sociedade, de direito, homogênea, indivisa, idêntica a si mesma, ainda que, de fato, esteja dividida em classes antagônicas. A operação ideológica fundamental consiste em provocar uma inversão entre o "de direito" e o "de fato". Isto é, no plano da realidade, de direito e de fato, a sociedade está internamente dividida, e o próprio Estado é uma das expressões dessa divisão. No entanto, a operação ideológica consiste em afirmar que "de direito" a sociedade é indivisa, sendo *prova* da indivisão a existência de *um só e mesmo* poder estatal que dirige toda a sociedade e lhe dá homogeneidade. Por outro lado, a ideologia também afirma que "de fato" (e infelizmente) há divisões e conflitos sociais, mas a causa desse "fato injusto" deve ser encontrada em "homens injustos" (o mau patrão, o mau trabalhador, o mau governante, as más alianças internacionais, etc.). Assim, a divisão constitutiva da sociedade de classes reduz-se a um dado *empírico* e *moral, que, "de direito", poderia ser corrigido.*

Nesse contexto, é possível perceber qual é o trabalho específico do discurso ideológico: realizar a lógica do poder fazendo com que as divisões e as diferenças apareçam como simples diversidade das condições de vida de cada um e com que a multiplicidade das instituições, longe de ser percebida como pluralidade antagônica e contraditória, apareça como um conjunto de esferas institucionais identificadas umas às outras, harmoniosas e funcionalmente entrelaçadas, condição para que um poder unitário se exerça sobre a totalidade da sociedade e apareça, portanto, dotado da aura da universalidade, que não teria se fosse obrigado a admitir realmente a divisão efetiva da sociedade em classes. Se tal divisão fosse reconhecida, o poder unitário teria de assumir-se a si mesmo como *representante de uma das classes da sociedade*. Para ser posto como o representante da sociedade no seu todo, o discurso do poder precisa ser um discurso ideológico, na medida em que este se caracteriza, justamente, pelo ocultamento da divisão, da diferença e da contradição sociais. Não é por obra do acaso, mas por necessidade, que o discurso ideológico do poder é o do *Estado nacional*, pois a ideologia nacionalista é o instrumento poderoso da unificação social, não só porque fornece a ilusão da comunidade indivisa (a nação), mas também porque permite colocar a divisão fora do campo nacional (isto é, na nação estrangeira).

Por meio da ideologia, são montados um imaginário e uma lógica da identificação social com a função precisa de ocultar a divisão social, ignorar a contradição, escamotear a exploração e a exclusão, dissimular a dominação e esconder a presença do particular, enquanto particular, dando-lhe a aparência do universal. A ideologia é o exercício da dominação social e política por meio das ideias. Não é um ideário, mas o conjunto de ideias da classe dominante de uma sociedade e que não se apresenta como tal, e sim oculta essa particularidade, apresentando-se como se valesse para todas as classes sociais.

É possível, também, perceber que o discurso ideológico, na medida em que se caracteriza por uma construção de imagens ou uma construção imaginária com que fornece aos sujeitos sociais e políticos um espaço de ação, deve necessariamente fornecer, além do *corpus* de representações coerentes para explicar o real, um *corpus* de normas coerentes para orientar a prática, isto é, de regras corretas para a ação.[8]

O discurso ideológico é feito de espaços em branco, como uma frase na qual houvesse lacunas. A coerência desse discurso (o fato de que se mantenha como uma lógica coerente e que exerça um poder sobre os sujeitos sociais e políticos) não é uma coerência nem um poder obtidos *apesar* das lacunas, *apesar* dos espaços em branco, *apesar*

---

[8] Define, assim, o masculino e o feminino "autênticos", a infância, a adolescência, a boa família, o bom pai, a boa mãe, os bons filhos, o bom marido, a boa esposa, o bom patrão, o bom trabalhador, a boa empresa, o bom professor, o bom médico, o bom governante, a superioridade "natural" de alguns sobre outros, a sexualidade "correta", etc. Enfim, pretende definir a correção em todas as esferas da ação humana.

do que fica oculto; ao contrário, é *graças aos brancos, graças às lacunas* entre as suas partes, que esse discurso se apresenta como coerente. Em suma, é porque não diz tudo e não pode dizer tudo que o discurso ideológico é coerente e poderoso.[9] Assim, a tentativa de preencher os brancos do discurso ideológico e suas lacunas não nos levaria a "corrigir" os enganos ou as fraudes desse discurso e transformá-lo num discurso verdadeiro. É fundamental admitirmos que, se tentarmos o *preenchimento* do branco ou da lacuna, não vamos transformar a ideologia "incorreta" numa ideologia "correta"; vamos, simplesmente, *destruir* o discurso ideológico, porque tiraremos dele a condição *sine qua non* de sua existência e força. O discurso ideológico se sustenta, justamente, porque *não pode dizer até o fim aquilo que pretende dizer.* Se o disser, se preencher todas as lacunas, ele se autodestrói como ideologia. A força do discurso ideológico provém de uma lógica que poderíamos chamar de *lógica da lacuna, lógica do branco, lógica do silêncio.*

★★★

Passo agora ao tema da objetividade.

Na base da oposição entre ideologia e ciência (entendida como oposição entre lacunar e pleno, não objetivo e objetivo, falso e verdadeiro), encontra-se uma certa noção da objetividade que se acha presente tanto na ideologia quanto na ciência, de tal modo que criticar a primeira pela segunda em nome da objetividade gera um engano infindável. Em outras palavras, uma das possibilidades para a elaboração do discurso crítico como contradiscurso encontra-se na crítica da própria noção de objetividade, em cujo nome ideologia e ciência se digladiam.

---

[9] Por exemplo: a ideologia burguesa afirma que o salário é o preço justo ou o pagamento justo do trabalho. Ora, uma vez que o capital só pode acumular-se e reproduzir-se se houver uma fonte que o faça crescer, e uma vez que essa fonte é o trabalho, cabe perguntar como o capital poderia pagar um salário justo, pois é a parte não paga do trabalho que constitui a condição de existência e crescimento do capital. Se, portanto, preenchêssemos as lacunas da frase "o salário é o pagamento justo do trabalho" dizendo o que são o trabalho, o salário e o capital, essa frase perderia a coerência e se autodestruiria. É por aquilo que ela *não diz* que ela pode dizer o que diz.

Inversão das relações de determinação, o determinado posto como determinante e vice-versa; abstração, ou seja, desconhecimento da origem e do processo de constituição e transformação de uma realidade; autonomia das ideias em face da sociedade e da história, a ideologia, produto da sociedade histórica e da luta de classes, é também e, sobretudo, o ocultamento da gênese dessa sociedade. Além de pressupor, mas escamotear, a divisão social, ou seja, a divisão social do trabalho, da política e da sociedade, das instituições e do saber, a ideologia tem a peculiaridade de fundar a separação entre as *ideias dominantes* e os *indivíduos dominantes*, de sorte a impedir a percepção de um império dos homens sobre os homens. Ela o faz por intermédio da figura supostamente neutra do império das ideias.

Como vimos, a ideologia só se torna possível quando, de um lado, as explicações sobre a origem e a forma da sociedade e da política não mais se encontram em mitos e teologias, mas nas ideias dos próprios humanos e, de outro, quando a divisão social do trabalho separa trabalho físico e intelectual e, nas palavras de Marx, "libera a consciência" da relação com o mundo. Esses dois pressupostos fundam a ideologia como crença na autonomia das ideias com respeito à realidade ao mesmo tempo que ocultam o essencial, isto é, que as ideias dominantes de uma sociedade são as da classes dominante dessa sociedade.

Posto como autônomo, o universo das ideias organiza-se em uma ordem hierárquica onde as ideias parecem engendrar-se umas às outras, independentemente de toda e qualquer determinação não ideal. Todavia, o misticismo das ideias a se engendrarem umas às outras acaba sendo "corrigido" pela própria ideologia quando esta encontra suportes aparentemente reais para as ideias, isto é, a consciência de si ou a pessoa.[10] Em outras palavras, quer queira, quer não, a ideologia se vê obrigada a *encarnar* as ideias em sujeitos sociais que seriam seus portadores. Contudo, ser o portador das ideias, isto é, a pessoa ou a consciência de si, é considerado privilégio dos guardiães das ideias, ou seja, dos intelectuais, de sorte que não é surpreendente que no interior

---

[10] É próprio da ideologia burguesa nascente encarnar as ideias em *pessoas,* embora atualmente as ideias tenham encontrado um outro suporte: a Organização.

das classes dominantes haja sempre um conflito entre pensadores e não pensadores, vale dizer, entre os guardiães da autoconsciência e as demais consciências, ignorantes de si. O fato de, no ponto final do percurso das ideias, a ideologia encontrar pessoas que as encarnam ou as corporificam não evita que tais "pessoas" sejam ninguém, ou melhor, sejam seres universais abstratos – o Homem, o Trabalhador, o Patrão, o Pai, o Profissional, a Mãe, o Sábio, etc. Isso significa que ela os encontra ideologicamente, visto que eles não aparecem como sujeitos históricos determinados, mas como representantes das ideias que representariam a realidade.

Ora, visto que as ideias dominantes de uma época são as ideias da classe dominante dessa época, o ponto de chegada da ideologia está necessariamente inscrito no seu ponto de partida, isto é, em ambos encontra-se o dominante revestido com a generalidade e a universalidade das ideias, que anulam e ocultam a realidade do dominante como uma classe social particular. Toda a questão resume-se, portanto, em compreender por que a ideologia é dotada de força para manter-se, uma vez que, paradoxalmente, sua força vem da recusa da realidade. Em outras palavras, seria preciso compreender como a experiência da vida social e política não cessa de oferecer meios para que a ideologia tenha forças.

O primeiro motivo para que a experiência da vida social e política reforce a ideologia (isto é, a recusa da divisão social das classes) decorre do caráter *imediato* da experiência, fazendo-a permanecer calcada no desconhecimento da realidade concreta, isto é, do *processo de constituição* da sociedade e da política, portanto da realidade *mediata* que engendra o social e o político nas suas divisões. Porém, não é apenas o caráter imediato e abstrato da experiência que a leva a fortalecer a ideologia e dá a ambas uma força recíproca. Há um outro componente, mais importante, que se exprime na experiência imediata, mas que não vem dela, e que outorga força à ideologia: com efeito, a ideologia responde a uma exigência metafísica dos sujeitos sociais e políticos que vivem em sociedades fundadas na luta de classes e na divisão entre a sociedade e o poder do Estado oferecendo-lhes uma imagem capaz de anular a existência efetiva da luta, da divisão e da contradição, qual seja, a da sociedade como una, idêntica, homogênea e harmoniosa e, dessa maneira, *fornece aos sujeitos uma resposta para o desejo metafísico de identidade e para o temor metafísico da desagregação.* Ora, tanto a experiência quanto a ideologia encontram apoio para essa representação da identidade, da harmonia e da ordem no próprio mundo da produção econômica, na medida em que o movimento do capital surge como uma lógica imanente, independente dos homens e garantindo racionalidade e identidade como imanentes à própria realidade (em suma, a propalada "racionalidade do mercado"). Não só o capital parece ter vida própria, mas sua vida parece determinar de maneira "natural" e "espontânea" o lugar de cada um e de cada coisa, garantindo a cada um e a cada coisa seu sentido, seu papel e sua finalidade. Além disso, quando vemos essa racionalidade econômica manifestar-se no planejamento e nas burocracias empresarial e estatal, assumindo a forma da administração ou da crença na *Organização*, a realidade aparece como racional, identificável, previsível e controlável, de tal modo que a lógica econômica comanda a lógica social, política e psicológica. Essa experiência da racionalidade administrada e organizada e do lugar "natural" de cada ser humano faz com que a experiência cotidiana e a ideologia ganhem força total.

Responder ao desejo social de identidade tem uma origem precisa. Para que a violência da dominação exercida por uma classe surja como natural, inscrita na ordem das coisas, racional e legítima, ou como lugar de direito do exercício da dominação – sem o quê os dominados teriam o direito de insurgir-se contra ela –, é preciso que seja anulada como violência, e a única via possível consiste em produzir uma imagem unificada da sociedade, com polarizações suportáveis e aceitáveis para todos os seus membros. O imaginário ideológico responde a essa necessidade. Por um lado, fornece aos membros da sociedade dividida e separada do poder a imagem da indivisão (isto é, uma sociedade unificada pela unidade estatal, e esta como expressão ou síntese da vida social) e, por outro, elabora para a classe que detém o poder não uma imagem de si e do social que faça do poder uma dimensão que distingue a sociedade e o Estado, mas que faça desse Estado um *representante* homogêneo e eficaz da sociedade no seu todo. A ideia de que o Estado *representa* toda a sociedade e de que todos os cidadãos estão *representados* nele é uma das grandes forças para legitimar a dominação dos dominantes.

Assim, a operação ideológica passa por dois ocultamentos: o da divisão social e o do exercício do poder por uma classe social sobre outras. Para tanto, o discurso ideológico tende a fixar, de uma vez por todas, a origem e o significado dos fatos, de sorte a oferecer certos signos fixos e constantes que neutralizem toda contradição possível entre aquilo que já está dado e o que possa acontecer historicamente. As ideias aparecem, então, como representação do real, a sua verdade, e como normas para a ação, isto é, como conduta "conforme à natureza das coisas" ou conforme a certos fins que seriam os mesmos para todos. Representações e normas constituem, então, um conjunto articulado de prescrições que devem ser seguidas quando se quer conhecer ou quando se quer agir. A ideologia nada espera da sociedade e nada espera da história como fontes de saber e de ação, mas espera muito da "experiência", visto que esta a reforça mesmo quando lhe pede reformulações do que já fora explicado. O social e o histórico ficam submetidos ao *conjunto coeso e sistemático de ideias, normas e prescrições* que tudo explica e tudo prevê, mantendo identidades imaginárias entre o saber e a ação, graças à fixação imaginária e definitiva dos seus conteúdos. Quando se afirma, com Marx, que a ideologia não tem história, é conveniente não supor que essa ausência de historicidade se deva ao fato de que a história efetiva se realizaria em um outro lugar (por exemplo: na economia, e não na política; nos países centrais, e não na periferia). O que devemos compreender é que a ideologia procura neutralizar o perigo da história, ou seja, opera no sentido de impedir a percepção da historicidade. Precisamos, assim, considerar que a ideologia não tem história porque a operação ideológica por excelência consiste em permanecer na região daquilo que é sempre idêntico e, nessa medida, fixando conteúdos, procura exorcizar aquilo que tornaria impossível o surgimento da história e o surgimento da própria ideologia: a história real, isto é, a compreensão de que a sociedade e a política não cessam de instituir-se a cada passo.

Talvez uma das formas mais extraordinárias pela qual a ideologia neutraliza o perigo da história esteja em uma imagem que costumamos considerar como a própria "essência" da história: a noção de *progresso*. Contrariamente ao que poderíamos pensar, essa noção tem em sua base o pressuposto de um desdobramento temporal de algo que já existiria desde o início como germe ou larva, de tal modo que a história não é transformação e criação, mas explicitação de algo que é sempre o mesmo e que vai apenas crescendo com o correr do tempo. Outra noção que também visa escamotear a história sob a aparência de assumi-la é a de *desenvolvimento*. Nesta, pressupõe-se um ponto fixo, idêntico e perfeito, que é o ponto terminal de alguma realidade e ao qual ela deverá chegar *normativamente*. O progresso, colocando a larva, e o desenvolvimento, colocando a "boa forma" final, retiram da história aquilo que a constitui como história, isto é, o inédito e a criação necessária de seu próprio tempo e *télos*. Colocando algo *antes* do processo (o germe) ou *depois* do processo (o desenvolvido), a ideologia tem sérios compromissos com os autoritarismos, uma vez que a história de uma sociedade passa a ser regida por algo que ela *deve realizar* a qualquer preço. Passa-se da história ao *destino*.

Elevando todas as esferas da vida social e política à dimensão de essências, a ideologia se desincumbe da tarefa de explicação da realidade histórica, pois sua origem e seu sentido se encontram fixados de uma vez por todas. As essências – o Homem, a Natureza, a Nação, a Família, o Trabalho, a Empresa, a Organização, a Escola – garantem a identidade, a repetição, a permanência e até mesmo a transformação, esta última imaginada como progresso ou desenvolvimento. Mesmo que a operação ideológica encontre limites – pois as contradições não desaparecem pelo simples fato de permanecerem soterradas sob a fixidez e a identidade das representações e das normas –, o discurso ideológico, ainda quando forçado a reparos periódicos, não se desfaz como ideologia. Seria ilusório supor que a contradição, simplesmente por ser contradição, venceria o imaginário ideológico, pois sabemos que não é este o caso. Quando a classe dominante chega a se dar conta de uma contradição, em geral isso lhe ocorre menos pela percepção de uma contradição real entre dominantes e dominados, e muito mais quando percebe um conflito de interesses, seja entre ela e seu "exterior" (isto é, os dominados), seja no interior da própria classe dominante. Quando tal ocorre, mesmo implicando pequenos reparos nas relações entre dominantes e dominados, aquela percepção indica não o fim da ideologia, mas, ao contrário, que uma nova ideologia pode estar a caminho. O simples fato de que os dominantes cheguem a ser sensíveis a algum aspecto da contradição sugere que se tornaram sensíveis porque já dispõem dos recursos para conjurar aquela contradição que perceberam.[11]

Se a ideologia é um discurso que se oferece como representação e norma da sociedade e da política, como saber e como condição da ação, isso significa que promove uma certa noção de racionalidade, cuja peculiaridade consiste em permitir a suposição de que as representações e as normas, isto é, as ideias, estão colocadas *no* real, *são* a própria realidade e a verdade desta. Assim, há uma dupla pretensão na ideologia: por um lado, procura fazer com que o discurso sobre as coisas seja um discurso que coincida com as próprias coisas e para isso, por outro lado, precisa afirmar que as coisas são racionais, que a racionalidade está inscrita na própria realidade e que o trabalho do pensamento é apenas o de redescobrir essa racionalidade já inscrita no mundo. Evidentemente, não se trata de dizer, contra a ideologia, que a racionalidade não esteja inscrita na realidade, mas mostrar o que é a racionalidade ideológica. A racionalidade ideológica não é apenas aquela do discurso lacunar, mas ela é também a racionalidade que sustenta o que entendemos por saber científico e por *objetividade.*

Da mesma maneira que a operação ideológica fundamental consiste em camuflar as contradições, em nome de uma indivisão e de uma harmonia de direito que devem constituir a sociedade e a política, também é uma operação típica da ideologia escamotear a diferença entre o pensamento e a realidade – sobretudo a diferença existente entre uma compreensão crítica das interpretações que os agentes sociais e históricos produzem em condições determinadas e as origens dessas próprias interpretações. O dado ou o fato constituiriam a realidade da qual o saber seria apenas uma representação ordenada e sistemática, graças a certos procedimentos metodológicos pelos quais se estabeleceria a adequação entre a ideia e o dado ou o fato. Por mais sofisticado que possa ser o aparato metodológico das ciências contemporâneas, por mais distante que pareça estar o conceito perante o mero dado, há algo da ideologia que permanece quando a ciência passa do empirismo (isto é, dos fatos dados) ao formalismo (isto é, às puras construções, aos modelos).

---

[11] Nesse sentido pode-se falar numa história das ideologias.

O que permanece? A crença numa certa *imagem* da objetividade. Sob esse prisma, se há uma diferença inicial entre o discurso científico e o discurso social e político, essa diferença consiste no fato de que o segundo não pode distanciar-se do mundo, enquanto o primeiro pode assim proceder, de tal maneira que as ciências tenderão a tomar-se a si mesmas como construção formal e coerente que já não acredita estar reproduzindo dados, e sim apenas aproximando-se deles por meio de conceitos e modelos. Ao contrário, o discurso social e político tem a pretensão de ser um discurso que diz as próprias coisas e não fala sobre elas. No entanto, essa diferença entre a ciência (tomada como linguagem purificada e coerente que abandonou a pretensão de dizer as coisas em si) e a ideologia (no sentido lato) é uma diferença mínima. Com efeito, a ciência desloca o objetivo, ou a objetividade, para o *constructus*, mas não se desfaz da noção de objetividade entendida como representação coerente e idêntica, de modo que, nessa nova ciência, a verdade apenas foi deslocada do dado imediato para o axioma, sem que a noção de verdade, pressuposta em ambos os casos, tivesse sido interrogada. A ideologia, enquanto discurso social e político, não pode, evidentemente, se dar ao luxo de colocar-se no mesmo plano em que a ciência, isto é, como dotada de simples coerência formal aproximativa. Com efeito, sendo um exercício da dominação, a ideologia não pode permitir qualquer hiato entre a "verdade" que profere e a "realidade" social.[12] Se, em contrapartida, a ciência parece ter abandonado a pretensão de dizer as próprias coisas, foi apenas porque transferiu a "coisa" para as operações epistemológicas, mas, nesse mesmo movimento, colocou-se, sem saber, como a outra face da ideologia. Pode-se dizer que, no exato instante em que a ciência se torna cada vez mais um artificialismo e um formalismo, cada vez mais uma construção coerente, vai tornando cada vez mais claro o que é a própria ideologia. Enquanto a ciência não havia chegado ao ponto-limite de já não pretender estar falando sobre a realidade, mas estar falando a respeito de construções supostamente reais, uma certa dimensão da ideologia não podia ser percebida com muita clareza. É

---

[12] Essa ausência de distância entre a representação e a coisa é o que torna possível distinguir entre "homem comum" e cientista.

CRÍTICA E IDEOLOGIA

agora, quando o objeto científico se tornou um artefato construído pelas operações epistemológicas, quando a ciência opera com o artificialismo da informação,[13] quando esse artificialismo que comanda a produção de todas as representações alcança o seu limite, é agora que, talvez, transpareça a verdade da ideologia contemporânea.

Por mais absurdo que pareça, é nesse instante em que a cientificidade tem o direito de explicação e sobretudo de total intervenção sobre a realidade, em que a nossa confiança na explicação científica tornou-se completa, em que a ciência aparece divulgada nas enciclopédias em papel ou virtuais, nas bancas de jornal, nas redes sociais e na Internet, nos debates de televisão, em qualquer escrito que circule em qualquer parte e sobre qualquer suporte, em nossas aulas, em nossos cursos, em nossos estudos e ensaios, em nossas discussões – é nesse instante, quando confiamos cegamente na ideia de que existe uma transparência da realidade e que essa transparência emerge desde que a objetividade seja inteiramente construída pelas operações científicas, enfim, quando a ciência tem a última palavra, *ela se torna o lugar privilegiado da ideologia no mundo contemporâneo.*[14] Esse privilégio lhe advém, sobretudo, porque o que ela possui é a crença (que partilhamos com ela e graças a ela) de que o real é racional e transparente, faltando apenas aprimorar os procedimentos científicos, melhorar as metodologias, melhorar o aparelhamento tecnológico, para que se chegue a essa racionalidade total.

Por que agora ciência e ideologia estão tão próximas? Porque, com a nova ciência, a manipulação da realidade, da sociedade e dos seres humanos, assim como a vigilância, e o controle sobre os indivíduos e as instituições não terão limites; e visto que a finalidade da ideologia é a manipulação e o controle, a ciência lhe oferece a imagem do mundo e dos seres humanos como objetos inteiramente manipuláveis e controláveis porque *produzidos* pelas próprias operações científicas. Com isso, a ciência mantém e reforça o desejo da ideologia de coincidir com aquilo que é proferido pelo seu próprio

[13] Sobre este tema, conferir, no volume III desta coleção, o capítulo "A internet e o virtual".

[14] Sobre este tema, conferir, no volume III desta coleção, o capítulo "A ideologia da competência".

discurso, pois o que ela profere (como ideologia), ela mesma (como ciência) construiu.

O que é a racionalidade que o discurso ideológico atribui à realidade social e política com que hoje ele se tornou tão próximo do discurso científico? É a racionalidade de uma representação.[15] Para trazer a garantia da existência de uma ordem, atual ou virtual, a ideologia é um discurso que se desenvolve sob o modo da afirmação, da determinação completa de um objeto, da generalização e da redução das diferenças entre os objetos e da posição do pensamento na exterioridade do objeto – exterioridade que sempre é o ponto de vista do poder, pois o lugar separado, o olhar de sobrevoo do observador impessoal, como escreveu Merleau-Ponty, é a figura do saber como posse intelectual do mundo e ato de dominação. O discurso ideológico, como enfatiza Claude Lefort[16], tende para o anonimato ou para a neutralidade, a fim de testemunhar uma verdade que estaria inscrita na própria realidade. Discurso anônimo, sem autor e sem produtor, hoje não precisa (como precisou em seus inícios) de suportes humanos (o Pai, o Professor, o Sábio, o Empresário, o Trabalhador) pela mediação dos quais a realidade se cria e se recria, pois o mundo está dotado de uma racionalidade que já nem é mais sua, mas a de sua representação. Não há mais necessidade de alguém que o pense: ele está posto aí diante de nós, como racional em si e por si. Eis por que a ideologia se torna inseparável da ideia de *organização*, que operaria por si mesma sem necessidade de agentes sociais, econômicos e políticos.

Na medida em que se trata da racionalidade de uma representação, nela está implicada a manutenção da dicotomia sujeito-objeto.

---

[15] A noção do conhecimento como representação foi introduzida pela Filosofia Moderna (século XVII) para explicar como o pensamento – ato de uma consciência – pode alcançar seres exteriores a ele, ou seja, como o sujeito do conhecimento pode alcançar objetos que lhe são heterogêneos (corpos, coisas materiais, fatos). A representação consiste na operação realizada pelo sujeito do conhecimento para descobrir, construir, inventar ideias (portanto, algo de mesma natureza que o pensamento ou o sujeito) que tornam presentes (representam) ao espírito o que é exterior a ele e diferente dele. A representação se apropria dos dados exteriores por meio das ideias. A representação pressupõe, portanto, a exterioridade entre sujeito e objeto e o domínio intelectual do segundo pelo primeiro.

[16] LEFORT, Claude. Gênese das ideologias nas sociedades modernas, *op. cit.*, *loc. cit.*

A exterioridade entre ambos tende a ser anulada pelas operações de um certo sujeito, o suposto sujeito do conhecimento, que, no ato de representar, converte o exterior num resultado das operações do intelecto, interiorizando, então, o exterior; não porque o interprete e o negue, mas porque o recusa como separado. Em outras palavras: a dicotomia sujeito-objeto é resolvida aparentemente em favor do objeto (ele é que é real e apreendido pelo sujeito), quando, na verdade, está sendo reduzido à pura interioridade das operações feitas pelo sujeito, vitorioso. Assim, a posição de domínio ocupada pelo sujeito do conhecimento é nítida: finge aceitar a diferença entre o objeto externo e a ideia, mas, na realidade, devora a exterioridade, incorporando-a ao sistema de representações. Finge submeter-se às coisas para melhor submetê-las. Portanto, longe de buscar o movimento interno pelo qual a realidade constitui e destrói a sua própria racionalidade, e da qual o sujeito é um dos momentos constituintes e constituídos, a ideologia como ciência garante uma racionalidade que mantém os termos separados e os unifica graças às operações intelectuais. É incapaz de alcançar a diferença genuína entre o sujeito e o objeto, assim como não consegue alcançar o movimento dialético da sua supressão recíproca como separados e o momento da sua separação seguinte. A ideologia, como ciência, fixa uma distinção imediata e empírica entre sujeito e objeto, em seguida passa a considerá-los como essências diversas e, por fim, encontra nas operações epistemológicas do sujeito do conhecimento um meio de escamotear aquela distinção que ela mesma estabelecera. São essas operações que constroem aquilo que nos acostumamos a designar como *objetividade.*

A racionalidade científica, ao construir a objetividade, realiza a operação chamada *determinação completa,* pela qual uma realidade é convertida em objeto de conhecimento. De acordo com essa racionalidade, algo é conhecido objetivamente quando é possível dominá-lo inteiramente pelas operações do entendimento. A noção de objetividade está vinculada, portanto, à ideia de poder: conhecer é exercer um poder, na medida em que conhecer é conhecer o objetivo, e o objetivo foi construído de modo a tornar-se esgotável teoricamente. A ideia de que é possível esgotar teoricamente um objeto é a suposição de que é possível dominá-lo teoricamente e, portanto, dominá-lo praticamente. Essa noção de objetividade é inseparável da ideia de exercício da dominação. Esta aparece, inicialmente, como uma dominação exercida sobre o objeto do conhecimento, mas, na medida em que o objeto do conhecimento nada mais é do que aquilo que foi elaborado no interior de uma prática social determinada (isto é, a prática científica), percebe-se como a ciência é operação de dominação. A noção de objetividade é, pois, uma noção de poder.

Como se determina completamente um objeto (pelo menos de direito)? Quando se pode determinar o conjunto de todas as propriedades necessárias que o fazem ser tal qual é. A determinação completa pressupõe duas operações: em primeiro lugar, o estabeleci-mento exaustivo das propriedades positivas do objeto; em segundo, a exclusão de todas as determinações que, sendo intrinsecamente contraditórias, fariam com que o objeto se modificasse, tivesse um tempo próprio de existência, de transformação e de destruição. Nessa medida, a determinação é completa, de um lado, porque pretende dizer tudo o que o objeto é ou deve ser e, de outro, porque exclui toda possibilidade de que haja um movimento interno ao objeto, pelo qual ele se ponha e se reponha, se transforme e desapareça, isto é, recusa o objeto dialeticamente em movimento. O objeto com-pletamente determinado, ou a objetividade, é constituído por uma coleção de propriedades positivas, restando saber apenas como essas propriedades se articulam mecânica, funcional ou estruturalmente. Mesmo quando o objeto não está completamente determinado, por ser uma singularidade que se modifica no tempo, acredita-se que ele apenas está desdobrando ou explicitando propriedades latentes que o intelecto já havia decifrado. O objeto completamente determinado, ou a objetividade, é, portanto, o objeto imóvel, ou seja, *o objeto morto*. A racionalidade tomada à luz do ideal da objetividade desemboca na noção de *lei* do objeto, que, por estar referida ao objeto morto, permite cálculo, previsão, manipulação. A racionalidade abstrata das leis tem um papel bastante preciso: permitir o controle e a instrumentalização de toda a realidade. Sendo a racionalidade construída a partir dessa morte do objeto e da confiança numa construção que esgota as su-postas propriedades positivas do objeto e retira dele a possibilidade de um movimento interno de transformação, essa racionalidade, que chamamos de ciência, realiza as finalidades da ideologia muito melhor do que a velha ideologia *lato sensu*.[17]

★★★

Em vista de minhas considerações sobre a noção de objetividade, penso que cometeríamos um grande engano se imaginássemos que a um discurso ideológico "falso" se opõe um discurso ideológico "verdadeiro" ou "objetivo", que seria o discurso ideológico lacunar depois de preenchido[18]. Se preenchêssemos o discurso ideológico, na realidade estaríamos produzindo um *outro* discurso, e o contraponto se estabeleceria, então, entre o discurso ideológico e um *outro* discurso não ideológico, cuja verdade estaria em desmantelar as construções do discurso ideológico lacunar. Seria ilusório imaginar que o mero preenchimento da lacuna, trazendo a objetividade, traria a verdade. Dessa ilusão nasceu uma tradição reavivada entre os pensadores contemporâneos por Louis Althusser: a ilusão de que a partilha (ou o chamado "corte epistemológico") se faz entre a ideologia e a ciência, isto é, a ciência considerada como *discurso pleno e verdadeiro* oposta à ideologia como *discurso lacunar e falso*. Ora, o exame da noção de objetividade indica que o "corte" não passa por aí. Se quisermos ultrapassar essa ilusão precisaremos encontrar um caminho no qual façamos o discurso ideológico destruir-se internamente. Isso implica ultrapassar uma atitude meramente dicotômica (ideologia *versus* ciência) rumo a uma atitude teórica realmente dialética, encontrando uma via pela qual a *contradição interna* ao discurso ideológico o faça explodir. Evidentemente, não precisamos aguardar que a ideologia se esgote por si mesma, graças à contradição, mas procurar uma via

---

[17] Dissemos, ao iniciar, que a ideologia respondia ao desejo metafísico de identidade e ao horror metafísico da desagregação. Ora, se o sujeito do conhecimento fosse apreendido como sujeito *propriamente*, se tornaria claro o porquê da busca da objetividade como polo fixo e idêntico, ordenado e manipulável: a objetividade é o recurso epistemológico do sujeito contra a impossibilidade real de fixar sua identidade de uma vez para sempre, pois é histórico.

[18] Aliás, é um contrassenso supor que possa haver um discurso ideológico "bom" ou verdadeiro, uma vez que a finalidade da ideologia é ocultar a realidade social e política.

pela qual a contradição ideológica se ponha em movimento e destrua a construção imaginária. Essa via é o que denomino *discurso crítico*. Este não é um *outro* discurso qualquer oposto ao ideológico, mas o *antidiscurso* da ideologia, o *seu* negativo, a *sua* contradição. Trata-se da crítica como *contradiscurso*.

Um discurso que seja capaz de tomar o discurso ideológico e não contrapor a ele um outro que seria verdadeiro por ser "completo" ou pleno, mas que tome o discurso ideológico e o faça desdobrar todas as suas contradições, é um discurso que se elabora no interior do próprio discurso ideológico como o *seu* contradiscurso e que não deve ser tomado como um discurso da objetividade científica. Com efeito, se, do ponto de vista teórico, uma das características da ideologia é a separação sujeito-objeto e um certo mito da objetividade, cairíamos também no engodo da objetividade se supuséssemos estar de posse de um discurso *objetivo* para opô-lo ao discurso ideológico, não objetivo. Se, do ponto de vista teórico e, sobretudo, do ponto de vista prático, respeitarmos o movimento interno pelo qual sujeito e objeto vão sendo constituídos um pelo outro no real, a crítica da ideologia se fará não pelo contraponto de um segundo discurso, mas por dentro dela, isto é, pela elaboração de um discurso negativo no interior do discurso ideológico.

Gostaria, aqui, de mencionar alguns exemplos do que chamo contradiscurso ou crítica.

A ideologia fabrica histórias imaginárias legitimadoras da dominação da classe dominante e, por isso, como escreve Walter Benjamin, sempre narradas do ponto de vista do vencedor, de maneira que não há registro das ações dos vencidos e delas não restam vestígios na memória social. Por isso, os dominados aparecem nos textos dos historiadores sempre a partir do modo como eram vistos e compreendidos pelos próprios vencedores postos como sujeito único da história.

Edgar de Decca e Antônio Carlos Vesentini,[19] investigando os acontecimentos que teriam constituído aquilo que se costuma designar

---

[19] DECCA, Edgar de; VESENTINI, Antônio Carlos. A revolução do vencedor. *Contraponto*, Niterói, n. 1, nov. 1976. DECCA, Edgar de. *1930. O silêncio dos vencidos*. São Paulo: Brasiliense, 1977.

como "Revolução de 1930", descortinaram o campo ideológico que tornou possível essa representação. Para que se pudesse proferir um discurso positivo sobre "Revolução de 30" como um marco na continuidade histórica brasileira e, ao mesmo tempo, como ruptura política, foi preciso que o pensamento dominante silenciasse um outro discurso, ocultasse uma outra prática e eliminasse da memória histórica uma outra memória, que, recuperada, torna impossível a representação "Revolução de 1930". Trata-se da prática e do projeto político do Bloco Operário e Camponês entre 1926 e 1929. Em que consiste o contradiscurso realizado pelos dois historiadores? Em desvendar uma periodização da história do Brasil cujo marco é dado não pela ação construída pela memória histórica dominante, mas por uma derrota política que foi eliminada da memória. Essa periodização não implica preencher uma lacuna do discurso sobre 1930 colocando em cena mais uma personagem que estaria "faltando", mas significa recuperar uma prática de cujo ocultamento depende a própria elaboração sobre 1930 como revolução. Em outros termos, os historiadores revelam que a possibilidade da memória histórica, fundada sobre a representação "Revolução de 1930", tem como suporte a destruição – real e ide-ológica – de um outro projeto que não era mais um entre os vários existentes, mas aquele que era portador do germe de uma revolução efetiva. Nessa medida, a recuperação da memória dos vencidos mostra a "Revolução de 1930" como contrarrevolução.

Procurando desvendar por que os termos "maquiavélico" e "maquiavelismo" foram conservados para além do tempo e da obra de Maquiavel, Claude Lefort[20] aponta a diferença entre o pensamento maquiaveliano e sua representação no mito do maquiavelismo. Este, elaborado desde a publicação de *O Príncipe* e conservado até nossos dias, supõe uma imagem da política associada a uma visão metafísica do poder como algo essencialmente perverso. O homem maquiavélico é aquele que exerce poder por meio de um controle secreto e absoluto do espaço social e político; é aquele que, permanecendo sempre nos bastidores da política, puxa todos os cordéis e dirige a cena: autor do texto, encenador do contexto, diretor da peça, "ponto" e maquinista,

---

[20] LEFORT, Claude. *Le travail de l'oeuvre: Machiavel*. Paris: Gallimard, 1972.

o político maquiavélico detém um saber total sobre a ação e um poder total sobre os agentes. No entanto, o traço mais determinante do homem maquiavélico é sua capacidade para levar o adversário à autodestruição. Em outras palavras, o poder maquiavélico consiste em permitir que o adversário tenha a ilusão de atuar livremente, sem perceber que cada um de seus atos o conduz à sua própria ruína. Segredo, logro, perversidade, pleno domínio do espaço e do tempo, eis os traços gerais da figura maquiavélica. Lefort indaga, então, o que, na obra de Maquiavel, torna possível a emergência dessa representação. E responde: Maquiavel é o primeiro pensador político que não busca a boa-sociedade harmoniosa nem o bom-governante virtuoso, que não apoia o poder político sobre a transcendência divina, nem sobre a bondade ou perversidade na Natureza, nem, enfim, sobre as luzes da Razão. A garantia do poder é apenas a ação do sujeito político, que deve encontrar a ocasião oportuna e agarrá-la. É também o primeiro pensador político que não toma como ponto de partida nem como ponto de chegada a ideia greco-romana e medieval da boa e bela comunidade una e indivisa, mas define a Cidade pela divisão originária entre o desejo dos Grandes de oprimir e comandar e o desejo do Povo de não ser oprimido nem comandado. Assim, é o primeiro a definir a sociedade e a política pela divisão interna, e não pela harmonia e pela identidade consigo mesma. Eis por que, desfeito o suporte transcendente da política (Deus, Natureza, Razão), desfeita a busca da boa-sociedade e desfeita a ilusão comunitária, a imagem do pensamento maquiaveliano suscita, de seu próprio interior, a *imagem* do maquiavelismo, isto é, uma leitura da obra com as lentes da tradição que ela contesta e destrói. Além disso, recusando a tradição romana e medieval do Bom Governo ou do príncipe dotado de virtudes morais, Maquiavel afirma que a *virtú* principesca consiste em ajustar-se ao movimento da contingência (a sorte ou a fortuna caprichosa) para dobrá-la em seu favor, e o único princípio do príncipe virtuoso é, exatamente, não se atar a nenhum princípio fixo, sem o quê ele seria incapaz de agilidade e presença de espírito para operar com o inesperado e enfrentar a contingência dos acontecimentos. Ora, nada mais intolerável para a tradição e para a ideologia do bom-poder do que a admissão de que a política é o jogo incessante de uma lógica de forças (e não exercício da violência pura) e de que o sujeito político, homem de *virtù* que subjuga a fortuna, é a garantia única de sua própria ação. Desvendar o sujeito maquiaveliano sob a imagem maquiavélica é tarefa do contradiscurso.

Quando se percorre a tradição interpretativa da obra de Espinosa, percebe-se que partidários e adversários do "espinosismo" concordam sempre num ponto: a filosofia espinosana encontra-se minada por uma contradição insuperável que invalida o rigor do sistema e torna impraticável sua ética. Essa contradição encontra-se na tentativa absurda, feita pelo filósofo, de conciliar necessidade e liberdade, definindo esta última pela primeira, uma vez que afirma que é livre quem age exclusivamente segundo as leis necessárias de sua natureza e que um ser humano é livre quando age necessariamente de acordo com as leis de sua natureza, sendo por isso causa interna, total e necessária de suas ações. Ora, fomos habituados por uma longa tradição de pensamento a opor necessidade (determinismo) e liberdade (livre vontade ou livre-arbítrio), isto é, a opor o reino das leis naturais necessárias e o reino humano dos fins livremente escolhidos. Essa oposição revelaria, portanto, a inconsistência de uma filosofia que, além de não distinguir os termos, define um pelo outro, não percebendo que são opostos e excludentes. Todavia, quando nos acercamos com paciência da obra espinosana, notamos algo extraordinário: aquilo que os intérpretes consideram "o problema insolúvel do espinosismo" é justamente aquilo que Espinosa tematiza. Em outras palavras, Espinosa se volta para a origem da oposição entre o necessário e o livre-arbítrio (oposição consolidada pelo pensamento judaico-cristão) e demonstra que está fundada em dois deslizamentos conceituais, isto é, o conceito de necessidade é representado sob a imagem dos decretos divinos (a onipotência de Deus decretando leis para a Natureza), e a liberdade humana, sob a imagem de uma vontade perversa que transgride os decretos divinos (o pecado original de Adão e Eva), não sendo casual que muitos filósofos coloquem na vontade livre a causa do erro, no conhecimento, e do vício, na moral. Assim, subjaz ao conceito de necessidade uma imagem política (o exercício do poder de decretar leis) pela qual o necessário se transforma em imagem de autoridade e de mando, enquanto subjaz ao conceito de liberdade a imagem de uma perversidade que nada mais é senão a representação moral, política e teológica da desobediência. O discurso espinosano elabora, em sua construção, um contradiscurso, isto é, um exame do deslizamento dos conceitos metafísicos de necessidade e de liberdade para as imagens políticas da autoridade e da desobediência. É o subsolo político-teológico (isto é, ideológico) que torna necessidade e liberdade conceitos irreconciliáveis, de sorte que a elaboração de um novo discurso filosófico, ético e político, nos quais os termos sejam reciprocamente determinados, supõe o trabalho do pensamento como contradiscurso ou crítica. Seria interessante indagar por que, durante três séculos, os intérpretes de Espinosa não puderam perceber esse trabalho crítico e mantiveram como uma contradição de sua filosofia aquilo que o filósofo não se cansara de apontar como obstáculos para a liberdade individual e política. Isto é, seria preciso elaborar, agora, o contradiscurso da interpretação da obra espinosana.

★★★

Passo, então, ao último momento de minha exposição, em que procuro esclarecer as observações que fiz até aqui voltando-me para o exame de uma noção que está sempre muito em voga: a noção de crise[21].

Tradicionalmente, as ciências humanas tendem a conceber a sociedade não como *constituída* pela divisão originária das classes, mas apenas como *contendo* divisões. Que divisões ela conteria? A das chamadas "instituições sociais". A sociedade é considerada composta por uma série de subsistemas ou de subunidades, cada um deles tendo sua racionalidade própria e, portanto, sua própria objetividade, sua própria transparência, suas próprias leis ou regras de operação. Por outro lado, o todo da sociedade funciona ou opera pela articulação harmoniosa desses vários subsistemas ou subunidades. Trata-se, portanto, de uma racionalidade pensada como um todo composto de

---

[21] A palavra *crise* vem da língua grega, *Krisis*, e significa: capacidade de discernimento, ação de escolher, julgamento e ação de decidir. Referia-se ao momento no qual o sentido de um processo se manifesta e pede que ações determinadas sejam realizadas para que o processo se desdobre até o fim e que a ação a ser realizada seja aquela que permita a compreensão e o término do processo. Como veremos, a ideologia moderna alterou completamente o sentido dessa palavra.

partes.[22] Ora, noções como as de burocracia, organização administrativa e planejamento da sociedade estão vinculadas a essa concepção de um todo composto de esferas dotadas de racionalidade própria e articuladas, de sorte que a maneira pela qual a sociedade é pensada resulta na maneira pela qual se admite a racionalidade de suas formas de organização institucional.

Que acontecerá no momento em que essas racionalidades parciais não se articularem harmoniosamente e o todo começar a se mostrar problemático? Para tais momentos, a ideologia possui uma ideia, uma representação graças à qual aparentemente admitirá o problema e, simultaneamente, poderá dissimulá-lo: a ideia de *crise*.

Na crise, a continuidade e a harmonia das racionalidades parciais parecem romper-se. Cada parte aparece como independente das outras e do todo, e a verdade do todo emerge como uma mescla indecisa entre a racionalidade geral dos fenômenos sociais e uma irracionalidade dos subsistemas no seu conjunto. A crise é imaginada, então, como um movimento da irracionalidade que invade a racionalidade, gera desordem e caos e precisa ser conjurada para que a racionalidade anterior, ou outra nova, seja restaurada. A noção de crise permite representar a sociedade invadida por contradições e, simultaneamente, tomá-las como um acidente, um desarranjo, pois a harmonia é pressuposta como de direito, reduzindo a crise a uma desordem factual, provocada por enganos, voluntários ou involuntários, dos agentes sociais, ou por mau funcionamento de certas partes do todo. A crise serve, assim, para opor uma ordem ideal a uma desordem real, na qual a norma ou a lei são contrariadas pelo acontecimento, levando a dizer que a "conjuntura" põe em risco a "estrutura" ou, então, que a estrutura é inadequada para absorver a novidade. O acontecimento (portanto, a historicidade) é encarado como um engano, um acidente ou algo inadequado. Tal representação permite, assim, imaginar o acontecimento histórico como um *desvio*.

---

[22] É preciso distinguir constituição de composição. Um todo constituído de partes é o movimento dessas partes. Um todo composto de partes é a *soma* ou a *reunião* dessas partes. Na constituição, a relação todo/parte é intrínseca. Na composição, é extrínseca.

Crise e desvio são noções que pressupõem um *dever ser* contrariado pelo acontecer, mas que poderá ser restaurado porque é um dever ser. Em ambas, há exterioridade entre o acontecimento e o sistema, entre a conjuntura e a estrutura, entre a historicidade e a racionalidade. Em vez de surgir como algo que ateste os limites da representação supostamente objetiva e racional da sociedade e da política, a noção de crise realiza a tarefa oposta, que é sua tarefa ideológica: confirma e reforça a representação. Assim, a crise nomeia os conflitos no interior da sociedade e da política para melhor escondê-los. Com efeito, o conflito, a divisão e até mesmo a contradição podem chegar a ser nomeados pelo discurso da crise, mas o são com um nome bastante preciso: na crise, a contradição se chama *perigo*.

Compreende-se, então, por que a ideia de crise é privilegiada pelos discursos autoritários, reacionários, contrarrevolucionários: neles ela opera em dois registros diferentes, mas complementares. Por um lado, serve como *explicação*, isto é, como um *saber* para justificar teoricamente a emergência de um suposto irracional no coração da racionalidade: a "crise" serve para ocultar a crise verdadeira. Por outro lado, ela tem *eficácia prática,* pois é capaz de mobilizar os agentes sociais, acenando-lhes com o risco da perda da identidade coletiva, suscitando neles o medo da desagregação social e, portanto, o medo da revolução, oferecendo-lhes a oportunidade para restaurar uma ordem sem crise, graças à ação de alguns salvadores. A ideia de crise é, portanto, empregada para fazer com que surja diante dos agentes sociais e políticos o sentimento de um perigo que ameaça *igualmente* a todos, dando-lhes o sentimento de uma *comunidade de interesses e de destino,* que os leva a aceitar a restauração de uma sociedade supostamente una, homogênea, racional, organizada e cientificamente transparente.

Brasil: mito fundador
e sociedade autoritária*

Com fé e orgulho

Ama com fé e orgulho a terra em que nasceste.
Criança! Jamais verás país nenhum como este.
Olha que céu, que mar, que floresta!
A natureza aqui perpetuamente em festa
É um seio de mãe a transbordar carinhos.
[...]
Imita na grandeza a terra em que nasceste.

Olavo Bilac

Na escola, todos aprendemos o significado da bandeira brasileira: o retângulo verde simboliza nossas matas e riquezas florestais; o losango amarelo, nosso ouro e nossas riquezas minerais; o círculo azul estrelado, nosso céu, onde brilha o Cruzeiro do Sul, indicando que nascemos abençoados por Deus; e a faixa branca, na qual lemos "Ordem e Progresso", simboliza o que somos: um povo ordeiro e progressista. Sabemos por isso que o Brasil, com entoa nosso Hino Nacional, é um "gigante pela própria natureza", que nosso céu tem mais estrelas, nossos bosques têm mais flores e nossos mares são mais verdes. Aprendemos

---

* Versão revista e ampliada do texto *Brasil 500. Mito fundador e sociedade autoritária* originalmente publicado pela Editora Fundação Perseu Abramo, São Paulo, 2000.

que por nossa terra passa o maior rio do mundo e existe aqui a maior floresta tropical do planeta, que somos um país continental cortado pela linha do Equador e pelo trópico de Capricórnio, o que nos faz um país de contrastes regionais cuja riqueza natural e cultural é inigualável. Aprendemos que somos "um dom de Deus e da Natureza" porque nossa terra desconhece catástrofes naturais (ciclones, furacões, vulcões, desertos, nevascas, terremotos) e que aqui, "em se plantando, tudo dá".

Todos nós fazemos nossas as palavras daquele é considerado o primeiro historiador brasileiro do Brasil, Rocha Pita, quando, em 1730, escreveu:

> Em nenhuma outra região se mostra o céu mais sereno, nem madruga mais bela a aurora; o sol em nenhum outro hemisfério tem raios tão dourados, nem os reflexos noturnos tão brilhantes; as estrelas são mais benignas e se mostram sempre alegres [...] as águas são mais puras; é enfim o Brasil Terreal Paraíso descoberto, onde têm nascimento e curso os maiores rios; domina salutífero o clima; influem benignos astros e respiram auras suavíssimas, que o fazem fértil e povoado de inumeráveis habitadores.[1]

Sabemos todos que somos um povo novo, formado pela mistura de três raças valorosas: os corajosos índios, os estoicos negros e os bravos e sentimentais lusitanos. Quem de nós ignora que da mestiçagem nasceu o samba, onde se exprimem a energia índia, o ritmo negro e a melancolia portuguesa? Quem não sabe que a mestiçagem é responsável por nossa ginga, inconfundível marca dos campeões mundiais do futebol? Há quem não saiba que, por sermos mestiços, desconhecemos preconceito de raça, cor, credo e classe? Afinal, Nossa Senhora, quando escolheu ser nossa padroeira, não apareceu negra?

Aprendemos também que nossa história foi escrita sem derramamento de sangue, com exceção de nosso Mártir da Independência, Tiradentes; que a grandeza do território foi um feito da bravura heroica do Bandeirante, da nobreza de caráter moral do Pacificador, Caxias, e da agudeza fina do Barão do Rio Branco; e que, forçados pelos inimigos

---

[1] PITA, Sebastião da Rocha. *História da América Portuguesa*, apud CARVALHO, José Murilo de. O motivo edênico no imaginário social brasileiro. In: PANDOLFI, Dulce Chaves *et al.* (Org.). *Cidadania, justiça e violência*. Rio de Janeiro: Editora da FGV, 1999, p. 21.

a entrar em guerras, jamais passamos por derrotas militares. Somos um povo que atende ao chamamento do país e que diz ao Brasil: "Mas se ergues da justiça a clava forte / Verás que um filho teu não foge à luta / Nem teme quem te adora a própria morte". Não tememos a guerra, mas desejamos a paz. Em suma, somos um povo bom, pacífico e ordeiro, convencido de que "não existe pecado ao sul do Equador".

Duas pesquisas recentes de opinião,[2] realizadas em 1995, uma delas pelo Instituto Vox Populi e a outra pelo Centro de Pesquisa e Documentação (CPDOC), indagaram se os entrevistados sentiam orgulho de ser brasileiros e quais os motivos para o orgulho. Enquanto quase 60% responderam afirmativamente, somente 4% disseram sentir vergonha do país. Quanto aos motivos de orgulho, foram enumerados, em ordem decrescente: a natureza, o caráter do povo, as características do país, esportes/música/carnaval. Quanto ao povo brasileiro, de que os entrevistados se sentem orgulhosos, para 50% dos entrevistados a imagem apresentava os seguintes traços, também em ordem decrescente: trabalhador/lutador, alegre/divertido, conformado/solidário e sofredor.

Mesmo que não contássemos com pesquisas, cada um de nós experimenta no cotidiano a forte presença de uma representação homogênea que os brasileiros possuem do país e de si mesmos. Essa representação permite, em certos momentos, crer na unidade, identidade e indivisibilidade da nação e do povo brasileiros, e, em outros momentos, conceber a divisão social e a divisão política sob a forma dos amigos da nação e dos inimigos a combater, combate que engendrará ou conservará a unidade, a identidade e indivisibilidade nacionais. Eis por que algumas pesquisas de opinião indicam que uma parte da população atribui os males do país à colonização portuguesa, à presença dos negros ou dos asiáticos e, evidentemente, aos maus governos, traidores do povo e da pátria. Nada impede, porém, que em outras ocasiões o inimigo seja o "gringo" explorador ou alguma potência econômica estrangeira. A representação é suficientemente forte e fluida para receber essas alterações que não tocam em seu fundo.

Há, assim, a crença generalizada de que o Brasil: 1) é "um dom de Deus e da Natureza"; 2) tem um povo pacífico, ordeiro, generoso,

---

[2] Mencionada por CARVALHO, José Murilo, *op. cit.*, *loc. cit.*

alegre e sensual, mesmo quando sofredor; 3) é um país sem preconceitos (é raro o emprego da expressão mais sofisticada "democracia racial"), desconhecendo discriminação de raça e de credo, e praticando a mestiçagem como padrão fortificador da raça; 4) é um país acolhedor para todos os que nele desejam trabalhar e, aqui, só não melhora e só não progride quem não trabalha, não havendo por isso discriminação de classe e sim repúdio da vagabundagem, que, como se sabe, é a mãe da delinquência e da violência; 5) é um "país dos contrastes" regionais, destinado por isso à pluralidade econômica e cultural. Essa crença se completa com a suposição de que o que ainda falta ao país é a modernização – isto é, uma economia avançada, com tecnologia de ponta e moeda forte –, com a qual se sentará à mesa dos donos do mundo.

A força persuasiva dessa representação transparece quando a vemos em ação, isto é, quando resolve imaginariamente uma tensão real e produz uma contradição que passa despercebida. É assim, por exemplo, que alguém pode afirmar que os índios são ignorantes, os negros são indolentes, os nordestinos são atrasados, os portugueses são burros, as mulheres são naturalmente inferiores, mas, simultaneamente, declarar que se orgulha de ser brasileiro porque somos um povo sem preconceitos e uma nação nascida da mistura de raças. Alguém pode dizer-se indignado com a existência de crianças de rua, com as chacinas contra essas crianças ou indignado com o desperdício de terras não cultivadas e os massacres contra os sem-terra, mas, ao mesmo tempo, afirmar que se orgulha de ser brasileiro porque somos um povo pacífico, ordeiro e inimigo da violência. Em suma, essa representação permite que uma sociedade que tolera a existência de milhões de crianças sem infância e que, desde o seu surgimento, pratica o *apartheid* social possa ter de si a imagem positiva de sua unidade fraterna, ocultando para si mesma a violência social que a constitui.

Se indagarmos de onde proveio essa representação e de onde ela tira sua força sempre renovada, seremos levados em direção ao *mito fundador* do Brasil, cujas raízes foram fincadas em 1500.

Mito fundador

Ao falarmos em *mito*, nós o tomamos não apenas no sentido etimológico de narração pública de feitos lendários da comunidade (isto é, no sentido grego da palavra *mythos*), mas também no sentido antropológico, no qual essa narrativa é a solução imaginária para tensões, conflitos e contradições que não encontram caminhos para serem resolvidos no nível da realidade.

Se também dizemos mito *fundador* é porque, à maneira de toda *fundatio*, esse mito impõe um vínculo interno com o passado como origem, isto é, com um passado que não cessa nunca, que se conserva perenemente presente e por isso mesmo não permite o trabalho da diferença temporal e da compreensão do presente enquanto tal. Nesse sentido, falamos em mito também na acepção psicanalítica, ou seja, como impulso à repetição de algo imaginário, que cria um bloqueio à percepção da realidade e impede lidar com ela.

Insistimos na expressão "mito fundador" porque diferenciamos *fundação* e *formação*.

Quando os historiadores falam em *formação*, referem-se não só às determinações econômicas, sociais e políticas que produzem um acontecimento histórico, mas também pensam em *transformação* e, portanto, na continuidade ou na descontinuidade dos acontecimentos percebidos como processos temporais. Numa palavra, o registro da formação é a história propriamente dita, aí incluídas suas representações, sejam aquelas que conhecem o processo histórico, sejam as que o ocultam (isto é, as ideologias).

Diferentemente da formação, a *fundação* se refere a um momento passado imaginário, tido como instante originário que se mantém vivo e presente no curso do tempo, isto é, a fundação visa a algo tido como perene (quase eterno) que traveja e sustenta o curso temporal e lhe dá sentido. A fundação pretende situar-se além do tempo, fora da história, num presente que não cessa nunca sob a multiplicidade de formas ou de aspectos que pode tomar. Não só isso. A marca peculiar da fundação é a maneira como ela põe a transcendência e a imanência do momento fundador: a fundação, enquanto imanente, aparece emanando da sociedade (no nosso caso, da nação) e, simultaneamente, enquanto transcendente, engendrando essa própria sociedade (ou a nação) da qual ela emana. É por isso que estamos nos referindo à fundação como mito.

O mito fundador oferece um repertório inicial de representações da realidade e, em cada momento da formação histórica, esses elementos são reorganizados tanto do ponto de vista de sua hierarquia interna (isto é, qual o elemento principal que comanda os outros) como da ampliação de seu sentido (isto é, novos elementos vêm se acrescentar ao significado primitivo). Assim, as ideologias, que necessariamente acompanham o movimento histórico da formação, alimentam-se das representações produzidas pela fundação, atualizando-as para adequá-las à nova quadra histórica. É exatamente por isso que, sob novas roupagens, o mito pode repetir-se indefinidamente.

Um mito fundador é aquele que não cessa de encontrar novos meios para exprimir-se, novas linguagens, novos valores e ideias, de tal modo que, quanto mais parece ser outra coisa, tanto mais é a repetição de si mesmo.

A nação como semióforo

Existem alguns objetos, animais, acontecimentos, pessoas e instituições que podemos designar com o termo *semióforo*.[3] São desse tipo as relíquias e oferendas, os espólios de guerra, as aparições celestes, os meteoros, certos acidentes geográficos, certos animais, os objetos de arte, os objetos antigos, os documentos raros, os heróis e a nação.

Semeióphoros é uma palavra grega composta de duas outras: *semeíon* "sinal" ou "signo", e *phorós*, "trazer para frente", "expor", "carregar", "brotar" e "pegar" (no sentido que, em português, dizemos que uma planta "pegou", isto é, refere-se à fecundidade de alguma coisa). Um *semeíon* é um sinal distintivo que diferencia uma coisa de outra, mas é também um rastro ou vestígio deixado por algum animal ou por alguém, permitindo segui-lo ou rastreá-lo, donde também significar as provas reunidas contra ou a favor de alguém. Signos indicativos de acontecimentos naturais – como as constelações, indicadoras das estações do ano –, sinais gravados para o reconhecimento de alguém – como os desenhos num escudo, as pinturas num navio, os estandartes –, presságios e agouros são também *semeíon*. E pertence à família dessa palavra todo sistema de sinais convencionados, como os que se fazem em assembleias, para abri-las ou fechá-las ou para anunciar uma

---

[3] POMIAN, Krysztoff. Entre l'invisible et le visible. *Libre*, n. 3, 1987. Acompanharemos aqui as linhas gerais do belo estudo de Pomian, modificando alguns aspectos de sua análise e acrescentando outros, necessários para nossos propósitos.

deliberação. Incialmente, um *semeióphoros* era a tabuleta na estrada, indicando o caminho; quando colocada à frente de um edifício, indicava sua função. Era também o estandarte carregado pelos exércitos, para indicar sua proveniência e orientar seus soldados durante a batalha. Como *semáforo*, era um sistema de sinais para a comunicação entre navios e deles com a terra. Como algo precursor, fecundo ou carregado de presságios, o *semióforo* era a comunicação com o invisível, um signo vindo do passado ou dos céus, carregando uma significação com consequências presentes e futuras para os homens. Com esse sentido, um *semióforo* é um signo trazido à frente ou empunhado para indicar algo que significa alguma outra coisa e cujo valor não é medido por sua materialidade e sim por sua força simbólica: uma simples pedra, se for o local onde um deus apareceu, um simples tecido de lã, se for o abrigo usado, um dia, por um herói, possuem um valor incalculável, não como pedra ou como pedaço de pano, mas como lugar sagrado ou relíquia heroica. Um semióforo é fecundo porque dele não cessam de brotar efeitos de significação.

Um semióforo é, pois, um acontecimento, um animal, um objeto, uma pessoa ou uma instituição retirados do circuito do uso ou sem utilidade direta e imediata na vida cotidiana porque são coisas providas de significação ou de valor simbólico, capazes de relacionar o visível e o invisível, seja no espaço, seja no tempo, pois o invisível pode ser o sagrado (um espaço além de todo espaço) ou o passado ou o futuro distantes (um tempo sem tempo ou eternidade), e expostos à visibilidade, pois é nessa exposição que realizam sua significação e sua existência. É um objeto de celebração por meio de cultos religiosos, peregrinações a lugares santos, representações teatrais de feitos heroicos, comícios e passeatas em datas públicas festivas, monumentos; e seu lugar deve ser público: lugares santos (montanhas, rios, lagos, cidades), templos, museus, bibliotecas, teatros, cinemas, campos esportivos, praças e jardins, enfim, locais onde toda a sociedade possa comunicar-se celebrando algo comum que conserva e assegura o sentimento de comunhão e de unidade.

Seríamos tentados a dizer que, no modo de produção capitalista, não pode haver semióforos, pois no capitalismo não há coisa alguma e pessoa alguma que escape da condição de mercadoria, não tendo como ser retirado do circuito da circulação mercantil. Além disso, vivemos num mundo que, na célebre expressão de Max Weber, foi desencantado: nele não há mistérios, maravilhas, portentos e prodígios inexplicáveis pela razão humana, pois nele tudo se torna inteligível por intermédio do conhecimento científico e nele tudo acede à racionalidade por intermédio da lógica do mercado.

Não menos importante para supormos que em nossas sociedades não pode haver semióforos é o fenômeno que Walter Benjamin denominou de "perda da aura", isto é, o efeito da reprodução técnica das obras de arte, dos objetos raros e dos lugares distantes: fotografias, filmes, vídeos, hologramas despojam obras, objetos e lugares de um traço fundamental do semióforo, qual seja, sua singularidade, aquilo que o faz precioso porque ele é único. No mundo da mercadoria não há singularidades. Não só os objetos são tecnicamente reproduzidos aos milhares como também se tornam equivalentes a outras mercadorias, pelas quais podem ser trocados. No mundo da mercadoria, coisas heterogêneas perdem a singularidade e a raridade, tornam-se homogêneas porque são trocáveis umas pelas outras e todas elas são trocáveis pelo equivalente universal e homogeneizador universal, o dinheiro.

A suposição de impossibilidade de semióforos na sociedade capitalista, porém, só surgiu porque havíamos deixado na sombra um outro aspecto decisivo dos semióforos, ou seja, que são signos de poder e prestígio.

Embora um semióforo seja algo retirado do circuito da utilidade e esteja encarregado de simbolizar o invisível espacial ou temporal e de celebrar a unidade indivisa dos que compartilham uma crença comum ou um passado comum, ele é também posse e propriedade daqueles que detêm o poder para produzir e conservar um sistema de crenças ou para produzir e conservar um sistema de instituições que lhes permite dominar um meio social. Chefias religiosas ou igrejas, detentoras do saber sobre o sagrado, e chefias político-militares, detentoras do saber sobre o profano, são os detentores iniciais dos semióforos. É nesse contexto que a entrada da mercadoria e do dinheiro como mercadoria universal pode acontecer sem destruir os semióforos e, mais do que isso, com a capacidade para fazer crescer a quantidade desses objetos especiais.

Dessa maneira, a aquisição de semióforos se torna insígnia de riqueza e de prestígio, pois o semióforo passa a ter uma nova determinação, qual seja, a de seu valor por seu preço em dinheiro. Não só isso.

A hierarquia religiosa, a hierarquia política e a hierarquia da riqueza passam a disputar a posse dos semióforos bem como a capacidade para produzi-los: a religião estimula os milagres (que geram novas pessoas e lugares santos), o poder político estimula a propaganda (que produz novas pessoas e objetos para o culto cívico) e o poder econômico estimula tanto a aquisição de objetos raros (dando origem às coleções privadas) como a descoberta de novos semióforos pelo conhecimento científico (financiando pesquisas arqueológicas, etnográficas e de história da arte).

Dessa disputa de poder e de prestígio nascem, sob a ação do poder político, o patrimônio artístico e o patrimônio histórico-geográfico da nação, isto é, aquilo que o poder político detém como seu contra o poder religioso e o poder econômico. Em outras palavras, os semióforos religiosos são particulares a cada crença, os semióforos da riqueza são propriedade privada, mas o patrimônio histórico-geográfico e artístico é nacional.

Para realizar essa tarefa, o poder político precisa construir um semióforo fundamental, aquele que será o lugar e o guardião dos semióforos públicos. Esse semióforo-matriz é a *nação*. Por meio da *intelligentsia* (ou de seus intelectuais orgânicos), da escola, da biblioteca, do museu, do arquivo de documentos raros, do patrimônio histórico e geográfico e dos monumentos celebratórios, o poder político faz da nação o sujeito produtor dos semióforos nacionais e, ao mesmo tempo, o objeto do culto integrador da sociedade una e indivisa.

A nação: uma invenção recente

É muito recente a invenção histórica da nação, entendida como Estado-nação, definida pela independência ou soberania política e pela unidade territorial e legal. Sua data de nascimento pode ser colocada por volta de 1830.

De fato, a palavra "nação" vem de um verbo latino, *nascor* (nascer), e de um substantivo derivado desse verbo, *natio* ou nação, que significa o parto de animais, o parto de uma ninhada. Por significar o "parto de uma ninhada", a palavra *natio*/nação passou a significar, por extensão, os indivíduos nascidos ao mesmo tempo de uma mesma mãe, e, depois, os indivíduos nascidos num mesmo lugar. Quando, no final da Antiguidade e início da Idade Média, a Igreja Romana fixou seu vocabulário latino, passou a usar o plural *nationes* (nações) para se referir aos pagãos e distingui-los do *populus Dei*, o "povo de Deus". Assim, enquanto a palavra "povo" se referia a um grupo de indivíduos organizados institucionalmente, que obedecia a normas, regras e leis comuns, a palavra "nação" significava um grupo de descendência comum e era usada não só para referir-se aos pagãos em contraposição aos cristãos, mas também para referir-se aos estrangeiros (era assim que, em Portugal, os judeus eram chamados de "homens da nação" ou "gente da nação") e a grupos de indivíduos que não possuíam um estatuto civil e político (foi assim que os colonizadores se referiram aos índios falando em "nações indígenas", isto é, àqueles que eram descritos por eles como "sem fé, sem rei e sem lei"). Povo, portanto, era um conceito jurídico-político, enquanto nação era um conceito biológico.

Antes da invenção histórica da nação, como algo político ou Estado-nação, os termos políticos empregados eram "povo" (a que já nos referimos) e "pátria". Esta palavra também se deriva de um vocábulo latino, *pater*, pai. Não se trata, porém, do pai como genitor de seus filhos – neste caso, usava-se *genitor* –, mas de uma figura jurídica. *Pater* é o senhor, o chefe que tem a propriedade privada absoluta e incondicional da terra e de tudo o que nela existe, isto é, plantações, gado, edifícios (pai/*pater* é o dono do *patrimonium*), e o senhor cuja vontade pessoal é lei, tendo o poder de vida e morte sobre todos os que formam seu domínio (casa, em latim, se diz *domus*, e o poder do pai sobre a casa é o *dominium*), e os que estão sob seu domínio formam a *familia* (mulher, filhos, parentes, antepassados, descendentes, clientes e escravos). Pai/*pater* se refere, portanto, ao poder patriarcal, e pátria é o que pertence ao pai e está sob seu poder. É nesse sentido jurídico preciso que, no latim da Igreja, Deus é Pai, isto é, senhor do universo e dos exércitos celestes. É também essa a origem da expressão jurídica "pátrio poder", para referir-se ao poder legal do pai sobre filhos, esposa e dependentes (escravos, servos, parentes pobres).

Se "patrimônio" é o que pertence ao pai, "patrício" é o que possui um pai nobre e livre e "patriarcal" é a sociedade estruturada segundo o poder do pai. Esses termos designavam a divisão social das classes em que patrícios eram os senhores da terra e dos escravos, formando o

Senado romano, e povo eram os homens livres plebeus, representados no Senado pelo tribuno da plebe.[4] Os patrícios eram os "pais da pátria", enquanto os plebeus eram os "protegidos pela pátria". Quando a Igreja Romana se estabeleceu como instituição, para marcar sua diferença do Império Romano pagão e substituir os pais da pátria por Deus Pai, afirmou que, perante o Pai ou Senhor universal, todos são plebeus ou povo. É, então, que inventa a expressão "Povo de Deus" que, como vimos, desloca a divisão social entre patrícios e plebeus para a divisão religiosa entre nações pagãs e povo cristão.

A partir do século XVIII, com a independência dos Estados Unidos e a Revolução Francesa, "pátria" passa a significar o território cujo senhor é o povo organizado sob a forma de Estado independente. Eis porque, nas revoltas de independência, ocorridas no Brasil nos finais do século XVIII e início do século XIX, os revoltosos falavam em "pátria mineira", "pátria pernambucana", "pátria americana" e, finalmente, com o *Patriarca* da Independência, José Bonifácio, passou-se a falar em "pátria brasileira". Durante todo esse tempo, "nação" continuava usada apenas para os índios, os negros e os judeus.

Se acompanharmos a periodização proposta por Eric Hobsbawm em seu estudo sobre a invenção histórica do Estado-nação,[5] podemos datar o aparecimento de "nação" no vocabulário político na altura de 1830 e seguir suas mudanças em três etapas: de 1830 a 1880, fala-se em "princípio da nacionalidade"; de 1880 a 1918, fala-se em "ideia nacional"; e de 1918 aos anos 1950-1960, fala-se em "questão nacional". Nessa periodização, a primeira etapa vincula nação e território, a segunda a articula à língua, religião e raça, e a terceira enfatiza a consciência nacional definida por um conjunto de lealdades políticas. Na primeira etapa, o discurso da nacionalidade provém da economia política liberal; na segunda, dos intelectuais pequeno-burgueses, particularmente alemães e italianos; e na terceira emana principalmente dos partidos políticos e do Estado.

---

[4] Nas batalhas e nas celebrações cívicas romanas, eram carregados estandartes com a insignia SPQR (Senatus Populusque Romanus), que significa o Senado e o Povo Romano, isto é, os patrícios e os plebeus nascidos no solo de Roma.

[5] HOBSBAWM, Eric. *Nações e nacionalismo desde 1780. Programa, mito e realidade.* Rio de Janeiro: Paz e Terra, 1990.

O ponto de partida dessas elaborações foi, sem dúvida, o surgimento do Estado moderno da "era das revoluções", definido por um território preferencialmente contínuo, com limites e fronteiras claramente demarcados, agindo politica e administrativamente sem sistemas intermediários de dominação, e que precisava do consentimento prático de seus cidadãos válidos[6] para políticas fiscais e ações militares. Esse Estado precisava enfrentar dois problemas principais: de um lado, colocar todos os habitantes do território sob a esfera da administração estatal; de outro, obter a lealdade dos habitantes ao sistema dirigente, uma vez que a luta de classes, a luta no interior de cada classe social, as tendências políticas antagônicas e as crenças religiosas disputavam essa lealdade. Em suma, como dar à divisão econômica, social e política a forma da unidade indivisa? Pouco a pouco, a ideia de nação surgirá como solução dos problemas.

Como observa Hobsbawm, o liberalismo tem dificuldade para operar com a ideia de nação e de Estado nacional porque, para essa ideologia, a unidade econômica de referência mínima é o indivíduo e a máxima é a empresa, de sorte que não parece haver necessidade de construir uma unidade superior a estas. No entanto, os economistas liberais não podiam operar sem o conceito de "economia nacional", pois era fato inegável que havia o Estado com o monopólio da moeda, com finanças públicas e atividades fiscais, além da função de garantir a segurança da propriedade privada dos meios sociais de produção e dos contratos econômicos, e do controle do aparato militar de repressão às classes populares. Os economistas liberais afirmavam por isso que a "riqueza das nações" dependia de estarem elas sob governos regulares e que a fragmentação nacional, ou os Estados nacionais, era favorável à competição econômica e ao progresso.

Por outro lado, em países (como a Alemanha, os Estados Unidos ou o Brasil) que buscavam proteger suas economias do poderio

---

[6] "Válidos" porque a cidadania, embora declarada universal, não o era de fato, uma vez que o cidadão era definido pela independência econômica (isto é, pela propriedade privada dos meios sociais de produção), excluindo trabalhadores e mulheres, e o sufrágio não era universal e sim censitário (isto é, segundo o critério da riqueza e da instrução). O sufrágio universal consagrou-se nas democracias efetivamente apenas depois da Segunda Guerra Mundial, como resultado de lutas sociais e populares. Em outras palavras, liberalismo não é sinônimo de democracia.

das mais fortes, era grande a atração da ideia de um Estado nacional protecionista. Veio dos economistas alemães a ideia do "princípio de nacionalidade", isto é, um princípio que definia quando poderia ou não haver uma nação ou um Estado-nação. Esse princípio punha como condição da nacionalidade o território extenso e a população numerosa, pois um Estado pequeno e pouco populoso não poderia "promover à perfeição os vários ramos da produção". Desse princípio derivou-se, logo a seguir, a posição da nação como um processo de expansão, isto é, de conquista de novos territórios, falando-se, então, em unificação nacional. Dimensão do território, densidade populacional e expansão de fronteiras tornaram-se os princípios definidores da nação como Estado. Todavia, o território em expansão só se unificaria se houvesse o Estado-nação, e este deveria produzir um elemento de identificação que justificasse a conquista expansionista. Esse elemento passou a ser a língua, de sorte que o Estado-nação precisou contar com uma elite cultural que lhe fornecesse não só a unidade linguística, mas lhe desse os elementos para afirmar que o desenvolvimento da nação era o ponto final de um processo de evolução, que começava na família e terminava no Estado. A esse processo deu-se o nome de "progresso", e seu agente era a escola, mediadora entre a família e o Estado.

A partir de 1880, porém, na Europa, a nação passa pelo debate sobre a "ideia nacional", pois as lutas sociais e políticas haviam colocado as massas trabalhadoras na cena e os poderes constituídos tiveram que disputar com os socialistas e comunistas a lealdade popular. Ou, como escreve Hobsbawm, "a necessidade de o Estado e as classes dominantes competirem com seus rivais pela lealdade das ordens inferiores se tornou, portanto, aguda".[7] O Estado precisava de algo mais do que a passividade de seus cidadãos: precisava mobilizá-los e influenciá-los a seu favor. Precisava de uma "religião cívica", o patriotismo. Dessa maneira, a definição da nação pelo território, pela conquista e pela demografia não bastava, mesmo porque, além das lutas sociais internas, regiões que não haviam preenchido os critérios do "princípio de nacionalidade" lutavam para ser reconhecidas como Estado-nações independentes. Durante o período de 1880 a 1918, a "ideia nacional" promove a

[7] HOBSBAWM, Eric. *Op. cit.*, p. 104.

"religião cívica", que transforma o patriotismo em nacionalismo, isto é, o patriotismo se torna estatal, reforçado com sentimentos e símbolos de uma comunidade imaginária cuja tradição começava a ser inventada.

Sob esse aspecto, as principais elaborações teóricas foram feitas pelos pensadores e artistas românticos alemães. Assim, por exemplo, para um escritor como Herder, língua, religião, moralidade e artes constituem o "espírito do povo" e conduzem à afirmação de um *Ur-Volk*, o povo originário, que sustenta o povo presente com suas características particulares. Para um jurista como Savigny, há uma relação orgânica entre a lei e o caráter nacional, a natureza da lei vindo determinar a essência da nação e de sua história. A origem da lei deve, pois, ser encontrada na consciência nacional, que também produz a língua e os costumes, cabendo ao legislador apenas a tarefa de vestir formalmente e externamente conteúdos inerentes ao caráter nacional, tornando explícito seu silencioso existir. O Estado nacional não é, portanto, realização de uma vontade racional consciente de si, mas produto de forças históricas inconscientes e ocultas, o "espírito do povo".

Essa construção decorreu da necessidade de resolver três problemas prementes: as lutas populares socialistas, a resistência de grupos tradicionais ameaçados pela modernidade capitalista e o surgimento de um estrato social ou de uma classe intermediária, a pequena burguesia, que aspirava pelo aburguesamento e temia a proletarização. Em outras palavras, foi exatamente no momento em que a divisão social e econômica das classes apareceu com toda clareza e ameaçou o capitalismo que este procurou na "ideia nacional" um instrumento unificador da sociedade. Não por acaso, foram os intelectuais pequeno-burgueses, apavorados com o risco de proletarização, que transformaram o patriotismo em nacionalismo quando deram ao "espírito do povo", encarnado na língua, nas tradições populares ou folclore e na raça (conceito central das ciências sociais do século XIX), os critérios da definição da nacionalidade.

A partir dessa época, a nação passou a ser vista como algo que sempre teria existido, desde tempos imemoriais, porque suas raízes deitam no próprio povo que a constitui. Dessa maneira, aparece um poderoso elemento de identificação, facilmente reconhecível por todos (pois a nação está na língua, nos usos, costumes, tradições, crenças da vida cotidiana) e com a capacidade para incorporar numa única crença as crenças rivais, isto é, o apelo de classe, o apelo político e o apelo religioso não precisavam disputar a lealdade dos cidadãos porque todas essas crenças podiam exprimir-se umas pelas outras sob o fundo comum da nacionalidade. Sem essa referência, tornar-se-ia incompreensível que, em 1914, milhões de proletários tivessem marchado para a guerra para matar e morrer servindo aos interesses do capital.

Foi a percepção do poder persuasivo da "ideia nacional" que, entre 1918 e os anos 1950 e 1960, levou à terceira formulação do nacionalismo, isto é, a "questão nacional". A Revolução Russa (1917), a derrota alemã na Primeira Guerra (1914-1918), a depressão econômica dos anos 1920-1930, o aguçamento mundial da luta de classes sob bandeiras socialistas e comunistas preparavam a arrancada mais forte do nacionalismo, cuja expressão paradigmática foi o nazifascismo, que põe a ideia do Estado nacional como potência geopolítica.

Essa ideologia encontra no Brasil uma expressão paradigmática na obra de Oliveira Vianna, assíduo leitor dos ideólogos alemães. Em *Evolução do povo brasileiro*,[8] Vianna escreve ser prioritário, no conhecimento da sociedade, o estudo das "forças oriundas do meio cósmico" e, em particular, o do solo, "base física da sociedade". Considera que "o estudo dessas modalidades diferenciais, oriundas das necessidades da adaptação de cada sociedade ao seu meio cósmico, ao meio étnico e ao meio histórico é o verdadeiro objetivo da investigação científica contemporânea". Desse estudo, previa que a consolidação de uma nação sob um Estado racional e centralizado exigia um programa de colonização intensiva, cuja fórmula seria: "um *maximum* de base física + um *maximum* de circulação = um *maximum* de unidade política".

Também não custa lembrar o que, nessa época, diziam nossos fascistas, isto é, os membros da Ação Integralista Brasileira, partido político criado e dirigido pelo escritor modernista Plínio Salgado:

> Esta longa escravidão ao capitalismo internacional; este longo trabalho de cem anos na gleba para opulentar os cofres de Wall Street e da City; essa situação deprimente em face do estrangeiro; este

---

[8] VIANNA, Oliveira. *Evolução do povo brasileiro*. In: MEDEIROS, Jarbas. *Ideologia autoritária no Brasil, 1930-1945*. Rio de Janeiro: Editora da Fundação Getúlio Vargas, 1978.

cosmopolitismo que nos amesquinha; essas lutas internas que nos ensanguentam; esta aviltante propaganda comunista que desrespeita todos os dias a bandeira sagrada da Pátria; esse tripudiar de regionalismo em esgares separatistas a enfraquecer a Grande Nação; esse comodismo burguês; essa miséria de nossas populações sertanejas; a opressão em que se debate nosso proletariado, duas vezes explorado pelo patrão e pelo agitador comunista e anarquista; a vergonha de sermos um país de oito milhões de quilômetros quadrados e quase cinquenta milhões de habitantes, sem prestígio, sem crédito, corroídos de politicagem de partidos.[9]

Além de se apropriar da elaboração nacionalista, feita nas etapas anteriores (expansão e unificação do território, "espírito do povo" e raça), o nazifascismo e os vários nacionalismos desse período contaram com os novos meios de comunicação de massa (o rádio e o cinema) para "transformar símbolos nacionais em parte da vida de qualquer indivíduo e, com isso, romper as divisões entre a esfera privada e local e a esfera pública e nacional".[10] A primeira expressão dessa mudança aparece nos esportes, transformados em espetáculos de massa nos quais simbolicamente se enfrentam e se combatem nações (como se viu nos Jogos Olímpicos de 1936, no aparecimento do Tour de France e da Copa do Mundo). Passou-se a ensinar às crianças que a lealdade ao time é lealdade à nação. Passeatas embandeiradas, ginástica coletiva em grandes estádios, programas estatais pelo rádio, uniformes políticos com cores distintivas, grandes comícios marcam esse período como época do "nacionalismo militante".

A pergunta suscitada por essa terceira fase da construção da nação é: por que foi bem-sucedida e por que, passadas as causas imediatas que a produziram, ela permaneceu nas sociedades contemporâneas? Por que a luta de classes teve uma capacidade mobilizadora menor do que o nacionalismo? Por que até mesmo as revoluções socialistas acabaram assumindo a forma do nacionalismo? Por que a "questão nacional" parecia ter sentido? O nacionalismo militante, diz Hobsbawm, não pode ser visto simplesmente como reflexo do desespero e da impotência diante da incapacidade mobilizadora de outras ideologias. Sem

---

[9] SALGADO, Plínio. *Palavras novas aos tempos novos*. São Paulo: Panorama, [s.d.], p. 48.
[10] HOBSBAWM, Eric. *Op. cit.*, p. 70.

dúvida, esses aspectos são importantes, indicando a adesão daqueles que haviam perdido a fé em utopias (à esquerda) ou dos que haviam perdido velhas certezas políticas e sociais (à direita). Todavia, se para esses o nacionalismo militante era um imperativo político exclusivo, o mesmo não pode ser dito da adesão generalizada, nem sobretudo da permanência do nacionalismo, depois de encerrado o nazifascismo.

A possível explicação encontra-se na natureza do Estado moderno como espaço dos sentimentos políticos e das práticas políticas em que a consciência política do cidadão se forma referida à nação e ao civismo, de tal maneira que a distinção entre classe e nação não é clara e frequentemente está esfumada ou diluída. Para nós, no Brasil, nada exprime melhor essa situação do que o nacionalismo das esquerdas nos anos 1950 e 1960, período que conhecemos com os nomes de nacional-desenvolvimentismo, primeiro, e de nacional-popular, depois. De fato, para as esquerdas, a referência sempre havia sido a divisão social das classes e não a unidade social imaginária imposta pela ideia de nação. No entanto, no período 1950-1960, a luta histórica foi interpretada pelas esquerdas como combate entre a nação (representada pela "burguesia progressista" e as "massas conscientes") e a antinação (representada pelos setores "atrasados" da classe dominante, pelas "massas alienadas" e pelo capital estrangeiro ou as "forças do imperialismo").

O processo histórico de invenção da nação nos auxilia a compreender um fenômeno significativo no Brasil, qual seja, a passagem da ideia de "caráter nacional" para a de "identidade nacional". O primeiro corresponde, grosso modo, aos períodos de vigência do "princípio da nacionalidade" (1830-1880) e da "ideia nacional" (1880-1918), enquanto a segunda aparece no período da "questão nacional" (1918-1960).

Território, densidade demográfica, expansão de fronteiras, língua, raça, crenças religiosas, usos e costumes, folclore e belas-artes foram os elementos principais do "caráter nacional", entendido como disposição natural de um povo e sua expressão cultural. Como observa Perry Anderson, "o conceito de caráter é um princípio compreensivo, cobrindo todos os traços de um indivíduo ou grupo; ele é autossuficiente, não necessitando de referência externa para sua definição; e é mutável, permitindo modificações parciais ou gerais".[11]

---

[11] ANDERSON, Perry. *Zona de compromisso.* São Paulo: Editora da Unesp, 1996, p. 151.

Em seu trabalho pioneiro e hoje clássico, *O caráter nacional brasileiro*,[12] Dante Moreira Leite mostra como as formulações brasileiras sobre o "caráter nacional" dependeram de três determinações principais: o momento sociopolítico, a inserção de classe ou a classe social dos autores, e as ideias europeias mais em voga em cada ocasião. Tomando as construções do "caráter nacional" como ideologias, Moreita Leite conclui seu livro afirmando que elas foram, na verdade, obstáculos para o conhecimento da sociedade brasileira e não a apresentação fragmentada e parcial de aspectos reais dessa sociedade.[13]

Quando se acompanha a elaboração ideológica do "caráter nacional" brasileiro, observa-se que este é sempre algo pleno e completo, seja essa plenitude positiva (como no caso de Afonso Celso, Gilberto Freyre ou Cassiano Ricardo, por exemplo) ou negativa (como no caso de Sílvio Romero, Manuel Bonfim ou Paulo Prado, por exemplo). Em outras palavras, quer para louvá-lo, quer para depreciá-lo, o "caráter nacional" é uma totalidade de traços coerente, fechada e sem lacunas porque constitui uma "natureza humana" determinada.

Diversamente da ideologia do "caráter nacional", a ideologia da "identidade nacional" opera noutro registro. Antes de mais nada, ela define um núcleo essencial tomando como critério algumas determinações internas da nação que são percebidas por sua referência ao que lhe é externo, ou seja, a identidade não pode ser construída sem a diferença. O núcleo essencial é, no plano individual, a personalidade de alguém, e, no plano social, o lugar ocupado na divisão do trabalho, a inserção social de classe. Isso traz como consequência que a "identidade nacional" precisa ser concebida como harmonia e/ou tensão entre o plano individual e o social e também como harmonia e/ou tensão no interior do próprio social. Para fazê-lo, os ideólogos da "identidade nacional" invocam as ideias de "consciência individual", "consciência social" e "consciência nacional". Ou, como observa Anderson, a identidade "deve incluir uma certa autoconsciência [...] sempre possui uma dimensão reflexiva ou subjetiva, enquanto o caráter pode permanecer,

---

[12] LEITE, Dante Moreira. *O caráter nacional brasileiro. História de uma ideologia.* 4. ed. São Paulo: Pioneira, 1983.

[13] Ver, ao final deste ensaio, o quadro proposto por Moreira Leite sobre as várias formulações a respeito do "caráter nacional".

no limite, puramente objetivo, algo percebido pelos outros sem que o agente esteja consciente dele".[14] O apelo da "identidade nacional" à consciência opera um deslizamento de grande envergadura, escorregando da consciência de classe para a consciência nacional.

Para que se possa ter uma ideia da diferença entre as duas ideologias, tomemos um exemplo. Na ideologia do "caráter nacional brasileiro", a nação é formada pela mistura de três raças – índios, negros e brancos – e a sociedade mestiça desconhece o preconceito racial. Nessa perspectiva, o negro é visto pelo olhar do paternalismo branco, que vê a afeição natural e o carinho com que brancos e negros se relacionam, completando-se um ao outro, num trânsito contínuo entre a casa-grande e a senzala. Na ideologia da "identidade nacional", o negro é visto como classe social, a dos escravos, e sob a perspectiva da escravidão como instituição violenta que coisifica o negro, cuja consciência fica alienada e só escapa fugazmente da alienação nos momentos de grande revolta. Na primeira, o caráter brasileiro é formado pelas relações entre o branco bom e o negro bom. Na segunda, a identidade nacional aparece como violência (branca) e alienação negra, isto é, como duas formas de consciência definidas por uma instituição, a escravidão. Como observa Silvia Lara,[15] a primeira imagem é a da escravidão benevolente, enquanto a segunda é a da escravidão como violência, mas, *nos dois casos*, os negros não são percebidos como o que realmente foram, tirando desses homens e mulheres "sua capacidade de criar, de agenciar e ter consciências políticas diferenciadas",[16] numa palavra, despojando-os da condição de sujeitos sociais e políticos.

Enquanto a ideologia do "caráter nacional" apresenta a nação totalizada – é assim que, por exemplo, a mestiçagem permite construir a imagem de uma totalidade social homogênea –, a da "identidade nacional" a concebe como totalidade incompleta e lacunar – é assim que, por exemplo, escravos e homens livres pobres, no período colonial, ou os operários, no período republicano, são descritos sob a categoria da consciência alienada, que os teria impedido de agir de maneira

---

[14] ANDERSON, Perry. *Op. cit.*, p. 152.

[15] LARA, Silvia Hunold. *Campos da violência. Escravos e senhores na Capitania do Rio de Janeiro, 1750-1808*. Rio de Janeiro: Paz e Terra, 1988.

[16] *Idem, ibidem*, p. 355.

adequada. A primeira opera com o pleno ou o completo, enquanto a segunda opera com a falta, a privação, o desvio. E não poderia ser de outra maneira. A "identidade nacional" pressupõe a relação com o diferente. No caso brasileiro, o diferente ou o outro, com relação ao qual a identidade é definida, são os países capitalistas desenvolvidos, tomados como se fossem uma unidade e uma totalidade completamente realizadas. É pela imagem do desenvolvimento completo do outro que a nossa "identidade", definida como subdesenvolvida, surge lacunar e feita de faltas e privações, isto é, desprovida de traços que a fariam ter a plenitude imaginada pela ideologia do "caráter nacional".[17]

Entre os anos 1950 e 1970, a elaboração da "identidade nacional" apresenta a sociedade brasileira com os seguintes traços:

1) Ausência de uma burguesia nacional plenamente constituída, tal que alguma fração da classe dominante possa oferecer-se como portadora de um projeto hegemônico, não tendo, portanto, condições de se apresentar como classe dirigente; há um *vazio* no alto.

2) Ausência de uma classe operária madura, autônoma e organizada, preparada para propor um programa político capaz de destruir o da classe dominante fragmentada. Por suas origens imigrantes e camponesas, essa classe tende a desviar-se de sua tarefa histórica, caindo no populismo; há um *desvio* embaixo.

3) Presença de uma classe média de difícil definição sociológica, mas caracterizada por uma ideologia e uma prática heterônomas, oscilando entre atrelar-se à classe dominante ou ir a reboque da classe operária.

4) As duas primeiras ausências e a inoperância da classe média criam um vazio político que será preenchido pelo Estado, o qual é, afinal, o único sujeito político e o único agente histórico.

5) A precária situação das classes torna impossível a qualquer delas produzir uma ideologia, entendida como um sistema coerente de representações e de normas com universalidade suficiente

---

[17] A esse respeito, cf. neste volume o ensaio "Apontamentos para uma crítica da Ação Integralista Brasileira", onde examinamos a construção histórica e sociológica da realidade brasileira pelo que lhe falta e não pelo que a determina efetivamente.

para impor-se a toda a sociedade. Por esse motivo, as ideias são importadas e estão sempre fora do lugar.

Assim, a identidade do Brasil, construída na perspectiva do atraso ou do subdesenvolvimento, é dada pelo que lhe falta, pela privação daquelas características que o fariam pleno e completo, isto é, desenvolvido.

Postas as coisas dessa maneira, tanto a ideologia do caráter nacional como a da identidade nacional parecem pertencer a um passado remoto, nada podendo dizer sobre a situação atual do país que, como sabemos, é agora batizado com o nome de "país emergente".

De fato, hoje, o "princípio da nacionalidade" (como diziam os liberais do século XIX) ou a "ideia nacional" e a "questão nacional" (como diziam liberais, marxistas e nazifascistas do início até os meados do século XX) parecem, finalmente, ter perdido sentido. Enquanto, de 1830 a 1970, a nação e o nacionalismo foram objeto de discursos partidários, de programas estatais, lutas civis e guerras mundiais, hoje, o discurso e a ação dos direitos civis, do multiculturalismo, do direito à diferença e a prática econômica neoliberal não apenas tiraram da cena política e ideológica as nacionalidades, mas também mostram que estas permaneceram como referenciais importantes apenas em países e regiões que não têm muito peso em termos dos poderes econômicos e políticos mundiais (Afeganistão, Irlanda, Países Bascos, Sri Lanka, Timor, Sarajevo, Kosovo, Líbia) ou naqueles em que a questão da nacionalidade aparece travejada pela religião (Irã, Iraque, Israel, Palestina).

Todavia, postas as coisas dessa maneira, poderíamos também indagar se não estaríamos substituindo um fatalismo fundamentalista por outro. Ou seja, assim como os nacionalismos, ocultando que a nação é uma construção histórica recente, fizeram da nacionalidade algo imemorial e destino necessário da civilização, também poderíamos estar tomando o fim dos nacionalismos ou dos Estados-nação como um destino inelutável, como o "fim da história", tão ao gosto dos neoliberais.

Por isso, cremos ser mais avisado distinguir entre o lugar da nação nas elaborações político-ideológicas entre 1830 e 1970 e seu lugar nas representações sociopolíticas brasileiras, desde o final dos anos 1980. De fato, no primeiro caso, a nação e a nacionalidade são um programa de ação e ocupam, à direita e à esquerda, o espaço das lutas econômicas, políticas e ideológicas. No segundo momento, porém, isto é, desde 1980 mais ou menos, nação e nacionalidade se deslocam para o campo das representações já consolidadas – que, portanto, não são objeto de disputas e programas – tendo a seu cargo diversas tarefas político-ideológicas, tais como legitimar nossa sociedade autoritária, oferecer mecanismos para tolerar várias formas de violência e servir de parâmetro para aferir ou avaliar as autodenominadas "políticas de modernização do país". É com esse conjunto de tarefa que elas vieram se inscrever, em 2000, nas comemorações dos quinhentos anos da descoberta do Brasil, ou no que o Estado denominou "Brasil 500".

"Brasil 500" foi, assim, um semióforo historicamente produzido. Como todo semióforo que se destina a explicar a origem e dar um sentido ao momento fundador de uma coletividade é uma entidade mítica, "Brasil 500" também pertence ao campo mítico, tendo como tarefa a reatualização de nosso mito fundador.

Antes de nos voltarmos para o momento de instituição desse mito, queremos, de maneira breve e impressionista, sem acompanhar propriamente as condições materiais da história do Brasil e de sua periodização, assinalar momentos variados em que, silenciosa e invisível, a mitologia da origem se espraia em ações e falas da sociedade e do Estado brasileiros. Como se verá, os exemplos aqui escolhidos correspondem, grosso modo, às três etapas de construção da ideia de nação que, muito rapidamente, apresentamos acima.

O verde-amarelismo

> *O monumento*
> *É de papel crepom e prata*
> *Os olhos verdes da mulata*
> *A cabeleira esconde atrás*
> *Da verde mata*
> *O luar do sertão*
> Caetano Veloso

Em 1958, quando a seleção brasileira de futebol ganhou a Copa do Mundo (naquela época, dizíamos Taça do Mundo), músicas populares afirmavam que "a taça do mundo é nossa" porque "com brasileiro não há quem possa", e o brasileiro era descrito como "bom no couro" e "bom no samba". A celebração consagrava o tripé da imagem da excelência brasileira: café, carnaval e futebol. Em contrapartida, quando a seleção, agora chamada de "Canarinho", venceu o torneio mundial em 1970, surgiu um verdadeiro hino celebratório, cujo início dizia: "Noventa milhões em ação/ Pra frente, Brasil, do meu coração". A mudança do ritmo – do samba para a marcha –, a mudança do sujeito – do brasileiro bom no couro aos 90 milhões em ação – e a mudança do significado da vitória – de "a taça do mundo é nossa" ao "pra frente, Brasil" – não foram alterações pequenas.

Em 1958, sob o governo de Juscelino Kubistchek, vivia-se sob a ideologia do desenvolvimentismo, isto é, de um país que se industrializava voltado para o mercado interno, para "o brasileiro", e que incentivava a vinda do capital internacional como condição preparatória para, conseguido o desenvolvimento, competir com ele em igualdade de condições. Em 1970, vivia-se sob a ditadura pós-Ato Institucional n° 5, sob a repressão ou o terror de Estado e sob a ideologia do "Brasil Grande", isto é, da chamada "integração nacional", com rodovias nacionais e cidades monumentais, ainda uma vez destinadas a atrair o grande capital internacional. Nas comemorações de 1958 e de 1970, a população saiu às ruas vestida de verde-amarelo ou carregando objetos verde-amarelos. Ainda que, desde 1958, soubéssemos que "verde, amarelo, cor de anil/ são as cores do Brasil", como seria dito no hino-marcha de 1970, os que participaram da primeira festa levavam as cores nacionais, mas não levavam a bandeira nacional. A festa era popular. A bandeira brasileira fez sua aparição hegemônica nas festividades de 1970, quando a vitória foi identificada com a ação do Estado e se transformou em festa cívica.

Essas diferenças não são pequenas, porém não são suficientes para impedir que, sob duas formas aparentemente diversas, permaneça o mesmo fundo, o verde-amarelismo.

O verde-amarelismo[18] foi elaborado no curso dos anos pela classe dominante brasileira como imagem celebrativa do "país essencialmente

---

[18] Sobre a mitologia verde-amarela, tomo a liberdade de fazer referência: CHAUI, Marilena. Le Brésil et ses phantasmes. *Esprit*, n. 10, 1983; *Conformismo e resistência: Notas sobre a cultura popular brasileira*. São Paulo: Brasiliense, 1986. Sobre o nacional-popular: CHAUI, Marilena. O nacional e o popular na cultura. In: *Cultura e democracia: o discurso competente e outras falas*. 2. ed. São Paulo: Cortez, 1990 (8. ed., 2000).

agrário" e sua construção coincide com o período em que o "princípio da nacionalidade" era definido pela extensão do território e a densidade demográfica. De fato, essa imagem visava legitimar o que restara do sistema colonial e a hegemonia dos proprietários de terra durante o império e o início da república (1889). Como explica Caio Prado Jr.:

> Se vamos à essência de nossa formação, veremos que na realidade nos constituímos para fornecer açúcar, tabaco, alguns outros gêneros; mais tarde, ouro e diamantes; depois, algodão e, em seguida, café, para o comércio europeu. Nada mais que isto. É com tal objetivo [...] que se organizarão a sociedade e a economia brasileiras. Tudo se disporá naquele sentido: a estrutura bem como as atividades do país.[19]

Ou como escreve Fernando Novais:

> A colonização guardou em sua essência o sentido de empreendimento comercial donde proveio, a não existência de produtos comercializáveis levou à sua produção, e disto resultou a ação colonizadora [...] A colonização moderna, portanto, [...] tem uma natureza essencialmente comercial: produzir para o mercado externo, fornecer produtos tropicais e metais nobres à economia europeia [...] apresenta-se como peça de um sistema, instrumento da acumulação primitiva da época do capitalismo mercantil.[20]

O "país essencialmente agrário", portanto, era, na verdade, o país historicamente articulado ao sistema colonial do capitalismo mercantil e determinado pelo modo de produção capitalista a ser uma *colônia de exploração* e não uma *colônia de povoamento* (à maneira dos Estados Unidos). A primeira "tem uma economia voltada para o mercado externo metropolitano e a produção se organiza na grande propriedade escravista", enquanto na segunda "a produção se processa mais em função do próprio consumo interno da colônia, onde predomina a pequena propriedade".[21] Em outras palavras, a colônia de povoamento é aquela

---

[19] PRADO JÚNIOR, Caio. *Formação do Brasil contemporâneo.* 5. ed. São Paulo: Brasiliense, 1957, p. 25-26.

[20] NOVAIS, Fernando. *Portugal e Brasil na crise do antigo sistema colonial (1777-1888).* São Paulo: Hucitec, 1979, p. 68, 70.

[21] *Idem, ibidem*, p. 71.

que não desperta o interesse econômico da metrópole e permanece à margem do sistema colonial, enquanto a colônia de exploração está ajustada às exigências econômicas do sistema.

Em suma, o verde-amarelismo parece ser a ideologia daquilo que Paul Singer chama de "dependência consentida":

> Depois que a América Latina se tornou independente, os donos das terras, das minas, do gado, etc. tornaram-se, em cada país, a classe dominante, tendo ao seu lado uma elite de comerciantes e financistas que superintendia os canais que ligavam atividades agrícolas e/ou extrativas. A nova classe dominante via na dependência de seus países dos países capitalistas adiantados [...] o elo que os ligava à civilização, da qual se acreditavam os únicos e autênticos representantes [...]. Assim, é justo apelidar esta situação que se criou com a independência e que durou, em geral, até a Primeira Guerra Mundial, de dependência consentida. Ela se caracterizava pela ausência de qualquer dinâmica interna capaz de impulsionar o desenvolvimento [...] Sob a forma do capital público ou privado, o desenvolvimento da infraestrutura de serviços dependia diretamente do que cada região conseguia colocar no mercado mundial. Esta realidade era compreendida e aceita pelo conjunto da sociedade.[22]

Nessa época, quando a classe dominante falava em "progresso" ou em "melhoramento", pensava no avanço das atividades agrárias e extrativas, sem competir com os países metropolitanos ou centrais, acreditando que o país melhoraria ou progrediria com a expansão dos ramos determinados pela geografia e pela geologia, que levavam a uma especialização racional em que todas as atividades econômicas eram geradoras de lucro, utilidade e bem-estar. Donde a expressão ideológica dessa classe aparecer no otimismo da exaltação da natureza e do "caráter nacional" pacífico e ordeiro. Além disso, como lembra Celso Furtado,[23] no momento em que a divisão internacional do trabalho especializa alguns países na atividade agrário-exportadora, há uma expansão econômica cujo excedente não é investido em atividades produtivas e sim dirigido para o consumo das classes abastadas, que faziam do consumo

[22] SINGER, Paul. De dependência em dependência: consentida, tolerada e desejada. *Estudos Avançados*, v. 12, n. 33, maio-ago. 1998, p. 119-120.

[23] FURTADO, Celso. *O longo amanhecer.* Rio de Janeiro: Paz e Terra, 1999.

de luxo um instrumento para marcar a diferença social e o fosso que as separava do restante da população. A essa expansão e a esse consumo, a classe dominante deu o nome de "progresso".

O que parece surpreendente, portanto, é o fato de que o verde-amarelismo se tenha conservado quando parecia já não haver base material para sustentá-lo. Ou seja, se ele foi a ideologia dos senhores de terra do sistema colonial, do Império e da República Velha, deveríamos presumir que desaparecesse quando se dá o processo de industrialização e de urbanização. Seria perfeitamente plausível também supor que desaparecesse quando as duas guerras mundiais desfizeram as bases da divisão internacional do trabalho e do mercado mundial de capitais, cada nação fazendo um mínimo de importações, voltando-se para o mercado interno, com estímulo à substituição das importações pela produção local das mercadorias e colocando uma burguesia urbana industrial, comercial e financeira na hegemonia do processo histórico. Não foi o caso.

Não que não tenha havido tentativas nesse sentido. Podemos, brevemente, lembrar, no entreguerras, o esforço demolidor feito pelo Modernismo, quando, entre 1920 e 1930, se processa o primeiro momento da industrialização, em São Paulo, e se prepara o rearranjo da composição de forças das classes dominantes, com a entrada em cena da burguesia industrial. No entanto, não se pode também deixar de lembrar que, significativamente, um grupo modernista criará o verde-amarelismo como movimento cultural e político e dele sairá tanto o apoio ao nacionalismo da ditadura Vargas (como se vê na obra do poeta e prosador Cassiano Ricardo) como a versão brasileira do fascismo, a Ação Integralista Brasileira, cujo expoente foi o romancista Plínio Salgado, defensor de "nosso agrarismo".

Podemos também mencionar a tentativa de substituir o nacionalismo do "país essencialmente agrário" com a elaboração de uma nova ideologia, o nacionalismo desenvolvimentista, feita pelo Instituto Superior de Estudos Brasileiros (ISEB), nos anos 1950, no período da industrialização promovida pelo governo Kubitschek[24] Se mantivermos

---

[24] Sobre o ISEB, ver: TOLEDO, Caio Navarro de. *ISEB: fábrica de ideologias*. São Paulo: Ática, 1977.

a periodização de Hobsbawm, os trabalhos do ISEB correspondem ao período em que a ideia de nação é constituída como "questão nacional" vinculada à "consciência nacional" das classes sociais. E se usarmos nossa periodização, estamos no momento de passagem da ideologia do "caráter nacional" para a da "identidade nacional". Conservando a terminologia proposta por Paul Singer, a fabricação da ideologia nacional-desenvolvimentista se dá no momento da passagem da "dependência consentida" para a "dependência tolerada", quando a classe dominante, dependendo dos países centrais industrializados para obter equipamentos, tecnologia e financiamentos, julga essa situação "essencialmente provisória, a ser superada tão logo a industrialização fizesse a economia emparelhar com a mais adiantada" e "o desenvolvimento almejado pela periferia destinava-se a revogar a divisão colonial do trabalho que a inferiorizava perante o centro".[25] Nessas circunstâncias, era compreensível o esforço para desmontar o verde-amarelismo, pois ele significava, justamente, o atraso que se pretendia superar. No entanto, como veremos mais adiante, de maneira difusa e ambígua, o verde-amarelismo permaneceu.

Enfim, não é demais lembrar ainda, no final dos anos 1950 e início dos anos 1960 (durante o governo de Jango Goulart), a tentativa de desmontar o imaginário verde-amarelo com a ação cultural das esquerdas, que, na perspectiva da "identidade nacional", focalizavam a luta de classes (ainda que na expectativa de uma "revolução burguesa" que uniria burguesia nacional e vanguarda do proletariado) e enfatizavam o nacional-popular nos Centros Populares de Cultura (CPCs), no novo teatro, de inspiração brechtiana, e no Cinema Novo. E não menos significativas na recusa do verde-amarelismo foram a ironia corrosiva do Tropicalismo, no final dos anos 1960 e início dos anos 1970 (durante o período do "milagre brasileiro", promovido pela ditadura), e a poesia e música de protesto, a nova MPB, no correr dos anos 1970 e início dos 1980.

No entanto, nem os modernistas, nem o ISEB, nem os CPCs, nem o Cinema Novo, nem o Tropicalismo, nem a MPB de protesto conseguiram aniquilar a imagem verde-amarela, que se consolidou

---

[25] TOLEDO, Caio Navarro de. *Op. cit.*, p. 122.

e brilha incólume naquela outra imagem, doravante apropriada pela contemporânea indústria do turismo: café, futebol e carnaval, *made in Brazil.*

Essa permanência, na verdade, não é casual nem espontânea, visto que a industrialização, que se supusera capaz de afastar o verde-amarelismo, jamais se tornou o carro-chefe da economia brasileira como economia capitalista desenvolvida e independente. Na divisão internacional do trabalho, a industrialização se deu por transferência de setores industriais internacionais para o Brasil, em decorrência do baixo custo da mão de obra, e o setor agrário-exportador jamais perdeu força social e política. *Se antes o verde-amarelismo correspondia à autoimagem celebrativa dos dominantes, agora ela opera como compensação imaginária para a condição periférica e subordinada do país.*

Se mantivermos a distinção entre os períodos do "princípio da nacionalidade" ou do "caráter nacional", o da "questão nacional" e o da "identidade nacional", notaremos que um dos elementos decisivos para a conservação do verde-amarelismo encontra-se no período da "questão nacional", quando houve a ação deliberada do Estado na promoção da imagem verde-amarela.

De fato, apesar do Modernismo cultural dos anos 1920 e 1930, durante o Estado Novo (1937-1945), a luta contra a dispersão e fragmentação do poder enfeixado pelas oligarquias estaduais (ou a chamada "política dos governadores") e a afirmação da unidade entre Estado e nação, corporificados no chefe do governo, levaram, simbolicamente, à queima das bandeiras estaduais e à obrigatoriedade do culto à bandeira e ao hino nacionais nas escolas de todos os graus. É dessa época a exigência legal de que as escolas de samba utilizassem temas nacionais em seus enredos.[26] Num governo de estilo fascista e populista, o Estado passou a usar diretamente os meios de comunicação, com a compra de jornais e de rádios (como a Rádio Nacional do Rio de Janeiro) e com a transmissão da chamada "Hora do Brasil". Esta possuía três finalidades: "...informativa, cultural e cívica. Divulgava discursos oficiais e atos do governo, procurava estimular o gosto pelas artes

---

[26] Ver: CARVALHO, José Murilo de. *Pontos e bordados. Escritos de história política.* Belo Horizonte: Editora da UFMG, 1998.

populares e exaltava o patriotismo, rememorando os feitos gloriosas do passado".[27] Mas não só isso. Os programas deviam também "decantar as belezas naturais do país, descrever as características pitorescas das regiões e cidades, irradiar cultura, enaltecer as conquistas do homem em todas as atividades, incentivar relações comerciais" e, voltando-se para o homem do interior, contribuir "para seu desenvolvimento e integração na coletividade nacional".[28] É dessa época a "Aquarela do Brasil" (de Ary Barroso), que canta as belezas naturais, mas também o "Brasil brasileiro", isto é, o "mulato inzoneiro", os olhos verdes da mulata, o "Brasil lindo e trigueiro". Não é casual que a mesma época que ouvia a "Aquarela do Brasil" também lia a *Marcha para o oeste*, de Cassiano Ricardo, no qual o Brasil também se apresenta como aquarela, "um escândalo de cores", porque "parece que Deus derramou tinta por tudo", céu de anil, flores e pássaros em que gritam o amarelo avermelhado do sol e do ouro, riquezas fabulosas e "todas as cores raciais, na paisagem humana".[29]

Esses elementos são indicadores seguros da conservação do verde-amarelismo. Sua função, porém, deslocou-se. Com efeito, se compararmos o verde-amarelismo desse período com outras expressões anteriores (como o nativismo romântico, do século XIX, e o ufanismo do início do século XX), notaremos que, antes, a ênfase recaía sobre a natureza, e, agora, algo mais apareceu. De fato, não se trata apenas de manter a celebração da natureza e sim de introduzir na cena política uma nova personagem: o povo brasileiro. Dada a inspiração fascista da ditadura Vargas, afirmava-se que o verdadeiro Brasil não estava em modelos europeus ou norte-americanos, mas no nacionalismo erguido sobre as tradições nacionais e sobre o nosso povo. Dessas tradições, duas eram sublinhadas: a unidade nacional, conquistada no período imperial – o que levou o Estado Novo a transformar Caxias, soldado

---

[27] CAPELATO, Maria Helena. Propaganda política e controle dos meios de comunicação. In: PANDOLFI, Dulce (Org.). *Repensando o Estado Novo*. Rio de Janeiro: Editora da FGV, 1999, p. 176.

[28] *Idem, ibidem.*

[29] Sobre Cassiano Ricardo e o Estado Novo, ver: LENHARO, Alcir. *Sacralização da política*. Campinas: Papirus; Editora da UNICAMP, 1986. O trecho anterior é de Cassiano Ricardo em *A marcha para o oeste, apud* LENHARO, p. 57.

do Império, em herói nacional da República – e a ação civilizatória dos portugueses, que introduziram a unidade religiosa e de língua, a tolerância racial e a mestiçagem, segundo a interpretação paternalista oferecida pela obra de Gilberto Freyre, *Casa-grande & senzala*. Em outras palavras, sublinham-se os dois elementos do "princípio da nacionalidade", que vimos anteriormente. No entanto, estamos também na época da "questão nacional" e por isso uma novidade comparece na definição do povo. Embora seja mantida a tese da democracia racial e a imagem do povo mestiço, mescla de três raças, agora, porém, "povo" é, sobretudo, de um lado, o bandeirante ou sertanista desbravador do território, o gaúcho intrépido a percorrer a vastidão dos pampas e, de outro, os pobres, isto é, "os trabalhadores do Brasil", a quem Vargas se endereçava no início de todos os comícios e falas radiofônicas.

Em outras palavras, o verde-amarelismo, sob a ideologia da "questão nacional", precisou incorporar a luta de classes em seu ideário, mas o fez de modo tal que, ao admitir a existência da classe trabalhadora, pudesse imediatamente neutralizar os riscos da ação política dessa classe, o que foi feito não só pela legislação trabalhista (inspirada no corporativismo da Itália fascista) e pela figura do governante como "Pai dos pobres", mas também por sua participação no "caráter nacional", isto é, como membro da família brasileira, generosa, fraterna, honesta, ordeira e pacífica. O verde-amarelismo assegura que aqui não há lugar para luta de classes e sim para a cooperação e a colaboração entre o capital e o trabalho, sob a direção e vigilância do Estado.

Convém também não esquecermos que o pan-americanismo, instituído pelo Departamento de Estado dos Estados Unidos durante os anos da Segunda Guerra Mundial (1939-1945), promoveu a "amizade entre os povos americanos" e transformou Carmen Miranda em embaixadora da boa-vontade, obrigando-a, com contratos de trabalho abusivos que estipulavam seu vestuário e suas falas, a difundir a imagem telúrica e alegre do Brasil, cuja capital era Buenos Aires e cuja música era mescla de samba, rumba, tango, conga e salsa. Para acompanhá-la, os estúdios de Walt Disney criaram o papagaio malandro, Zé Carioca.

Terminada a guerra e tendo entrado o país na época da "dependência tolerada" (para mantermos a análise de Paul Singer), os anos 50 do século XX viram surgir como imagem emblemática do país a cidade de São Paulo, em cujo IV Centenário (em janeiro de 1954) comemorava-se "a cidade que mais cresce no mundo", pois, como dizia o *slogan* criado para as comemorações, "São Paulo não pode parar", de tal maneira que a força do capital industrial deveria levar a uma transformação ideológica na qual o desenvolvimento econômico apareceria como obra dos homens e deixaria para trás o país como dádiva de Deus e da natureza. E o suicídio de Vargas, em agosto de 1954, faria supor que o verde-amarelismo estava enterrado para sempre. Durante os anos 1950, o desenvolvimentismo teve como mote "a mudança da ordem dentro da ordem", para significar que o país, diminuindo o poder e o atraso do latifúndio e da burguesia mercantil (parasitas e alienados) e neutralizando os perigos trazidos pela classe operária (massa popular atrasada e alienada), se tornaria um igual no "concerto da nações". Entrávamos, assim, no período da "identidade nacional" e da "consciência nacional", se acompanharmos a periodização de Hobsbawm.

No entanto, a imagem verde-amarela permaneceu e isso por dois motivos principais: em primeiro lugar, ela permitia enfatizar que o país possuía recursos próprios para o desenvolvimento e que a abundância da matéria-prima e de energia barata vinha justamente de sermos um país de riquezas naturais inesgotáveis; em segundo, ela assegurava que o mérito do desenvolvimentismo se encontrava na destinação do capital e do trabalho para o mercado interno e, portanto, para o crescimento e o progresso da nação contra o imperialismo ou a antinação.[30] Todavia, o verde-amarelismo tradicional – o da rica e bela natureza tropical e o do povo ordeiro e pacífico, ou o do "caráter nacional" – sofreu um forte abalo, pois passou a ser visto pelos promotores do nacional-desenvolvimentismo como signo da alienação social dos "setores atrasados" das classes dominantes e das massas populares, obstáculo contra o desenvolvimento econômico e social, que seria obra da burguesia nacional industrial moderna e das classes médias conscientes, encarregadas de conscientizar as massas.

Desse modo, na perspectiva desenvolvimentista dos anos 1950, o verde-amarelismo comparecia sob duas roupagens antagônicas: numa delas, ele exprimia a maneira ingênua e alienada com que se manifesta

---

[30] Ver: TOLEDO, Caio Navarro de. *Op. cit.*

o nacionalismo natural e espontâneo das massas, as quais, dessa maneira, reconhecem as potencialidades do país para passar da pobreza e do atraso ao desenvolvimento e à modernidade. Na outra, ele era o signo da própria alienação social, produzida pela classe dominante do período colonial e imperial e difundida por uma classe média parasitária, caudatário da imagem agrarista que os imperialistas ou as metrópoles inventaram e que os nacionais, alienados, imitaram e prosseguiram.[31] Para muitos, tratava-se de substituir o nacionalismo espontâneo, alienado e inautêntico por um nacionalismo crítico, consciente e autêntico, o nacional-popular, graças ao qual o setor avançado da burguesia nacional e o setor consciente do proletariado, unidos, combateriam o colonialismo e o imperialismo, realizando o desenvolvimento nacional e dando realidade ao "ser do brasileiro", isto é, à "identidade nacional".

Se, entre meados dos anos 1950 e início dos anos 1960, o verde-amarelismo foi um pano de fundo difuso e ambíguo, significando nacionalismo espontâneo e alienação, em contrapartida foi revitalizado e reforçado nos anos da ditadura (1964-1985) ou do "Brasil Grande". Essa reposição verde-amarela não é surpreendente. Antes de mais nada, lembremos que a derrubada do governo de Jango Goulart foi preparada nas ruas com o movimento "Tradição, família e propriedade" para significar que as esquerdas são responsáveis pela desagregação da nacionalidade cujos valores – a tradição, a família e a propriedade privada – devem ser defendidos a ferro e fogo. Todavia, não é essa a mais forte razão ter-se mantido o verde-amarelismo e sim a ideologia geopolítica do "Brasil Potência 2000", cujo expositor mais importante foi o general Golbery do Couto e Silva.

Como no IV Centenário de São Paulo, também agora a exibição das grandes cidades, coalhadas de arranha-céus e vias expressas (mas, não como signo de progresso e sim como preito de gratidão pelo apoio financeiro e logístico que as grandes empreiteiras deram à obra da repressão militar), interligadas por autoestradas nacionais, devia oferecer a imagem do "Brasil Grande", apto a receber os investimentos internacionais e a acolher as empresas multinacionais. Essa imagem encontrava seu fundamento numa ideologia nova, a ideologia geopolítica

---

[31] Ver: TOLEDO, Caio Navarro de. *Op. cit.*

do "Brasil Potência 2000", que tem na vastidão do território, nas riquezas naturais e nas qualidades pacíficas, empreendedoras e ordeiras do povo os elementos para cumprir sua destinação.

Essa ideologia assenta-se em cinco pilares: 1) a relação espontânea de concordância entre as "forças naturais do território" e as "disposições espirituais nacionais"; 2) a consubstanciação entre o povo e o território, que começa pela demarcação das fronteiras nas quais se desenvolverá a "personalidade nacional"; 3) a refração do povo sobre o território, isto é, a transformação dos valores objetivos do território em valores subjetivos da alma ou personalidade nacional, graças ao quê o Estado se torna orgânico e nacional; 4) a "fronteira ideal", isto é, o território completo, prometido ao povo pela ação militar e econômica; 5) a geopolítica como "consciência política do Estado", que se alia ao centro dinâmico da sua região (no caso, aos Estados Unidos) e da qual emana o sistema de alianças e de conflitos leste/oeste e norte/sul. É esse o território dos "90 milhões em ação".

A ditadura, desde o golpe de Estado de 1964, deu a si mesma três tarefas: a integração nacional (a consolidação da nação contra sua fragmentação e dispersão em interesses regionais), a segurança nacional (contra o inimigo interno e externo, isto é, a ação repressiva do Estado na luta de classes e na ação contrarrevolucionária) e o desenvolvimento nacional (nos moldes das nações democráticas ocidentais cristãs, isto é, capitalistas). A difusão dessas ideias foi feita nas escolas com a disciplina de Educação Moral e Cívica, na televisão, com programas como "Amaral Neto, o repórter" e os da Televisão Educativa, e pelo rádio por meio da Hora do Brasil e do Movimento Brasileiro de Alfabetização (Mobral), encarregado, de um lado, de assegurar mão de obra qualificada para o novo mercado de trabalho e, de outro, de destruir o método Paulo Freire de alfabetização.

Assim, da Taça do Mundo de 1958 à Copa do Mundo de 1970, o verde-amarelismo, se não permaneceu intacto em todos os seus aspectos, manteve-se como representação interiorizada da população brasileira que, sem distinção de classe, credo e etnia, o conserva mesmo quando as condições reais o desmentem.

É interessante observar que o verde-amarelismo opera com uma dualidade ambígua. De fato, o Brasil de que se fala é, simultaneamente, um dado (é um dom de Deus e da Natureza) e algo por fazer (o Brasil desenvolvido, dos anos 1950; o Brasil grande, dos anos 1970; o Brasil moderno, dos anos 1980 e 1990). Assim, na perspectiva verde-amarela, o sujeito da ação é triplo: Deus e a Natureza são os dois primeiros, e o terceiro, agente do desenvolvimento, da grandeza ou da modernização, é o Estado. Isso significa que o Brasil resulta da ação de três agentes exteriores à sociedade brasileira: os dois primeiros são não só exteriores, mas também anteriores ela; o terceiro, o Estado, tenderá por isso a ser percebido com a mesma exterioridade e anterioridade que os outros dois, percepção que, aliás, não é descabida quando se leva em conta que essa imagem do Estado foi construída desde o período colonial, quando a colônia teve sua existência legal determinada por ordenações do Estado metropolitano, que é exterior e anterior a ela. É surpreendente, porém, que essa imagem do Estado se tenha conservado mesmo depois de proclamada a República.

De fato, é curiosa a permanência dessa figura do Estado (como sujeito que antecede a nação e a constitui) no momento em que se encerram o período colonial e a época imperial luso-brasileira. Com efeito, no período colonial, como lembra Raymundo Faoro, a realidade é criada pela lei e pelo regulamento, isto é, "desde o primeiro século da história brasileira, a realidade se faz e se constrói com decretos, alvarás e ordens régias. A terra inculta e selvagem [...] recebe a forma do alto e de longe, com a ordem administrativa da metrópole".[32] Se, para uma colônia, o Estado é anterior e exterior à sociedade, não pode ser esta a situação de uma República independente. Em outras palavras, seria de esperar que, com a República, a interioridade do Estado à nação se tornasse evidente, pois teria sido a nação o sujeito que proclamou a República. Paradoxalmente, porém, a imagem do lugar do Estado não se alterou.

Com efeito, embora a proclamação da República seja antecedida e sucedida por afirmações dos vários partidos políticos como um acontecimento que responderia aos anseios da sociedade e da nação, ou, ao contrário, que se oporia a tais anseios, e ainda que "por anseios da nação" ora se entendessem as reivindicações liberais de não

---

[32] FAORO, Raymundo. *Os donos do poder: a formação do patronato político brasileiro.* Porto Alegre: Globo, p. 149.

intervenção estatal na economia, ora a afirmação de conservadores e de positivistas sobre a necessidade dessa intervenção, em qualquer dos casos a proclamação da República foi vista por seus agentes e por seus inimigos como *uma reforma do Estado*. Que, histórica ou materialmente, a república exprima de fato o que passa na sociedade brasileira, portanto, as lutas socioeconômicas e os rearranjos de poder no interior da classe dominante, às voltas com o fim da escravidão, com o esgotamento dos engenhos, com os pedidos de subvenção estatal para a imigração promovida por uma parte dos cafeicultores, com a expansão da urbanização e a percepção de que o país precisava ajustar-se à conjuntura internacional da Revolução Industrial e, portanto, se, de fato, a república é o resultado de uma ação social e política, todavia não é assim que ideologicamente ela aparece.

No plano ideológico, ela aparece não como ação social para a instituição do Estado e sim como ação do próprio Estado porque essa aparição é aquela que corresponde ao que seus agentes e adversários *esperavam* da república. Os liberais esperavam que a separação entre Estado e sociedade fosse, finalmente, conseguida e não lhes interessava considerar a república uma expressão da própria sociedade porque isso indicaria a força do social e poderia estimular a perspectiva intervencionista do Estado. Como vimos, o liberalismo não pode furtar-se a admitir as conveniências de um Estado nacional, mas teoricamente prefere reduzi-lo à expressão de uma evolução natural da família ao Estado e à sua utilidade para o progresso, isto é, para a competição econômica. Em contrapartida, conservadores e positivistas esperavam que, justamente intervindo na sociedade, o Estado pudesse, enfim, fazer surgir a nação como território unificado e submetido ao mesmo código legal, com unidade de língua, raça, religião e costumes. Exterior à sociedade, no caso dos liberais, e anterior à nação e seu instituidor, no caso de conservadores e positivistas, o Estado republicano, cuja realidade permanecia oculta, era percebido como, antes, era percebida a Coroa portuguesa.[33]

---

[33] Vale a pena mencionar aqui as observações de Alfredo Bosi sobre o liberalismo e o positivismo no Brasil do final do século XIX e início do século XX. Liberal significava "conservador das liberdades" e "capaz de adquirir novas terras em regime de livre concorrência". Por seu turno, liberdade, no plural significava: liberdade

Do ponto de vista do que nos interessa aqui, ou seja, não o da produção histórica ou material concreta da nação e sim o da construção ideológica do semióforo "nação", a dualidade dos agentes (Deus e Natureza, de um lado, e Estado de outro) constitutiva do verde-amarelismo, não é apenas explicável, mas necessária. De fato, vimos que, sucessivamente, com o "princípio da nacionalidade", a "ideia nacional" e a "questão nacional", a construção do semióforo "nação" é feita pelo poder político na disputa com outros poderes: os partidos políticos (sobretudo os de esquerda), a religião (ou as igrejas) e o mercado (ou o poder econômico privado). Assim, não é gratuito nem misterioso que as falas e as ações do Estado brasileiro pouco a pouco se orientassem no sentido de dar consistência ao semióforo que lhe é próprio, a "nação brasileira". Em segundo lugar, como também observamos, o campo de construção de um semióforo é mítico e, neste caso, também não nos deve espantar que os agentes fundadores da "nação brasileira" sejam Deus e a Natureza, pois eles são considerados os criadores da terra e do povo brasileiro. Ideologicamente, portanto,

de produzir, vender e comprar, conquistada com o fim do monopólio econômico da Coroa portuguesa; liberdade para fazer-se representar politicamente, por meio de eleições censitárias, isto é, reservada aos que preenchiam as condições para ser cidadão, ou seja, a propriedade ou independência econômica; liberdade para submeter o trabalhador escravo mediante coação jurídica. Como se nota, não havia nenhuma incompatibilidade entre ser liberal e senhor de escravos ou em ser liberal e monarquista constitucional, não havendo uma conexão necessária entre liberalismo e abolicionismo nem entre liberalismo e republicanismo. Quanto ao positivismo, que se desenvolveu sobretudo no Rio de Janeiro e no Rio Grande do Sul, conservava de Augusto Comte duas ideias principais sobre o Estado: a de que cabe ao organismo estatal realizar a economia política, isto é, controlar a anarquia econômica; e a de realizar a integração e harmonia das classes sociais, particularmente o proletariado. O Estado é o cérebro da nação que, regulando e controlando os movimentos e as funções de cada órgão, não permite que um se sobreponha a outros. *Ordem e progresso* (palavras inscritas na bandeira nacional) são o lema próprio do positivismo comtiano. Os positivistas brasileiros, sobretudo os que se agruparam no Partido Republicano Popular (PRP), defendiam: 1) o imposto territorial, o Estado, portanto, tributando a terra; 2) a concessão de isenções fiscais para as manufaturas locais incipientes; 3) a estatização dos serviços públicos; 4) a incorporação da massa trabalhadora (ou os proletários) à sociedade por meio de órgãos corporativos e com a mediação do Estado nos conflitos entre capital e trabalho, protegendo os pobres do interesse egoísta dos ricos, como propusera Comte. BOSI, Alfredo *Dialética da colonização*. São Paulo: Companhia das Letras, 1992.

o Estado institui a nação sobre a base da ação criadora de Deus e da Natureza. Essa ideologia, como veremos, nada mais faz que manter vivo o mito fundador do Brasil.

Porque me ufano de meu país

Porque estamos falando em mitos, convém relembrarmos a primeira reatualização de nosso mito fundador, ocorrida significativamente em 1900, por ocasião do quarto centenário da descoberta do Brasil, com a publicação do livro de Afonso Celso, visconde de Ouro Preto, *Porque me ufano de meu país*.

Para entendermos esse livro, precisamos considerar, em primeiro lugar, quem é o autor, em segundo, qual o momento da redação e, em terceiro, quais os antecedentes do opúsculo.

Quem é o autor? *Porque me ufano de meu país* teve incontáveis edições – em 1944, era publicada a 12ª edição e, em 1997, João de Scantimburgo, ocupante da cadeira Afonso Celso na Academia Brasileira de Letras, o fez reimprimir; lembrando que, em seu tempo de escola, o livro era leitura obrigatória no 4º ano primário, e lastimava que, mais tarde, houvesse sido deixado no esquecimento. Por isso o fez ser reeditado para servir às novas gerações como "breviário de patriotismo". Republicano na monarquia e monarquista após a proclamação da República, Afonso Celso, "católico nutrido do Catecismo do Concílio de Trento, filho submisso da Santa Madre Igreja, nobilitado com o título de conde por Sua Santidade Pio X, de veneranda memória",[34]

---

[34] SCANTIMBURGO, João de. Introdução. In: *Porque me ufano de meu país*. Rio de Janeiro: Expressão e Cultura, 1997, p. 23-24. Podemos confirmar a devoção de Scantimburgo pelo criador do ufanismo quando lemos o que escreve no *Tratado geral do Brasil* : "O trópico torna o homem por excelência o sujeito exterior. Comunica-lhe a vibratilidade do ar, da natureza [...] Sem entrar na discussão que inspirou a filosofia da geopolítica, podemos, no entanto, admiti-la como método de estudo do jogo de forças da política mundial e os rumos que as nações devem seguir para vencer as resistências ao desenvolvimento, à harmonia internacional, à paz e ao entendimento recíproco. Nessas condições, a tese de uma política tropical é viável, como é viável uma política das estepes, uma política do deserto, uma das ilhas e outra dos continentes temperados, uma do Oriente antirracionalista, outra da África irracionalista." Ou ainda: "O trópico torna o homem por excelência o sujeito exterior. Comunica-lhe a

foi membro e presidente do Instituto Histórico e Geográfico Brasileiro, criado em 1838-1839.

Em que circunstâncias é escrito o livro? Quando escreve *Porque me ufano de meu país*, Afonso Celso tem diante de si a crise dos pilares em que se assentava a estrutura da sociedade brasileira, isto é, o latifúndio e a escravatura, crise que abalou a monarquia e conduziu à República, estimulou o início da urbanização e a imigração. Mas tem também diante de si a crise que perpassa a chamada República Velha e que aparece sob a forma de lutas internas às camadas dominantes – monarquistas lusófilos e jacobinos lusófobos, liberais e conservadores, liberais e positivistas, civilistas e militaristas, agraristas-exportadores (que designavam a si mesmos como "as forças vivas da nação" e eram designados pelos inimigos como "classe parasita e lucrativa") e industrialistas-especuladores (que Rui Barbosa convocava para a construção de uma democracia do trabalho industrial, "laboriosa e robusta"), cafeicultores do Vale do Paraíba (reagindo furiosamente às consequências econômicas da Abolição em 1888) e do oeste paulista (investindo na imigração), defensores da centralização do poder, e federalistas (que defendiam a autonomia dos estados para fazer empréstimos no estrangeiro e que a maior parcela da tributação permanecesse no próprio estado, sem ser transferida para a União).[35] Tem ainda diante de si as notícias das primeiras

---

vibratilidade do ar, da natureza; a alacridade impulsiva ou a tristeza mal contida no azedume, que são os extremos em que oscila a vida tropical [...] o povo da América Latina, o povo do continente tropical luta com seus problemas, mas é afetado pela natureza e extravasa na sua indisciplina". Ou, enfim: "À luz do sol tropical, ofuscam-se conceitos, pelas manifestações mais absurdas de instabilidade política, de flutuação de opiniões, de reações inesperadas e de inesperados triunfos [...] Tropicais no sentido de irrequieta instabilidade, de sofreguidão, de suas peculiaridades, de suas fraquezas, de sua generosidade, de sua paixão, de sua ênfase barroca" (SCANTIMBURGO, João de. *Tratado geral do Brasil*. São Paulo, Companhia Editora Nacional, 1973.).

[35] Ver: FAORO, Raymundo. *Os donos do poder. Op. cit.*, especialmente volume 2; COSTA, Emília Viotti da. *Da monarquia à república: momentos decisivos*. São Paulo: Grijalbo, 1977; QUEIROZ, Suely Robles Reis de. *Os radicais da república*. São Paulo: Brasiliense, 1986; BELLO, José Maria. *História da República (1889-1954)*. São Paulo: Nacional, 1972; CARONE, Edgard. *A República Velha: evolução política*. São Paulo: Difel, 1970; e *A República Velha: instituições e classes sociais*. São Paulo: Difel, 1971; FAUSTO, Boris (Org.). *O Brasil republicano. 1. Estrutura de poder e economia*. São Paulo: Difel, 1975; BOSI, Alfredo. *Dialética da colonização. Op. cit.*

greves de colonos, na região cafeeira de São Paulo, e a agitação provocada pela campanha e pelo massacre de Canudos (1896-1897), cuja narrativa será publicada em 1902 por Euclides da Cunha em *Os sertões*.[36] E sobretudo, para o que aqui nos interessa, tem diante de si o contraste entre a elaboração romântica da nacionalidade (o nativismo indianista, de que *Iracema* e *O guarani* de José de Alencar são os principais expoentes) e o primeiro trabalho científico sobre o "caráter nacional brasileiro", a obra de Sílvio Romero,[37] *O caráter nacional e as origens do povo brasileiro*, de 1881, e a *História da literatura brasileira*, de 1888.

Inspirando-se no naturalismo evolucionista e no positivismo, e reagindo contra o nativismo romântico, Sílvio Romero parte do determinismo natural na formação do caráter nacional, isto é, das condições climáticas e da raça, às quais acrescenta o determinismo moral, isto é, os usos e costumes. Do naturalismo europeu, Romero recebe a ideia de que o clima tropical é insalubre, provocando todo tipo de doença; o calor excessivo, em algumas regiões, as chuvas excessivas, em outras, e a seca, noutras tantas, fazem do brasileiro ora um apático, que tudo espera do poder e só é instigado pelo estrangeiro, a quem imita; ora um irritadiço nervoso. Porém, como a natureza também é pródiga em belezas e bons frutos, sem "monstruosidades naturais" (desertos, estepes, vulcões, ciclones), a apatia e o nervosismo são compensados pela serenidade contemplativa, pelo lirismo e pelo talento precoce (que, infelizmente, se extenua logo). Quanto à raça, o brasileiro é uma sub-raça mestiça e crioula, nascida da fusão de duas raças inferiores, o índio e o negro, e uma superior, a branca ou ariana. Para evitar a degeneração da nova raça mestiça, será preciso estimular seu embranquecimento, promovendo a imigração europeia. Partindo da literatura positivista e, portanto, da ideia de um progresso da humanidade que passa por três estados (fetichista, teológico-metafísico e científico ou positivo), Sílvio Romero afirma que o caráter nacional foi formado por três raças em estágios distintos da evolução: o negro se encontrava na fase inicial

---

[36] Ver: GALVÃO, Walnice Nogueira. *No calor da hora: a guerra de Canudos nos jornais. 4ª expedição.* São Paulo: Ática, 1974.

[37] Ver: LEITE, Dante Moreira. *Op. cit.*

do fetichismo, o índio, na fase final do fetichismo, e os portugueses já estavam na fase teológica do monoteísmo. Esse descompasso evolutivo tem sido a causa da pobreza cultural, do atraso mental e da falta de unidade de nossas tradições e de nossas artes. Mas, julga Romero, a imigração, trazendo povos num estágio mais avançado da evolução, poderá auxiliar a corrigir tais defeitos. Enfim, quanto ao determinismo moral, Sílvio Romero responsabiliza os latifundiários, a "classe parasita" escravista, pelo atraso do povo e espera que o "incremento às classes produtoras" (a indústria e o comércio) levará o país aos tempos modernos e civilizará nosso povo.

A imagem construída por Sílvio Romero parece contraditória,[38] uma vez que oscila entre os determinismos geográfico e histórico, responsáveis pelas fraquezas e pelos defeitos do caráter nacional, e o sentimento de que a própria natureza compensa seus malfeitos e que o embranquecimento da raça corrigirá o determinismo histórico. Na verdade, a contradição é mais funda e explica algo paradoxal, isto é, a diferença de tom nos escritos de Romero para as elites letradas e seus livros dirigidos à escola e à infância, como parte das campanhas civilizatórias realizadas pela República. Se, nos primeiros, prevalece o pessimismo cientificista quanto às possibilidades de progresso de um país tropical e mestiço, nos segundos prevalece o otimismo nacionalista da construção de uma nova civilização. A contradição, na verdade, nasce da combinação de duas interpretações que se excluem: a que vem do cientificismo naturalista evolucionista e positivista – e que corresponde ao período em que a nacionalidade é definida pela *intelligentsia* pequeno-burguesa europeia segundo os critérios do determinismo científico e do "espírito do povo", determinado pela raça e pela língua – e a que vem da tradição historiográfica do Instituto Histórico e Geográfico Brasileiro, que, sob a influência da escola histórica alemã, trabalha com o "princípio da nacionalidade", definida pelo território e pela demografia, tradição cuja súmula é, exatamente, o livro de Afonso Celso, que foi presidente do Instituto.

Criado em 1838, o Instituto deveria instaurar, enfim, o semióforo "Brasil", oferecendo ao país independente um passado glorioso e um

---

[38] Ver: LEITE, Dante Moreira. *Op. cit.*

futuro promissor, com o que legitimaria o poder do imperador.[39] Como instituto *geográfico*, era sua atribuição o reconhecimento e a localização dos acidentes geográficos, das vilas, das cidades e dos portos, conhecendo e engrandecendo a natureza brasileira e definindo suas fronteiras. Como instituto *histórico*, cabia-lhe imortalizar os feitos memoráveis de seus grandes homens, coletar e publicar documentos relevantes, incentivar os estudos históricos no Brasil e manter relações com seus congêneres internacionais. Num dos concursos promovidos sobre a tarefa do historiador brasileiro, o vencedor foi o naturalista alemão von Martius, cuja monografia, *Como se deve escrever a história do Brasil*, publicada em 1845, definiu o modo de se fazer história no país. Cabia ao historiador brasileiro redigir uma história que incorporasse as três raças, dando predominância ao português, conquistador e senhor que assegurou o território e imprimiu suas marcas morais ao Brasil. Cabia-lhe também dar atenção às particularidades regionais, escrevendo suas histórias de maneira a fazê-las convergir rumo ao centro comum ou à unidade de uma história nacional. Era de sua responsabilidade demonstrar que a vasta extensão do território e suas diferenças regionais exigiam como regime político a monarquia constitucional, tendo a unidade figurada no imperador. E era tarefa sua prover a história com os elementos que garantiriam um destino glorioso à nação. A realização dessa história luso-brasileira e imperial coube àquele que é considerado o fundador da historiografia brasileira, Francisco Adolpho de Varnhagen, com a *História geral do Brasil*, publicada entre 1854 e 1857.

Isso não impediu que duas outras histórias, paralelas à produzida pelo Instituto, fossem elaboradas: aquela, inspirada em Ferdinand Denis e no romantismo, que fez da América, da natureza tropical e do índio a sua referência fundamental; e uma outra, surgida no período da Abolição, que conta a história a partir do negro escravizado. Ambas, porém, possuem o mesmo traço que a historiografia oficial: assim como nesta o português é o desbravador corajoso e aventureiro que vai criando o solo nacional, naquelas, como observa José Murilo de Carvalho,[40] o índio é o símbolo do Brasil audaz, guerreiro e puro,

---

[39] Ver: REIS, José Carlos. *As identidades do Brasil: de Varnhagen a FHC*. Rio de Janeiro: Editora da FGV, 1999.

[40] CARVALHO, José Murilo de. *Pontos e bordados. Op. cit.*

e o negro simplesmente não aparece, substituído pela história da escravidão como instituição bárbara que é preciso destruir. E nessas duas histórias não se acredita que o índio ou o negro possam ser a base de uma nação civilizada, tarefa que os historiadores do Instituto atribuíam aos portugueses e os abolicionistas atribuirão aos imigrantes europeus.

É a partir desse conjunto de referências heterogêneas que Afonso Celso escreve *Porque me ufano de meu país*. Tida como ingênua por muitos, vituperada na crítica dos modernistas como o "porquemeufanismo", o livro do visconde de Ouro Preto é o pressuposto tácito de tudo quanto se fez em matéria de civismo neste país, particularmente nas obras escolares de um Bilac ou um Coelho Netto, ou na *História do Brasil para crianças* de um Viriato Correia.

Ao iniciar o livro, Afonso Celso declara que, com exemplos e conselhos, dedica a obra, por intermédio dos filhos, aos que desejam ser "úteis à vossa família, à vossa nação e à vossa espécie"[41] e que seu principal ensinamento será o patriotismo. Este, porém, não há de ser cego nem irrefletido, não se deve amar a pátria somente por ser a pátria, mas também pelos motivos reais que ela nos dá para amá-la e para que dela nos orgulhemos. Muitos há, prossegue o autor, que julgam que ser brasileiro "importa condição de inferioridade". Isso só pode ser fruto de ignorância ou de má-fé. Pode haver países mais prósperos, mais poderosos e mais brilhantes do que o Brasil, mas "nenhum mais digno, mais rico de fundadas promessas, mais invejável".[42]

Quais hão de ser os motivos para que nos ufanemos de nosso país? Afonso Celso apresentará 11 motivos para a superioridade do Brasil, distribuídos entre a Natureza, o povo e a história.

Do lado da Natureza, o primeiro motivo de ufanismo é a grandeza territorial ("o Brasil é um mundo" e "sobreleva em tamanho quase todos os países do globo. Quando lhe falecessem outro títulos à precedência – e esses títulos abundam – bastava-lhe a grandeza física"). Sem dúvida, o visconde Ouro Preto tem que explicar a grandeza histórico-cultural da pequenina Grécia e de Roma. Não titubeia e explica que, países pequenos, a Grécia e a Itália tiveram que se tornar

---

[41] CELSO, Afonso. *Porque me ufano de meu país. Op. cit.*, p. 25.

[42] *Idem, ibidem*, p. 26.

impérios conquistados por meio da guerra. O Brasil, porém, não carece de conquistas militares e pode progredir em paz.

Qual a função do vasto território? Afonso Celso parece reduzi-la ao motivo de orgulho, porém, o fato de que seja o *primeiro* motivo, de onde derivarão muitos outros, deve suscitar a pergunta sobre a razão dessa escolha. Ora, vimos há pouco que o liberalismo e a escola histórica alemã (cuja presença se faz sentir no Instituto Histórico e Geográfico com von Martius) estabeleceram que o princípio da nacionalidade é definido pela extensão territorial. Assim, ao fazer da grandeza do território o primeiro motivo de ufanismo, Afonso Celso está afirmando que preenchemos o requisito da nacionalidade e somos, de fato e de direito, uma nação.

Ainda do lado da natureza, é motivo de orgulho a beleza incomparável do país, atestada por viajantes e pelos poetas que cantam seus primores (a fauna, a flora, o Amazonas, a Cachoeira de Paulo Afonso, a Baía de Guanabara). Vêm a seguir as riquezas naturais ("o Brasil as possui todas"), que permitem "a distribuição natural da riqueza conforme as leis naturais do trabalho", de sorte que são protegidas as liberdades de todos e "*não conhecemos proletariado, nem fortunas colossais [...], nem argentarismo, pior que a tirania, nem pauperismo, pior que a escravidão [...]. No Brasil, com trabalho e honestidade, conquistam-se quaisquer posições*".[43] O motivo seguinte é a variedade e amenidade do clima, graças ao qual "nenhuma moléstia lhe é peculiar ou exclusiva", "nenhum problema sanitário se lhe apresenta insolúvel", as feridas e amputações, aqui, cicatrizam mais depressa do que em hospitais do Velho Mundo e (contrariamente ao que vimos dizer Sílvio Romero e do que, dois anos depois, dirá Euclides da Cunha) "a temperatura não incomoda ou acabrunha o homem, exigindo-lhe sacrifícios".[44] Por fim, é preciso mencionar a ausência de calamidades, isto é, "privilegiado da Providência", o Brasil não registra flagelos, catástrofes como ciclones, terremotos, vulcões, correntes traiçoeiras, furacões. Em resumo, o brasileiro pode confiar na natureza, pois ela não o trai, não o surpreende nem o amedronta, não o maltrata nem

---

[43] CELSO, Afonso. *Porque me ufano de meu país. Op. cit.*, p. 79.

[44] *Idem, ibidem*, p. 84.

o aflige. "Dá-lhe tudo quanto pode dar, mostrando-se-lhe sempre magnânima, meiga, amiga, maternal".[45] Ou, como dirá anos depois o soneto de Bilac: "A natureza aqui perpetuamente em festa/ É um seio de mãe a transbordar carinhos".

Do lado da população ou do "tipo nacional", a superioridade do Brasil é dada pela excelência dos três elementos que entraram na formação do tipo (beleza, força e coragem do índio; afetividade, estoicismo, coragem e labor do negro; bravura, brio, tenacidade, união, filantropia, amor ao trabalho, patriotismo do português) e por isso "o mestiço brasileiro não denota inferioridade alguma física ou intelectual [...] São Paulo, lugar em que mais considerável se operou o cruzamento com índios, marcha na vanguarda de nossa civilização".[46] *À mestiçagem são devidos os nobres predicados do caráter nacional,* em número de dez: sentimento de independência; hospitalidade; afeição à ordem, à paz e ao melhoramento; paciência e resignação; doçura e desinteresse; escrúpulo no cumprimento das obrigações contraídas; espírito extremo de caridade; acessibilidade (por isso corremos o risco de imitar o estrangeiro); tolerância ou ausência de preconceitos de raça, cor, religião, posição (por isso corremos o risco de cair na promiscuidade); e honradez no desempenho das funções públicas ou particulares.

Qual a função dos motivos de orgulho trazidos pela ideia da raça mestiça? Novamente é preciso lembrar que a escola histórica alemã propunha como critério para decidir se um aglomerado humano era ou não uma nação a densidade demográfica e a unidade racial. Não podendo apresentar a unidade de uma única raça, Afonso Celso a produz pela fusão de três raças primitivas.

É de suma importância observar a maneira como o índio e o negro são apresentados pelo autor. No primeiro caso, são enumerados todos os índios que se celebrizaram como amigos dos portugueses – Tibiriçá, Araribóia, Cunhambebe, Jaraguari, Poti, Paraguaçu, Moema – e os costumes indígenas são apresentados em paralelo com os antigos germanos, descritos por Tácito nas *Histórias.* No caso dos negros, Afonso Celso começa explicando como vieram dar em nossas terras: "Foram

---

[45] CELSO, Afonso. *Porque me ufano de meu país. Op. cit.,* p. 88.

[46] *Idem, ibidem,* p. 113.

importados para o Brasil, desde os primeiros anos do descobrimento" (não há, portanto, nenhuma referência ao tráfico negreiro e à escravidão). A seguir, como no caso anterior, menciona os negros que se destacaram como amigos dos portugueses, declara que contribuíram com tantos serviços para o Brasil que, graças a eles, aqui não existe preconceito de cor, salienta a coragem negra da República dos Palmares (deixando supor que sua destruição foi obra da fúria dos paulistas) e sua bravura durante a guerra do Paraguai, lembrando ainda que muitos negros eram soldados sem reivindicar soldo, pois lhes bastava a honra e a glória de pertencer ao Exército brasileiro.

Do lado da história estão três motivos de nossa superioridade: o Brasil nunca sofreu humilhações, pois nunca foi derrotado nas guerras e batalhas e, quando houve alguma derrota, não foi definitiva "e não tardou a desforra";[47] o procedimento cavalheiresco e digno para com outros povos, pois não desafiou nenhum à guerra e só fez guerra se provocado ou chamado a auxiliar um país amigo; e, se não há feitos extraordinários em nossa história, pelo menos "não os há deprimentes ou vergonhosos" (Afonso Celso não faz uma única menção a Canudos!). Mas há que celebrar alguns feitos épicos: a obra dos jesuítas, a marcha dos bandeirantes, a guerra contra os holandeses, a República de Palmares e a retirada de Laguna.

Que a história seja narrada sob a perspectiva da guerra não surpreende. Foi exatamente dessa maneira que a história nasceu, com as obras de Heródoto, Tucídides e Políbio, isto é, para narrar grandes guerras e imortalizar os feitos militares dos grandes homens. Que a história brasileira seja narrada como celebração militar da dignidade política e da coragem moral dos heróis também não surpreende, pois foi dessa maneira que a Antiguidade clássica deu origem a um gênero novo, o discurso político, inaugurado com a Oração Fúnebre de Péricles para celebrar os primeiros mortos da Guerra do Peloponeso e elogiar o imperialismo ateniense. Todavia, ainda que Afonso Celso se inspire nos modelos antigos, o ufanismo despertado pelas missões jesuítas, pelas entradas e bandeiras e pelos feitos militares não se explica simplesmente como um recurso literário. Ele corresponde à exigência do "princípio

---

[47] CELSO, Afonso. *Porque me ufano de meu país. Op. cit.*, p. 121.

da nacionalidade", que define a nação não somente por seu território presente, mas por sua capacidade de expansão, conquista e unificação de territórios novos. Mais uma vez, portanto, o livro assegura que o Brasil é uma nação.

Finalmente, o último motivo de ufanismo são "as glórias a colher nele", isto é, tudo o que o país, por sua natureza, por seu tipo humano e por sua história oferece aos estudos dos naturalistas, antropólogos e historiadores, além de material inesgotável para suas artes e literatura. Esse ufanismo intelectual poderia parecer um tanto deslocado, se comparado à envergadura dos motivos anteriores. No entanto, ele também corresponde a um requisito do "princípio de nacionalidade", qual seja, que só é uma nação o agrupamento humano que possuir uma elite cultural solidamente estabelecida.

Afonso Celso encerra seu livro com três capítulos nos quais resume as razões para o ufanismo, aponta os perigos que rondam o país e prognostica a glória do futuro. O ufanismo não é infundado porque o Brasil, por sua vastidão, poderia conter toda a população da terra (em termos do "princípio da nacionalidade", deveríamos ser considerados uma supernação); por suas belezas e riquezas, por sua primavera eterna, está em progresso contínuo; pelo cruzamento de três raças valorosas constitui um povo bom, pacífico, ordeiro, serviçal, sensível, sem preconceitos; por sua notável história, em que não sofreu humilhações nem fez mal a ninguém, tendo sido o primeiro país autônomo da América sem derramar para isso uma só gota de sangue, é um país privilegiado, o belo quinhão que nos deu a Providência. Quanto aos perigos, são pequenos e superáveis, pois, na verdade, trata-se de um único problema, qual seja, a debilidade institucional da unificação e centralização do poder. Quanto ao futuro, escreve o autor:

> Confiemos. Há uma lógica imanente: de tantas premissas de grandeza só sairá grandiosa conclusão. Confiemos em nós próprios, confiemos no porvir, confiemos sobretudo em Deus que não nos outorgaria dádivas tão preciosas para que as desperdiçássemos esterilmente. Deus não nos abandonará. Se aquinhoou o Brasil de modo especialmente magnânimo, é porque lhe reserva alevantados destinos.[48]

---

[48] CELSO, Afonso. *Porque me ufano de meu país. Op. cit.*, p. 235.

O mito fundador

Em certo sentido, somos todos fundadores.
Fundar é dedicar o pensamento, a vontade e o coração.
[...] Não haveria pátria, família, igreja, se não renovasse,
pelo pensamento ou pelo espírito, o ato de sua fundação [...]
Não há igreja, não há família, não há pátria que se funde
num dia para sempre, se o ato de fundação não se repete
ou se renova com a fé, a fidelidade do primeiro dia.
FRANCISCO CAMPOS, 1936

Criamos nosso mito. O mito é uma crença, uma paixão.
Não é necessário que seja uma realidade. É realidade
efetiva, porque estímulo, esperança, fé, ânimo. Nosso
mito é a nação; nossa fé, a grandeza da nação.
FRANCISCO CAMPOS, 1940

Certa vez, o filósofo francês Maurice Merleau-Ponty comparou o aparecimento de novas ideias filosóficas – no caso, a ideia de subjetividade no pensamento moderno – e a descoberta da América. A comparação o levou a dizer que uma nova ideia não pode ser *descoberta*, pois ela não estava ali à espera de que alguém a achasse. Ela é inventada ou construída para que com ela sejam explicados ou interpretados acontecimentos e situações novos, realizados pelos homens. Uma ideia, escreveu ele, não está à nossa espera como a América estava à espera de Colombo.

O filósofo se enganou.

A América não estava aqui, à espera de Colombo, assim como o Brasil não estava aqui, à espera de Cabral. Não são "descobertas" ou, como se dizia no século XVI, "achamentos". *São invenções históricas e construções culturais.* Sem dúvida, uma terra ainda não vista nem visitada estava aqui. Mas *Brasil* (como também *América*) é uma criação dos conquistadores europeus. O *Brasil* foi instituído como colônia de Portugal e inventado como "terra abençoada por Deus", à qual, se dermos crédito a Pero Vaz de Caminha, "Nosso Senhor não nos trouxe sem causa", palavras que ecoarão nas de Afonso Celso, quando quatro séculos depois escreveu: "Se Deus aquinhoou o Brasil de modo

especialmente magnânimo, é porque lhe reserva alevantados destinos".
É essa construção que estamos designando como nosso *mito fundador*.

No período da conquista e colonização da América e do Brasil, surgem os principais elementos para a construção de um mito fundador. O primeiro constituinte é, para usarmos a clássica expressão de Sérgio Buarque de Holanda, a "visão do paraíso" e o que chamaremos aqui de elaboração mítica do símbolo "Oriente". O segundo é oferecido, de um lado, pela história teológica providencial, elaborada pela ortodoxia teológica cristã, e, de outro, pela história profética herética cristã, ou seja, o milenarismo de Joaquim de Fiori. O terceiro é proveniente da elaboração jurídico-teocêntrica da figura do governante como rei pela graça de Deus, a partir da teoria medieval do direito natural objetivo e do direito natural subjetivo e de sua interpretação pelos teólogos e juristas de Coimbra para os fundamentos das monarquias absolutas ibéricas.

Esses três componentes aparecem, nos séculos XVI e XVII, sob a forma das três operações divinas que, no mito fundador, respondem pelo Brasil: a obra de Deus, isto é, a Natureza, a palavra de Deus, isto é, a História, e a vontade de Deus, isto é, o Estado.

Em suma, o mito fundador é construído sob a perspectiva do que o filósofo judeu-holandês, Baruch Espinosa, designa com o conceito de *poder teológico-político*.

A sagração da Natureza

Do ponto de vista histórico, ou seja, econômico, social e político, sabemos por que se realizam as grandes navegações, as conquistas e a colonização, isto é, sabemos que são elas constitutivas do capitalismo mercantil: "A colonização europeia moderna aparece, em primeiro lugar, como um desdobramento da expansão puramente comercial. Foi no curso da abertura de novos mercados para o capitalismo mercantil europeu que se descobriram as terras americanas".[49]

Entretanto, do ponto de vista simbólico, as grandes viagens são vistas como um alargamento das fronteiras do visível e um deslocamento das fronteiras do invisível para chegar a regiões que a tradição

---

[49] NOVAIS, Fernando. *Op. cit.*, p. 67.

dizia impossíveis (como a dos antípodas) ou mortais (como a zona tórrida). Os mapas do período inicial das navegações são cartografias do real e do fabuloso e as primeiras viagens não trazem apenas novas mercadorias e novos saberes, mas também trazem novos semióforos: os países exóticos (Índia, China e Japão) e um Mundo Novo, no qual se julga haver reencontrado o Paraíso Terreal, de que fala a Bíblia e de que falam os escritos medievais. Assim, as viagens de descoberta e de conquista, alargando o visível e atando-o a um invisível originário – o Jardim do Éden – produzem o Novo Mundo como semióforo. Mas não só isso.

Os escritos medievais consagraram um mito poderoso, as chamadas Ilhas Afortunadas ou Ilhas Bem-Aventuradas, lugar abençoado, onde reinam primavera eterna e juventude eterna, e onde homens e animais convivem em paz. Essas ilhas, de acordo com a tradição fenícia e a irlandesa, encontram-se a oeste do mundo conhecido. Os fenícios as designaram com o nome *Braaz*, e os monges irlandeses as chamaram de *Hy Brazil*. Entre 1325 e 1482, os mapas incluem a oeste da Irlanda e ao sul dos Açores a *Insulla de Brazil* ou *Isola de Brazil*, essa terra afortunada e bem-aventurada que a Carta de Pero Vaz de Caminha descreveu ao comunicar a El-Rei o achamento do Brasil.

Um pouco mais tarde, virá o nome do lugar e, com esse nome, de origem mítica, se nomeia também a primeira riqueza mercantil: pau-do-Brasil, pau-Brasil. Foi achado o Brasil.

Do achamento dessa terra e de sua gente, escreve Pero Vaz de Caminha:

> Tem, ao longo do mar, nalgumas partes, grandes barreiras, delas vermelhas, delas brancas; e a terra por cima toda chã e muito cheia de grandes arvoredos. De ponta a ponta, é tudo praia-plana, muito chã e muito formosa.

> Pelo sertão nos pareceu, vista do mar, muito grande, porque, a estender os olhos, não podíamos ver senão terra com arvoredos que nos parecia muito longa.

> Nela, até agora, não pudemos saber que haja ouro, nem prata, nem coisa alguma de metal ou ferro; nem lho vimos. Porém a terra em si é de muito bons ares, assim frios, assim temperados, como os de Entre Doiro e Minho, porque neste tempo de agora os achávamos como os de lá.

Águas são muitas; infindas. E em tal maneira é graciosa que, querendo-se aproveitar, dar-se-á nela tudo, por bem das águas que tem. [...]

Andavam todos tão dispostos, tão bem-feitos e galantes com suas tinturas, que pareciam bem. [...] Andavam já mais mansos e seguros entre nós, do que nós andávamos entre eles [...] Parece-me gente de tal inocência que, se homem os entendesse e eles a nós, seriam logo cristãos, porque eles, segundo parece, não têm nem entendem em nenhuma crença [...] porque, certo, essa gente é boa e de boa simplicidade [...] E, pois, Nosso Senhor, que lhes deu bons corpos e bons rostos, como a bons homens, por aqui nos trouxe, creio que não foi sem causa.

[...] Eles não lavram nem criam [...] Nem comem senão desse inhame, que aqui há muito, e dessa semente e frutos, que a terra e as árvores de si lançam. E com isso andam tais e tão rijos e tão nédios que o não somos nós tanto, em maneira que são muito mais nossos amigos que nós seus.[50]

Para compreendermos a construção do semióforo Brasil, precisamos referi-lo a um outro. De fato, quando lemos os diários de bordo e a correspondência dos navegantes, bem como a correspondência, os ensaios e livros dos evangelizadores, particularmente dos franciscanos e jesuítas, percebemos que a palavra "Oriente" é um semióforo, um símbolo, ou seja, indica algo mais do que um lugar ou uma região geográfica, e nos damos conta de que este símbolo é bifronte.

Oriente significa, por um lado, o Japão, a China e a Índia, portanto, impérios constituídos com os quais se pretende tanto a relação econômica, como a diplomática, mas sobretudo, se possível, uma dominação militar e política pelo Ocidente. Mais importante, porém, é seu outro sentido: *Oriente* é o símbolo do Jardim do Éden.

Com efeito, a Bíblia, no livro da Gênese, afirma que o paraíso terrestre, terra de leite e mel cortada por quatro rios, localiza-se no Oriente. A partir do relato bíblico, as grandes profecias, particularmente as de Isaías, descreveram com profusão de detalhes o oriente-paraíso,

---

[50] CAMINHA, Pero Vaz de. Carta a El-Rei D. Manuel sobre o achamento do Brasil. In: AGUIAR, Flávio (Org.). *Com palmos medida. Terra, trabalho e conflito na literatura brasileira.* São Paulo: Boitempo, 1999, p. 22-23.

terra cortada por rios cujos leitos são de ouro e prata, safiras e rubis, por onde correm leite e mel, em cujas montanhas derramam-se pedras preciosas, habitado por gentes belas, indômitas, doces e inocentes como no Dia da Criação, promessa de felicidade perene e redenção. Com base nos textos proféticos e em textos dos clássicos latinos, particularmente Ovídio, Virgílio e Plínio, o Velho, o cristianismo medieval criou uma literatura cujo tema era a localização e descrição do Paraíso Terrestre, literatura que será retomada com vigor durante a Renascença, sob o impacto de fortes correntes milenaristas e proféticas. Numa palavra, portanto, *Oriente* significa o reencontro com a origem perdida e o retorno a ela.

O que é o Paraíso Terrestre? Antes de tudo, o jardim perfeito: vegetação luxuriante e bela (flores e frutos perenes), feras dóceis e amigas (em profusão inigualável), temperatura sempre amena ("nem muito frio, nem muito quente", repete toda a literatura), primavera eterna contra o "outono do mundo" de que se falava no fim da Idade Média, passa a se referir ao sentimento de declínio de um velho mundo e à esperança de restituição da origem, ideias vigorosamente retomadas pela Renascença, particularmente pelos neoplatônicos herméticos que, como Campanella, elaboram utopias de cidades perfeitas guiadas pelo Sol e pelos "sete planetas", fonte da futura elaboração da imagem do Brasil como Eldorado. No relato de sua terceira viagem e numa carta aos reis, em 1501, Colombo afirma haver localizado o Paraíso Terrestre, descrevendo-o tal como vislumbrado ao longe (descrição, aliás, que repete as descrições imaginárias elaboradas durante a Idade Média, nas quais o Paraíso está protegido por uma muralha de montanhas e rios bravios).[51]

Os textos dos navegantes estão carregados com essas imagens, como vimos há pouco na carta de Pero Vaz, na qual a ausência de pedras e metais preciosos não indica que a terra achada não seja portal do Paraíso, pois não só os recém-chegados não adentraram pelo sertão e por isso nada podem asseverar sobre as riquezas, como ainda, diante de objetos dourados e prateados, os nativos fazem sinais para o

---

[51] Sobre as cartas de Colombo, ver: CHAUI, Marilena. Colombo, exegeta da América. In: NOVAIS, Adauto (Org.). *A descoberta do homem e do mundo*. São Paulo: Companhia das Letras, 1998.

interior da terra, não sendo descabido interpretá-los como indicação de que nela há metais preciosos. Em contrapartida, estão presentes e visíveis três signos paradisíacos que um leitor dos séculos XVI e XVII compreende imediatamente: a referência à abundância e boa qualidade das águas (dizendo tacitamente que a terra achada é cortada pelos rios de que fala o livro da Gênese), a temperatura amena (sugerindo tacitamente a primavera eterna) e as qualidades da gente, descrita como bela, altiva, simples e inocente (dizendo tacitamente que são a gente descrita pelo profeta Isaías).

Cartas e diários de bordo impressionam porque descrevem o mundo descoberto como novo e outro, mas o sentido desses termos é diverso do que esperaríamos. De fato, ele não é novo porque jamais visto nem é outro porque inteiramente diverso da Europa. Ele é *novo* porque é o retorno à perfeição da origem, à primavera do mundo, ou à "novação do mundo", oposta à velhice outonal ou à decadência do velho mundo. E é *outro* porque é originário, anterior à queda do homem. Donde a descrição, feita por jesuítas, dominicanos e franciscanos, da gente nova como inocente e simples, pronta para ser evangelizada.

Essa "visão do paraíso", o *tópos* do Oriente como Jardim do Éden, essa Insulla de Brazil ou Isola de Brazil, são constitutivos da produção da imagem mítica fundadora do Brasil e é ela que reencontramos na obra de Rocha Pita, que afirma explicitamente ser aqui o Paraíso Terrestre redescoberto, no livro do conde Afonso Celso, nas poesias nativistas românticas, na letra do Hino Nacional, na explicação escolar da bandeira brasileira e nas poesias cívicas escolares, como as de Olavo Bilac. Compreendemos agora o sentido mítico do auriverde pendão nacional. De fato, sabemos que, desde a Revolução Francesa, as bandeiras revolucionárias tendem a ser tricolores e são insígnias das lutas políticas por liberdade, igualdade e fraternidade. A bandeira brasileira é quadricolor e não exprime o político nem narra a história do país. É um símbolo da Natureza. É o Brasil-jardim, o Brasil-paraíso.

Essa produção mítica do país-jardim, ao nos lançar na sagração da Natureza, lança-nos para fora do mundo da História. E, como se trata da Natureza-Paraíso, não há sequer como falar num estado de natureza à maneira daquele descrito, no século XVII, pelo filósofo inglês Hobbes, no qual prevalece a guerra de todos contra todos e o medo da morte, suscitando o aparecimento do estado civil pelo pacto social e o advento do poder político. Nesse estado de natureza paradisíaco em que nos encontramos, há apenas nós – pacíficos e ordeiros – e Deus, que, olhando por nós, nos deu o melhor de Sua obra e nos dá o melhor de Sua vontade.

Que efeitos reais produz o Brasil-Natureza?

Mencionemos, brevemente, alguns efeitos, vindos desde a época colonial, cujo ocultamento foi decisivo na construção do mito fundador.

Desde o início da colonização, o escravismo se impôs como exigência econômica. De fato:

> Produzir para o mercado europeu nos quadros do comércio colonial tendentes a promover a acumulação primitiva do capital nas economias europeias exigia formas compulsórias de trabalho, pois, do contrário, ou não produziria para o mercado europeu [...] ou se se imaginasse uma produção exportadora organizada por empresários que assalariassem o trabalho, os custos da produção seriam tais que impediriam a exploração colonial [...] atendendo, pois, às necessidades do desenvolvimento capitalista, só se podia ajustar ao sistema colonial [...] assente sobre várias formas de compulsão do trabalho – no limite o escravismo –, e a exploração colonial significava, em última instância, exploração do trabalho escravo.[52]

Como justificar a escravidão no Paraíso?

Ora, se não estamos num estado de Natureza pensado com os conceitos modernos e capitalistas, isto é, como guerra de todos contra todos, ou como aquilo que um historiador chamou de "individualismo possessivo",[53] é porque aqui se concebe o estado de Natureza segundo as teorias desenvolvidas pelos teólogos da Contrarreforma, na Universidade de Coimbra, inspiradas nas ideias de direito natural objetivo e subjetivo.[54]

A teoria do direito natural objetivo parte da ideia de Deus como legislador supremo e afirma haver uma ordem jurídica natural criada por Ele, ordenando hierarquicamente os seres segundo sua perfeição e seu grau de poder, e determinando as obrigações de mando e obediência

---

[52] NOVAIS, Fernando. *Op. cit.*, p. 102-103.

[53] MACPHERSON, C. B. *The Political Theory of Possessive Individualism*. Oxford: Clarendon Press, 1962.

[54] Isto é, a reformulação modernizante do direito natural, feita pela Contrarreforma e particularmente pelos teólogos da Universidade de Coimbra.

entre esses graus em que o superior naturalmente comanda e subordina o inferior, o qual também naturalmente lhe deve obediência. A teoria do direito natural subjetivo, por sua vez, afirma que o homem, por ser dotado de razão e vontade, possui naturalmente o sentimento do bem e do mal, do certo e do errado, do justo e do injusto, e que tal sentimento é o direito natural, fundamento da sociabilidade natural, pois o homem é, por Natureza, um ser social.

Nessas teorias, o estado de Natureza paradisíaco, tal como narrado pela Bíblia, isto é, como estado de inocência do primeiro homem e da primeira mulher, é ameaçado (em decorrência do pecado original) pelo risco de degenerar em injustiça e guerra, o que é evitado porque Deus, como governante e legislador, envia a lei a um representante de Sua vontade, o qual, em conformidade com o direito natural objetivo, manterá a harmonia natural originária estabelecendo o estado de Sociedade. De acordo com essas teorias, o ordenamento jurídico natural, por ser uma hierarquia de perfeições e poderes desejada por Deus, indica que a Natureza é constituída por seres que naturalmente se subordinam uns aos outros. Explica-se assim que Pero Vaz de Caminha, depois de descrever a inocência dos habitantes da terra achada, se lembre de dizer que não possuem crença alguma, situando-os na escala de seres abaixo dos cristãos e sugerindo a El-Rei que "o melhor fruto, que dela se pode tirar, me parece será salvar essa gente. E essa deve ser a principal semente que Vossa Alteza deve nela lançar".

Assim, em conformidade com as teorias do direito natural objetivo e subjetivo, a subordinação e o cativeiro dos índios serão considerados consequência espontânea da ordem natural decretada por Deus. De fato, pela teoria da ordem jurídica natural, os nativos são juridicamente inferiores e devem ser comandados pelos superiores naturais, o conquistador-colonizador. Por outro lado, graças à teoria do direito de Natureza subjetivo, diz-se que alguém é sujeito de direito quando está na plena posse da vontade, da razão e dos bens necessários à vida – seu corpo, suas propriedades móveis e imóveis e sua liberdade. Modernizado, esse direito subjetivo natural consagra a ideia de propriedade privada incondicional ou absoluta, tal como definida pelo antigo direito romano. Em outras palavras, a vida, o corpo, a liberdade são concebidos como propriedades naturais que pertencem ao sujeito de direito racional e voluntário. Ora, dizem os teóricos, considerando-se o estado selvagem (ou de brutos que não exercem a razão), os índios não podem ser tidos como sujeitos de direito e, como tais, são *escravos naturais*.

A inferioridade natural dos índios, aliás, pode ser compreendida imediatamente por uma pessoa dos séculos XVI e XVII no simples fato de que a palavra empregada para referir-se a eles é a palavra "nação", que, como vimos, exprime (até meados do século XIX) um agrupamento de gente com descendência comum, mas que não possui estatuto civil ou legal – os índios, dizem os navegantes e os colonizadores, são gente "sem fé, sem lei e sem rei". Nessas condições, estão *naturalmente* subordinados e sob o poder do conquistador.

Todavia, se essa teoria parecer excessivamente brutal, pode-se corrigi-la com o conceito de "servidão voluntária".

De fato, de acordo com a teoria do direito natural subjetivo, a liberdade que caracteriza o sujeito de direito é a liberdade da vontade para escolher entre alternativas contrárias possíveis. A escolha significa que a vontade é uma *capacidade* e que seu exercício depende da racionalidade do sujeito de direito. Uma capacidade é uma *faculdade* e é da essência de uma *faculdade* poder exercer-se ou escolher não ser exercida, isto é, seu uso é facultativo. Assim sendo, os que escolhem não exercer a faculdade da liberdade escolhem, espontaneamente ou por vontade, a servidão e por isso mesmo esta é uma *servidão voluntária*. A inferioridade objetiva dos nativos na hierarquia natural dos seres justifica que, subjetivamente, escolham a servidão voluntária e sejam legal e legitimamente escravos naturais.

Que fazer, porém, quando a situação é aquela descrita por Pero de Magalhães Gandavo?

> Os moradores desta costa do Brasil todos têm terras de sesmarias dadas e repartidas pelos capitães da terra, e a primeira coisa que pretendem alcançar são escravos [...] porque sem eles não se podem sustentar na terra: e uma das coisas por que o Brasil não floresce muito mais é pelos escravos que se alevantarão e fugirão para suas terras e fogem cada dia: e se estes índios não foram tão fugitivos e mudáveis, não tivera comparação a riqueza do Brasil.[55]

Ao que tudo indica, os índios decidiram usar a livre faculdade da vontade e recusar a servidão voluntária. Será preciso que a Natureza ofereça nova solução.

---

[55] GANDAVO, Pero de Magalhães. *Tratado das Terras do Brazil.* In: AGUIAR, Flávio (Org.). *Com palmos medida. Op. cit.*, p. 35.

Passa-se, então, a afirmar a *natural indisposição* do índio para a lavoura e a *natural afeição* do negro para ela. A Natureza reaparece, ainda uma vez, pelas mãos do direito natural objetivo – pelo qual era legal e legítima a subordinação do negro inferior ao branco superior – e do direito natural subjetivo, porém não mais sob a forma da servidão voluntária e sim pelo direito natural de dispor dos vencidos de guerra. Afirmava-se que, nas guerras entre tribos africanas e nas guerras entre africanos e europeus, os vencidos são naturalmente escravos e pode-se dispor deles segundo a vontade de seus senhores. Dada a "afeição natural" dos negros para a lavoura, era também natural que os vencidos de guerra fossem escravos naturais para o trabalho da terra. A naturalização da escravidão africana (por afeição à lavoura e por direito natural dos vencedores), evidentemente, ocultava o principal, isto é, que o *tráfico negreiro* "abria um novo e importante setor do comércio colonial".[56]

A escravização dos índios e dos negros nos ensina que Deus e o Diabo disputam a Terra do Sol. Não poderia ser diferente, pois a serpente habitava o Paraíso.

Com isso, somos levados a um outro efeito da imagem do Brasil-Natureza. A disputa cósmica entre Deus e o Diabo aparece, desde o início da colonização, sem se referir às divisões sociais, mas como divisão da e na própria Natureza: o Mundo Novo está dilacerado entre o litoral e o sertão.

Os poemas e os autos de Anchieta são os primeiros a construir a fratura da Natureza entre a costa litorânea, lugar do bem onde a palavra de Deus começa a frutificar, e a mata bravia, lugar do mal onde o demônio espreita, sempre pronto a atacar.

> O mal se espalha nos matos ou se esconde nas furnas e nos pântanos, de onde sai à noite sob as espécies da cobra e do rato, do morcego e da sanguessuga. Mas o perigo mortal se dá quando tais forças, ainda exteriores, penetram na alma dos homens.[57]

Para compreender o embate entre Deus e o Diabo, centro do drama de Canudos, Euclides da Cunha, no final do século XIX e início

---

[56] GANDAVO, Pero de Magalhães. *Tratado das Terras do Brazil.* In: AGUIAR, Flávio (Org.). *Com palmos medida. Op. cit.*, p. 105.

[57] BOSI, Alfredo. *Dialética da colonização. Op. cit.*, p. 74.

do século XX, tomado pelo "complexo de Caim", na bela expressão de Walnice Galvão,[58] descreve o sertão. Substituindo Deus e o Diabo pela ciência, isto é, pelo estudo do clima, da geologia e da geografia, a descrição de Euclides é duplamente impressionante: em primeiro lugar, pela força literária do texto, mas, em segundo lugar, porque ela poderia ser lida como o avesso épico e dramático da descrição idílica de Pero Vaz, em cuja Carta o sertão era apenas adivinhado e permanecia invisível.

Como é o sertão de *Os sertões*?

> É uma paragem impressionante.
>
> As condições estruturais da terra lá se vincularam à violência máxima dos agentes exteriores para o desenho de relevos estupendos. O regime torrencial dos climas excessivos, sobrevindo de súbito, depois das insolações demoradas, e embatendo naqueles pendores, expôs há muito, arrebatando-lhes para longe todos os elementos degradados [...] dispondo-se em cenários em que ressalta, predominantemente, o aspecto atormentado das paisagens [...] no contorcido dos leitos secos dos ribeirões efêmeros, no constrito das gargantas e no quase convulsivo de uma flora decídua embaralhada em esgalhos – é de algum modo o martírio da terra, brutalmente golpeada pelos elementos [...].
>
> As forças que trabalham a terra atacam-na na contextura íntima e na superfície, sem intervalos na ação demolidora, substituindo-se, com intercadência invariável, as duas estações únicas da região.
>
> Dissociam-na nos verões queimosos; degradam-na nos invernos torrenciais.[59]

Euclides descreve uma terra torturada pela fúria elementar. Descreve um estupro. Feminina, a terra é golpeada, atormentada, martirizada em sua contextura íntima, dissociada pelo calor e degradada

---

[58] GALVÃO, Walnice Nogueira. *No calor da hora. Op. cit.* A autora usa a expressão "complexo de Caim" para referir-se ao intelectual que, tendo sido conivente com o massacre, se arrepende, sente-se responsável e passa a chamar os mortos de "patrícios" e "brasileiros", buscando entender por que surgiu Canudos. Nessa tentativa de compreender o acontecimento político, Euclides, homem de sua época, começa pelo determinismo geográfico e geológico.

[59] CUNHA, Euclides da. *Os sertões*. Edição crítica por Walnice Nogueira Galvão. São Paulo: Brasiliense, 1985, p. 100-101.

pelo líquido. Mas essa visão trágica de uma Natureza desgraçada é compensada pela descrição épica do sertanejo, contrapondo à dor do feminino a força corajosa do masculino. Não nos enganemos, escreve Euclides, com a aparência raquítica, o andar e a fala preguiçosos, pois sob essa aparência esconde-se aquele que luta contra a fúria dos elementos. Aos "mestiços neurastênicos do litoral" é preciso contrapor o sertanejo, aquele que "é, antes de tudo, um forte".

Vinda de Anchieta e retomada por Euclides, a divisão natural do Brasil em litoral e sertão dá origem a uma tese de longa persistência, a dos "dois Brasis", reafirmada com intensidade pelos integralistas nos anos 1920 e 1930, quando opõem o Brasil litorâneo, formal, caricatura letrada e burguesa da Europa liberal, e o Brasil sertanejo, real, pobre, analfabeto e inculto. O sertão, diz Plínio Salgado, é uma mentalidade, um estado de espírito, a brasilidade propriamente dita como sentimento da terra.

Esse mesmo contraponto reaparece nas imagens do "oeste" e do "centro", formuladas politicamente durante o Estado Novo, como se escuta na fala de Getúlio Vargas, em 1939, ao convocar a nação para a marcha rumo ao sertão: "Caminhamos para a unidade, marchamos para o centro, não pela força de preconceitos doutrinários, mas pelo fatalismo de nossa definição racial".[60]

Esse "fatalismo de nossa definição racial", que faz do sertão ou do centro o lugar de nossa destinação natural, recebe seu sentido ideológico claro na elaboração do modernista Cassiano Ricardo, quando constrói a imagem do sertanista e das bandeiras como figuração da essência e do destino da brasilidade, e quando faz do sertão e barreira natural protetora que se ergue para defender as origens nacionais contra os perigos do litoral, importador do liberalismo, do comunismo e do fascismo:

> Bandeirante no apelo às origens brasileiras; na defesa de nossas fronteiras espirituais contra quaisquer ideologias exóticas e dissolventes da nacionalidade; na soma de autoridade conferida ao chefe nacional; na "marcha para o oeste" que é também o sinônimo de nosso imperialismo interno e no seu próprio conceito, isto é, no seu sentido "dinâmico" de Estado.[61]

---

[60] *Apud* LENHARO, Alcir. *Op. cit.*, p. 56.

[61] RICARDO, Cassiano. *O Estado Novo e seu sentido bandeirante, apud* LENHARO, Alcir. *Op. cit.*, p. 61.

Como observa Alcir Lenharo, elabora-se aqui uma *geografia do poder* em que "o espaço físico unificado constitui o lastro empírico sobre o qual os outros elementos constitutivos da Nação se apoiam". O Brasil é o solo nacional e este possui uma qualidade primordial instituinte, a cor, que tinge o céu, a mata, a fauna e as raças porque, no dizer de Cassiano Ricardo, "parece que Deus derramou tinta por tudo". Dessa maneira, "a Nação em marcha redescobre sua selvageria tropical cromática, a sua qualidade natural própria, força criadora viva, obra-prima divina que o homem não corrompera".[62]

Essa longa construção do sertão mítico, que começa nos autos de Anchieta, passa pelo determinismo de Euclides, aloja-se na ideologia integralista da mentalidade sertaneja e na getulista das entradas e bandeiras, encontra sua culminância em *Grande sertão: veredas*, que retoma o sentido jesuítico inicial do embate entre duas forças cósmicas, Guimarães Rosa escrevendo que "sertão é onde manda quem é forte, com as astúcias. Deus mesmo, quando vier, que venha armado!". E forte com as astúcias, sabemos, é o Diabo.

Por isso mesmo, na luta contra o Diabo, não foi menos significativa a maneira como se exprimiu a esperança milenarista de Canudos que, como toda revolta popular, intenta virar o mundo de pernas para o ar: "Então o certão virará praia e a praia virará certão [...]. Hade chover uma grande chuva de estrellas e ahi será o fim do mundo".[63]

"O sertão vai virar mar / O mar vai virar sertão", canta o músico poeta, nos anos 60 do século XX. Essa promessa assinala o modo como, embebidos na Natureza, entramos na história. Ou, como escreveu Euclides, o "messianismo religioso" fazendo irromper o "messianismo da raça", com a "desgraça dos poderosos, o esmagamento do mundo profano, o reino de mil anos e suas delícias". E pergunta: "Não há, com efeito, nisto, um traço superior do judaísmo?".[64] O judaísmo, como veremos, institui uma teologia da história como sagração do tempo.

---

[62] LENHARO, Alcir. *Op. cit.*, p. 62.

[63] Fala de Antônio Conselheiro, transcrita por Euclides da Cunha em *Os sertões* (*op. cit.*, p. 223).

[64] CUNHA, Euclides da. *Op. cit.*, p. 223.

A sagração da História

Assim, o segundo elemento na produção do mito fundador vai lançar-nos na História, depois que o primeiro, nos mantendo na Natureza, nos havia tirado dela. Trata-se, porém, da história teológica ou providencialista, isto é, da história como realização do plano de Deus ou da vontade divina, do "reino de mil anos e suas delícias" de que fala Euclides da Cunha.

A Antiguidade – tanto oriental como ocidental – concebia o tempo cósmico como um círculo ou ciclo de retorno perene (o movimento dos astros, a sucessão do dia e da noite, a sucessão repetitiva das estações do ano) e o tempo dos entes singulares como reta finita, marcada pelo nascimento e pela morte. No primeiro caso, o tempo é repetição e a forma da eternidade; no segundo, é devir natural de todos os seres, aí incluídos os impérios e as cidades. O tempo dos homens, embora linear e finito, é medido pelo tempo circular das coisas, pois a repetição eterna é a medida de tudo quanto é perecível: movimento dos astros, sequência das estações, germinar e desenvolver das plantas. Enquanto o tempo cíclico exclui a ideia de História como aparição do novo, pois não faz senão repetir-se, o tempo linear dos entes da natureza introduz a noção de História como memória. O tempo cósmico se colocará sob o signo da caprichosa deusa *Fortuna*, cuja roda faz inexoravelmente subir o que está decaído e decair o que está no alto; o tempo humano, posto sob a proteção da deusa *Memória*, garante imortalidade aos mortais que realizaram feitos dignos de serem lembrados, tornando-os memoráveis e exemplos a serem imitados, a perenidade do passado garantindo-se por sua repetição, no presente e no futuro, pela imitação dos grandes exemplos. O tempo da História antiga é épico, narrando os grandes feitos de homens e cidades cuja duração é finita e cuja preservação é a rememoração.

Diferentemente do tempo cósmico (natural) e épico (histórico), o tempo bíblico, como mostra Auerbach,[65] é dramático, pois a história narrada é não somente sagrada, mas também o drama do afastamento do homem de Deus e da promessa de reconciliação de Deus com o homem. Relato da distância e proximidade entre o homem e Deus, o tempo não exprime os ciclos da Natureza e as ações dos homens,

---

[65] AUERBACH, Erich. *Mimesis.* São Paulo: Perspectiva, 1981.

mas a vontade de Deus e a relação do homem com Deus: o tempo judaico é expressão da vontade divina, que o submete a um plano cujos instrumentos de realização são os homens afastando-se Dele e Dele se reaproximando por obra Sua.

Esse tempo e esse plano podem ser decifrados, pois Deus oferece a alguns o dom do deciframento temporal, isto é, a profecia. O tempo é, assim, tempo profético, disso resultando duas consequências principais que podem ser percebidas de imediato. Em primeiro lugar, o presente pode receber sinais divinos por intermédio dos quais o homem tem como decifrar o sentido do passado e do futuro; em segundo, o tempo é sempre realização de uma promessa divina e, por isso, finalizado e messiânico. O tempo não é repetição (cósmica) nem simples escoamento (humano), mas passagem rumo a um fim que lhe *dá* sentido e orienta *seu* sentido, sua direção.

É esse caráter dramático do tempo judaico que dará forma e sentido à ideia cristã de História, na qual o drama reúne homem e Deus, tanto porque o homem é o ponto mais alto do primeiro momento do tempo, isto é, da Criação, quanto porque o homem é a forma escolhida por Deus para cumprir a Promessa de salvação, isto é, a Encarnação.

No mundo judaico-cristão, História é, pois, a operação de Deus no tempo e por isso ela é: 1) providencial, unitária e contínua porque é manifestação da vontade de Deus no tempo, o qual é dotado de sentido e finalidade graças ao cumprimento do plano divino; 2) teofania, isto é, revelação contínua, crescente e progressiva da essência de Deus no tempo; 3) epifania, isto é, revelação contínua, crescente e progressiva da verdade no tempo; 4) profética, não só como rememoração da Lei e da Promessa, mas também como expectativa do porvir ou, como, no século XVII, disse o padre Vieira, a profecia é "história do futuro"; a profecia traz um conhecimento do que está além da observação humana, tanto daquilo que está muito longe no tempo – o sentido do passado e do futuro – como do que está muito longe no espaço – os acontecimentos do presente não presenciados diretamente pelo profeta. A profecia oferece aos homens a possibilidade de conhecer a estrutura secreta do tempo e dos acontecimentos históricos, isto é, de ter acesso ao plano divino; 5) salvívica ou soteriológica,[66] pois o que se revela

---

[66] *Soter*, palavra grega que significa "salvador".

no tempo é a promessa de redenção e de salvação dos homens como obra do próprio Deus; 6) apocalíptica (palavra grega que significa uma revelação feita diretamente pela divindade) e escatológica (do grego, *ta eskhatón,* as últimas coisas ou as coisas últimas), isto é, está referida não só ao começo do tempo, mas sobretudo ao fim dos tempos e ao tempo do fim, quando despontará, segundo o profeta Isaías, o Dia do Senhor, cuja ira e julgamento antecedem a redenção final, quando a Promessa estará plenamente cumprida; 7) universal, pois não é história deste ou daquele povo ou império, mas história do Povo de Deus, que criou o homem e salvará a humanidade escolhida; 8) completa, pois terminará quando estiver consumada a Promessa. Essa completude, para uns, já se deu com o Advento do Messias; ainda se dará, com o Segundo Advento do Cristo, no Fim dos Tempos, depois de mil anos de felicidade na Terra, julgam outros, chamados de milenaristas. Seja como história messiânica, seja como história milenarista, a história se completará e o tempo findará.

Vem do *Livro da Revelação* do profeta Daniel a expressão "tempo do fim", precedido de abominações e da realização da promessa de ressurreição e salvação dos que estão "inscritos no Livro" de Deus. Esse tempo final é descrito pelo profeta como tempo do aumento do conhecimento, quando os homens "esquadrinharão a Terra e o saber se multiplicará" porque, então, se dará a abertura do "livro dos segredos do mundo". Esse tempo, profetiza Daniel, tem duração predeterminada: "Será um tempo, mais tempos e a metade de um tempo", e se iniciará após "mil e duzentos dias" de abominação e durará "mil trezentos e trinta cinco dias", depois dos quais os justos estarão salvos.

A completude da história universal (o que judeus e cristãos chamam de "plenitude do tempo" e os ideólogos do século XX chamam de "fim da história") foi, desde o início do cristianismo, matéria de controvérsia, disputa e, portanto, de heresia e ortodoxia. De fato, a cristologia nasce em dois movimentos sucessivos: no primeiro movimento, o Antigo Testamento é interpretado como profecia do Advento do Messias, cumprimento da Promessa de salvação e iminência do fim dos tempos; no movimento seguinte (quando, historicamente, o mundo não acabou depois da Ressurreição do Cristo, e o Juízo Final tarda a acontecer enquanto o mal se espalha por toda parte), o Novo Testamento passou a ser interpretado como profecia do Segundo

Advento, a Segunda Vinda do Messias no fim dos tempos, com a qual a história estará completamente consumada.

Para decifrar os sinais da aproximação do tempo do fim dos tempos, os cristãos buscaram os textos dos profetas Daniel e Isaías e os chamados "pequenos apocalipses" dos Evangelhos de Mateus, Lucas e Marcos, e, evidentemente, o Grande Apocalipse de João. De Isaías, vem a figura do Dia da Ira ou o Dia do Senhor, quando se dará o Juízo Final. Vem de Daniel, com a interpretação dos sonhos de Nabuco-donosor, a ideia de que a sucessão temporal se realiza como ascensão e queda de quatro monarquias ou reinos injustos, até que, sob a ação do Messias, se erga o último reino, a Quinta Monarquia ou o Quinto Império (que Daniel julgara ser Israel, evidentemente e o padre Vieira não duvidará de que se trata de Portugal). Do Grande Apocalipse vêm os sinais de abominação que anunciam a proximidade do fim (os Quatro Cavaleiros do Apocalipse – guerra, fome, peste e morte), o reino do Anticristo ou Babilônia, a batalha final entre o Cristo e o Anticristo, e a ideia do Reino de Mil Anos de abundância e felicidade, que precedem o Juízo Final, quando se dará o término do tempo e a entrada dos justos e santos na eternidade ou na Jerusalém Celeste.

A consolidação institucional da Igreja durante a queda e o término do Império Romano levou à condenação da esperança milenarista, pois esta dava pouca importância à instituição eclesiástica e não tinha motivos para submeter-se ao poder da Igreja, fugaz e efêmero, visto que o tempo do fim era iminente. Como reação e afirmação de seu poderio, a instituição eclesiástica, ou a "Igreja dos justos e bons", proclamou-se a si mesma como Reino de Mil Anos ou a Jerusalém Celeste, determinando que a revelação estava concluída com a En-carnação de Jesus, que a história universal estava terminada com os Evangelhos e a salvação se encontrava na Igreja. Tudo está consumado no mundo e mesmo que este não acabe hoje, mas somente quando Deus assim decidir, nada mais há para acontecer, senão o progresso individual do caminho da alma a Deus e a difusão da Igreja por toda a Terra. Passa-se, assim, a se fazer uma distinção entre o século, ou o tempo profano, e a eternidade, ou o tempo sagrado: a ordem sagrada da eternidade está concluída e a ordem profana do século é irrelevante em termos universais, tendo relevância apenas para a alma individual, peregrina neste mundo e em itinerário rumo a Deus.

O tempo perfeito e completo está dividido em sete dias (a Semana Cósmica: Criação, Queda, Dilúvio, Patriarcas, Moisés, Encarnação) e em três eras, correspondentes à ação da Santíssima Trindade: o tempo antes da lei ou o tempo do Pai, que vai de Adão até Moisés; o tempo sob a lei, ou o tempo do Pai e do Filho, que vai de Moisés até Jesus; e o tempo sob a graça, ou tempo do Filho e do Espírito Santo, momento final da história universal e do tempo sagrado, tempo do cristianismo ou do Reino de Deus na Terra.

Essa cronologia pretende esvaziar uma questão antiga que não cessará de ser retomada pelos milenaristas como problema: que se passa no intervalo de tempo entre o Primeiro e o Segundo Advento de Cristo, naquele intervalo do "silêncio de meia hora no céu", entre a abertura do Sexto e do Sétimo Selo, de que fala o Grande Apocalipse de João? Que se passa no intervalo de tempo entre a vinda do Filho da Perdição (o Anticristo) e o Juízo Final? Ora, esses intervalos temporais são o que une o tempo profano e o tempo sagrado que a Igreja pretendera ter separado, mas que formam o centro da história milenarista, pois neles haverá revelação, inovação, *acontecimento* e preparação para o fim do tempo. A História não está consumada, mas ainda há eventos por vir.

Há desordem no mundo, afirmam os milenaristas. A desordem é um acontecimento que pesa sobre a cristandade e seu sentido precisa ser decifrado. Esse deciframento reabre a temporalidade e se torna busca do conhecimento da estrutura secreta do tempo e de seu sentido numa interpretação apocalíptico-escatológica da história profética e providencial cuja elaboração mais importante encontra-se na obra do abade calabrês Joaquim de Fiori, escrita no século XII.

Com Fiori, o tempo é a ordem de manifestação sucessiva e progressiva da Trindade, mas a temporalidade sagrada é escandida por três estados que não correspondem exatamente aos da sequência eclesiástica oficial: o tempo do Pai é o tempo da Lei (o Antigo Testamento), o tempo do Filho é o tempo da Graça (os Evangelhos) e o tempo do Espírito Santo é o tempo da Ciência ou da plenitude do saber (o Evangelho Eterno). A Semana Cósmica mantém as sete eras ou os sete dias, mas, entre o sexto e o sétimo dia, o Anticristo será aprisionado por um representante do Cristo, essa prisão permitirá o estabelecimento de um Reino de Mil Anos de paz e felicidade, ao término dos quais o Cristo libertará o Anticristo, o combaterá e o vencerá para todo o sempre. Virá, então, a sétima era, o Juízo Final, e o oitavo dia será o Jubileu eterno.

O tempo sagrado tece o tempo profano. Esse tecido é a *ordem do tempo*, estruturada pelos fios de três tempos progressivos rumo à apoteose, graças ao ordenamento figurado ou simbólico dos acontecimentos narrados ou profetizados pela Bíblia. O Reino de Mil Anos de felicidade, que antecede a batalha final entre Cristo e o Anticristo, é a obra de um enviado especial, o Enviado dos Últimos Dias. Esse enviado é a contribuição própria de Joaquim de Fiori para explicar a ordem do tempo e se desdobra em duas personagens: o Papa Angélico (depois interpretado pelos joaquimitas como o Imperador dos Últimos Dias) e os homens espirituais (duas novas ordens monásticas de preparação para o tempo do fim, a ordem dos pregadores ativos e a dos contemplativos espirituais[67]). A plenitude do tempo será assinalada, como profetizara Daniel, pelo aumento da espiritualidade ou do conhecimento no mundo e pela instituição do Quinto Império ou da Jerusalém Celeste, quando "todos os reinos se unirão em um cetro, todas cabeças obedecerão a uma suprema cabeça e todas as coroas rematarão num só diadema". Um só rebanho e um só pastor, profetizados por Isaías, são a condição para realização do futuro.

Resta saber o que a construção judaico-cristã da História, seja na versão providencial da instituição eclesiástica, seja na versão profético-milenarista joaquimita, teria a ver com o achamento do Brasil.

Na vertente da História eclesiástica providencialista, afirma-se que, se o Brasil é "terra abençoada por Deus", se é o Paraíso reencontrado, então somos berço do mundo, pois somos o mundo originário e original. E se o país está "deitado eternamente em berço esplêndido" é porque fazemos parte do plano providencial de Deus. Pero Vaz julgou que Nosso Senhor não os trouxera aqui "sem causa" e Afonso Celso escreveu que "há uma lógica imanente: de tantas premissas de grandeza só sairá grandiosa conclusão", pois Deus "não nos outorgaria dádivas tão preciosas para que as desperdiçássemos esterilmente [...] Se

---

[67] É desse Enviado e da ordem monástica espiritual, os "irmãozinhos espirituais" franciscanos (na época do cisma que colocou um papa em Avignon, na França, disputando com outro, em Roma), que, entre outros assuntos, trata o romance de Umberto Eco, *O nome da rosa*.

aquinhoou o Brasil de modo especialmente magnânimo, é porque lhe reserva alevantados destinos".

Nosso passado assegura nosso futuro num *continuum* temporal que vai da origem ao porvir e se somos, como sempre dizemos, "Brasil, país do futuro", é porque Deus nos ofereceu os signos para conhecermos nosso destino: o Cruzeiro do Sul, que nos protege e orienta, e a Natureza-Paraíso, mãe gentil.

No entanto, no período da conquista e da colonização, não é a História providencial eclesiástica que prevalece entre os navegantes e os evangelizadores, mas a História profética milenarista de Joaquim de Fiori.

Eis por que, ao escrever aos reis católicos, Colombo explicara que, para seu feito, não haviam sido necessários mapa-múndi nem bússola, mas lhe bastaram as profecias de Isaías e do abade Joaquim. Essa ideia também é conservada por franciscanos e parte dos jesuítas, porque essas duas ordens se julgam a realização das duas ordens religiosas profetizadas por Fiori para o milênio ou o tempo do Espírito (a ordem dos pregadores ativos e a ordem dos contemplativos).

Qual o sinal de que as profecias de Joaquim de Fiori sobre o milênio estão sendo cumpridas? O primeiro sinal são as próprias viagens e o achamento do Mundo Novo, pois é evidente que foram cumpridas, de um lado, as profecias de Isaías — a de que o povo de Deus se dispersaria na direção dos quatro ventos, mas Deus viria "a fim de reunir todas as nações e línguas", e a de que seriam vistas novas terras e novas gentes, porque Deus estava para criar "novos céus e nova terra" —; e, de outro, a profecia de Daniel sobre o esquadrinhamento de toda a terra no tempo do fim.

Que disse Isaías? "Assim, tu chamarás por uma nação que não conheces, sim, uma nação que não te conhece acorrerá a ti" (Is 55, 6).

Que disse Daniel? "Quanto a ti, Daniel, guarda em segredo essas palavras e mantém lacrado o livro até o tempo do fim. Muitos esquadrinharão a terra e o saber se multiplicará" (Dn 12, 4).

Se tais profecias se cumpriram, são elas o sinal de que a mais importante, feita por Isaías, está para ser cumprida: "Eu virei, a fim de reunir todas as nações e línguas; elas virão e verão minha glória [...] Sim, da maneira que os novos céus e a nova terra que eu estou para criar subsistirão na minha presença, assim subsistirá a vossa descendência e o vosso nome" (Is 66,18-22).

Deus virá às nações e línguas, e elas virão a Ele: está profetizada a obra da evangelização dos novos céus e da nova terra, que foram efetivamente criados. Por que a evangelização foi profetizada? A resposta é evidente: porque o profeta fala em *nações* (não em pátrias nem Estados) que acorrerão a Deus, isto é, em gente sem fé, sem rei e sem lei que deverá tornar-se Povo de Deus por obra dos evangelizadores. As nações vêm a Deus, e Deus virá a elas: essa vinda divina, restauração de Sião descrita pelo profeta, será a obra de unificação de todas as nações e línguas, a unificação do mundo sob um único poder, isto é, por um único cetro e um único diadema, o Quinto Império, profetizado por Daniel.

É exatamente essa a perspectiva defendida com vigor, no século XVII, pelo padre Antônio Vieira ao escrever a *História do futuro ou do Quinto Império do Mundo* e as *Esperanças de Portugal*.

Numa interpretação minuciosa dos grandes profetas, particularmente das profecias de Daniel e Isaías, versículo por versículo, o padre Vieira demonstra que Portugal foi profetizado para realizar a obra do milênio e cumprirá a profecia danielina, instituindo o Quinto Império do Mundo, tendo à frente o Encoberto, um rei que será o último avatar de El Rei Dom Sebastião.

Que disse Isaías para que Vieira tenha essa esperança? "Quem são estes que vêm deslizando como nuvens, como pombas de volta aos pombais?", indaga o profeta. Responde o jesuíta: "As nuvens que voam a estas terras para as fertilizar são os Portugueses pregadores do Evangelho, levados ao vento como nuvens; e chama-se também pombas porque levam estas nuvens a água do batismo sobre que desceu o Espírito Santo em figura de pomba".[68]

Para o padre Vieira, as profecias de Daniel, se somadas às de Isaías, permitem recolher os sinais de que estão sendo cumpridas as condições para a Quinta Monarquia ou o Quinto Império e a chegada do Reino de Mil Anos: a aparição de uma "nação desconhecida" ou de um Mundo Novo, a dispersão do Povo Eleito (no caso, a Igreja) na direção dos quatro ventos, e a descoberta de uma "nova gente" à espera de "anjos velozes".

---

[68] VIEIRA, Antônio. *História do futuro: do quinto Império de Portugal.* Lisboa: Imprensa Nacional-Casa da Moeda, [s.d.], p. 209.

Para provar que Portugal é o sujeito e o objeto das grandes profecias, Vieira terá que mostrar qual o lugar do Brasil no plano de Deus. Ele o faz, provando que o Brasil foi profetizado por Isaías como feito português.

O profeta Isaías diz: "Ai da terra dos grilos alados, que fica além dos rios da Etiópia. Que envia mensageiros pelo mar em barcos de papiro, sobre as águas! Ide mensageiros velozes, a uma nação de gente de alta estatura e de pele bronzeada, a um povo temido por toda parte, a uma nação poderosa e dominadora cuja terra é sulcada de rios" (Is, 18, 1-2). Interpreta o padre Vieira:

> Trabalharam muito os intérpretes antigos por acharem a verdadeira explicação deste texto; mas não atinaram nem podiam atinar com ele porque não tiveram notícia nem da terra, nem das gentes de que falava o profeta [...] que falou Isaías da América e do Novo Mundo se prova fácil e claramente. Pois esta terra que descreve o profeta que está situada além da Etiópia e é terra depois da qual não há outra, estes dois sinais tão manifestos só se podem verificar da América [...] Mas porque Isaías nesta descrição põe tantos sinais particulares e tantas diferenças individuantes, que claramente estão mostrando que não fala de toda a América ou Mundo Novo em comum, senão de alguma província particular dele [...] *Digo primeiramente que o texto de Isaías se entende do Brasil...*[69]

Donde a dupla conclusão: a primeira é que a interpretação dos textos de Isaías revela que este profeta "verdadeiramente se pode contar entre os cronistas de Portugal, segundo fala muitas vezes nas espirituais conquistas dos Portugueses e nas gentes e nações que por seus pregadores convertem à Fé".[70] A segunda é que os tempos estão prontos para seu remate porque "há profecias que são mais do que profecias", como as de João Batista, que prometeu o futuro com a voz e mostrou o presente com o dedo:

> Assim espero eu que o sejam aquelas em que se fundam minhas esperanças e que, se nos prometem as felicidades futuras, também hão-de mostrar presentes [...] Só digo que, quando assim suceder,

---

[69] VIEIRA, Antônio. *Op. cit.*, p. 210. Grifos meus, MC.

[70] *Idem, ibidem.*

perderá essa nossa História gloriosamente o nome, e que deixará de ser História do Futuro, porque o será do presente. Mas [...] se o império esperado, como diz no mesmo título, é do mundo, as esperanças por que não serão também do mundo, senão só de Portugal? A razão (perdoe o mesmo mundo) é esta: porque a melhor parte dos venturosos futuros que se esperam e a mais gloriosa deles será não somente própria à Nação portuguesa, senão única e singularmente sua [...] Para os inimigos será a dor, para os êmulos a inveja, para os amigos e companheiros o prazer e para vós, então, a glória, e entretanto as Esperanças.[71]

O padre Vieira foi acusado pela Inquisição de "judaizar" e Euclides da Cunha referiu-se a Antônio Conselheiro como uma "forma superior de judaísmo". Que significam a acusação que pesou sobre o jesuíta e a crítica que desceu sobre o chefe messiânico? Os cristãos chamam "judaizar" e "judaísmo" a crença (que a Igreja chama de "carnal") de que o reino de Deus é deste mundo e não de outro.

O Brasil, achamento português, entra na História pela porta providencial, que tenderá a ser a versão da classe dominante, segundo a qual nossa história já está escrita, faltando apenas o agente que deverá concretizá-la ou completá-la no tempo. É essa visão que se encontra na abertura do Hino Nacional, quando, "as margens plácidas" do Ipiranga "Ouviram" "um brado retumbante", proferido por "um povo heroico", grito que, "no mesmo instante", faz brilhar a liberdade no "céu da pátria". Num só instante ou instantaneamente surge um povo heroico, significativamente figurado pelo herdeiro da Coroa portuguesa, que, por um ato soberano da vontade, cinde o tempo, funda a pátria e completa a História.

Mas também entramos na história pela porta milenarista, que, pouco a pouco, tenderá a ser a via percorrida pelas classes populares. "O certão virará praia, a praia virará certão... e ahi será o fim do mundo", promete Antônio Conselheiro. Pela fresta profética, nossa história está prometida, mas ainda inteiramente por fazer, devendo ser obra da comunidade dos santos e dos justos, exército auxiliar do Messias na batalha última contra o Anticristo, isto é, a treva, o mal e a

---

[71] VIEIRA, Antônio. *Op. cit.*, p. 54-55. Ver também sobre a *História do futuro* e o milenarismo joaquimita: CHAUI, Marilena. Colombo, exegeta da América. *Op. cit.*

injustiça. Canudos, Pedra Bonita, Contestado, Muckers, Teologia da Libertação são alguns episódios dessa longa história por fazer.

Mas, tanto na via providencial como na via profética, somos agentes da vontade de Deus e nosso tempo é o da sagração do tempo, nossa História, uma parte da teologia.

A sagração do governante

Um só rebanho, um só pastor. Uma só cabeça, um único cetro e um único diadema. A imagem teológica do poder político se afirma porque encontra no tempo profano sua manifestação: a monarquia absoluta por direito divino dos reis.

Os historiadores nos mostram que a expansão ultramarina e a formação dos impérios coloniais são contemporâneas "do absolutismo, no plano político, e, no social, da persistência da sociedade estamental, fundada nos privilégios jurídicos".[72] Assim, o capitalismo mercantil, que vai desagregando a estrutura feudal, é simultâneo ao "Estado absolutista, com extrema centralização do poder real que, de certa forma, unifica e disciplina uma sociedade organizada em 'ordens', e executa uma política mercantilista de fomento do desenvolvimento da economia de mercado, interna e externamente".[73] O mercantilismo é favorecido por um Estado centralizado que o fomenta e o garante, com o rei operando como "agente econômico extremamente ativo (forçava as casas senhoriais a lançarem-se nos empreendimentos comerciais marítimos), buscando na navegação oceânica e respectivos tráficos, bem como em certas atividades industriais novas, as rendas que a terra não lhe dá em montante que satisfaça as necessidades crescentes e que a contração econômica lhe nega no mercado interno".[74] Porque somente um Estado unificado e centralizado pode operar como organizador e catalisador dos recursos internos e externos, compreende-se que Portugal pudesse iniciar as navegações e o império ultramarino, pois estava precocemente centralizado e se encaminhava para o mercantilismo como solução das crises feudais.

[72] NOVAIS, Fernando. *Op. cit.*, p. 62.

[73] *Idem, ibidem*, p. 62.

[74] GODINHO, Vitorino Magalhães. *Ensaios,* II, p. 45, *apud* FAORO, Raymundo. *Os donos do poder. Op. cit.*, p. 45.

Em suas origens, a monarquia absoluta se instala para resolver as crises do mundo feudal e assegurar à nobreza a manutenção de seus privilégios quando esta se vê ameaçada pelo desaparecimento da servidão (isto é, de uma economia fundada não só no trabalho servil, mas também no poder arbitrário do senhor de terras sobre a vida e morte de seus servos) e pelas revoltas camponesas que se alastram pela Europa. Os poderes locais já não tinham força para se opor a esses dois acontecimentos e o resultado foi "o deslocamento da coerção político-legal no sentido ascendente, em direção a uma cúpula centralizada e militarizada – o Estado absolutista [...] um aparelho reforçado do poder régio, cuja função permanente era a repressão das massas camponesas e plebeias, na base da hierarquia social".[75] Porém, a função da monarquia absoluta não se esgotava em assegurar o domínio da nobreza sobre as massas rurais. Cabia-lhe também ajustar o poder aristocrático e os interesses da burguesia mercantil, que se desenvolvera nas cidades medievais. A monarquia absoluta surge, portanto, determinada pelo reagrupamento feudal contra o campesinato e sobredeterminada pela ascensão da burguesia urbana ou pela pressão do capital mercantil.

Se a expansão ultramarina e o sistema colonial são a resposta da monarquia absoluta ibérica às pressões econômicas antagônicas que a travejam, contudo, do ponto de vista político e social, essa monarquia lançou mão de outros instrumentos. O primeiro deles foi o direito romano, o segundo, a burocracia de funcionários, e o terceiro, o direito divino dos reis.

O direito romano possuía duas faces: o direito civil, relativo à propriedade privada absoluta e incondicional, regendo as relações entre os particulares; e o direito público, que regia as relações políticas entre o Estado e os cidadãos. Ou, na linguagem romana, o *jus* (que trata do que é objeto de litígio e arbitragem) e a *lex* (que define o *imperium*, o poder de mando legalmente estabelecido e reconhecido). A adoção do direito romano pelas monarquias modernas, a partir do século XVI, permitia a quebra lenta, gradual e segura do sistema feudal de vassalagem (isto é, de um poder fundado na relação pessoal de lealdade

---

[75] ANDERSON, Perry. *Linhagens do Estado absolutista*. São Paulo: Brasiliense, 1985, p. 19.

e fidelidade entre os senhores feudais, segundo uma hierarquia de poderes intermediários até chegar ao rei) com o reconhecimento da autoridade una e única do monarca. Para que a intensificação da propriedade privada, na base da sociedade, não se chocasse com a autoridade pública, no topo, a monarquia absoluta passou a invocar a tese do jurista Ulpiano, segundo a qual "o que apraz ao rei tem força de lei", e a tese complementar, de acordo com a qual, sendo o rei a origem da lei, não pode ser submetido a ela e por isso é *legibus solutus* (donde o regime ser denominado "monarquia absoluta"). Ora, estando acima da lei e não estando obrigado por ela, o rei não pode ser julgado por ninguém, é *a nemine judicatur*.

A unificação territorial, feita sob a tese romana de que o fundo público (a terra) é *dominium* e *patrimonium* do rei, e a autoridade régia como fonte da lei e não obrigada pela lei, determinou a fisionomia do Estado absolutista, obra de burocratas, funcionários do Estado, versados no direito romano: os *letrados*, de Portugal e Espanha, os *maîtres de requêtes*, da França, os *doctores*, da Alemanha.

Estamento a serviço dos interesses monárquicos, os burocratas ou funcionários do rei estavam encarregados não somente da imposição das teses jurídicas, mas também do funcionamento do sistema civil e fiscal. Seus serviços eram *cargos* e tais cargos podiam ser adquiridos ou por um favor do rei ou por compra (os gastos com essa aquisição sendo fartamente compensados pelo uso dos privilégios do cargo e pela corrupção). Assim, a "expansão da venda de cargos foi, naturalmente, um dos subprodutos mais surpreendentes da crescente monetarização das primeiras economias modernas e da ascensão relativa, no seio destas, da burguesia mercantil e manufatureira".[76]

A política fiscal não tributava a nobreza e o clero e, graças aos cargos, pouco ou quase nada tributava a burguesia, de sorte que o peso dos impostos recaía sobre as massas pobres, não sendo casual que os coletores de impostos viessem acompanhados de mosqueteiros e que revoltas populares espocassem em toda parte. Todavia, porque um princípio jurídico estabelecia que "o que tange a todos deve ser aprovado por todos", os monarcas eram forçados a convocar os

---

[76] ANDERSON, Perry. *Linhagens do Estado absolutista. Op. cit.*, p. 33-34.

estamentos ou as "ordens" (nobreza, clero e burguesia) ou os "estados do reino" (as Cortes, de Portugal e Espanha) para o estabelecimento das políticas fiscais e para "os altos negócios do reino". Pouco convocados na prática, os "estados do reino" ou as Cortes tornaram-se o espaço da disputa entre clientelas nobres, religiosas e burguesas, formando redes rivais de apadrinhamento no aparelho de Estado. O estamento, como lembra Faoro,[77] é um grupo fechado de pessoas cuja elevação se calca na desigualdade social e que busca conquistar vantagens materiais e espirituais exclusivas, assegurando privilégios, mandando, dirigindo, orientando, definindo usos, costumes e maneiras, convenções sociais e morais que promovem a distinção social e o poderio político. Um estamento define um estilo completo de vida.

Para exercer o pleno controle sobre essa rede intrincada de privilégios e poderes estamentais, essa teia de clientelas e favores, corrupção e venalidade, a monarquia absoluta precisará de uma teoria da soberania com que possa livrar o monarca desses mandos intermediários que se interpõem entre ele e seu próprio poder. Essa teoria será o direito divino do rei, graças à qual o poder político conserva estamentos (nobreza e clero) e gera estamentos (os letrados e funcionários vindos da burguesia), mas os limita, sobrepujando-os como instância que dá origem à lei e se situa acima da lei porque obedece apenas à lei divina, da qual o rei é o representante, e o *único* representante.

A moderna teoria do direito divino dos reis está fundamentada numa nova teoria da soberania como poder uno, único e indivisível. Todavia, só alcançamos sua força persuasiva se a entrelaçarmos com a teoria do direito natural objetivo como ordem jurídica divina natural que oferece o fundamento para uma concepção teocrática do poder político, isto é, uma concepção que afirma que o poder político vem diretamente de Deus.[78]

A formulação desse poder teocrático depende de duas formulações medievais diferentes, mas complementares. A primeira delas afirma que, pelo pecado original, o homem perdeu todos os direitos

---

[77] FAORO, Raymundo. *Op. cit.*, v. I, p. 47.

[78] Teocracia é uma palavra vinda do grego e se compõe de dois vocábulos gregos: *théos*, deus; e *kratós*, poder, comando. Um regime no qual o poder pertence a Deus ou emana diretamente da vontade de Deus é um regime teocrático.

e, portanto, perdeu o direito ao poder. Este pertence exclusivamente a Deus, pois, como lemos na Bíblia: "Todo poder vem do Alto\ Por mim reinam os reis e governam os príncipes". De acordo com essa teoria, se algum homem possuir poder é porque o terá recebido de Deus, que, por uma decisão misteriosa e incompreensível, o concede a alguém por uma graça ou favor especial. A origem do poder humano é, assim, um favor divino àquele que representa a fonte de todo poder, Deus. Isso implica uma ideia muito precisa da *representação política*: o governante não representa os governados, mas representa Deus, origem transcendente de todo poder. Representante de Deus, o governante age como Seu mandatário supremo e governar é realizar ou distribuir favores. É por uma graça ou por favor do rei que outros homens terão poder pelo qual se tornam representantes do rei.

A segunda fonte da concepção teocrática, sem abandonar a noção de favor divino, introduz a ideia de que o governante representa Deus porque possui uma natureza mista como a de Jesus Cristo. Assim como Jesus Cristo possui uma natureza humana mortal e uma natureza divina eterna e imperecível, assim também o governante possui dois corpos: o corpo físico mortal, e o corpo político ou místico, eterno, imortal, divino. O rei recebe o corpo político ou o corpo místico no momento da coroação, quando recebe as insígnias do poder: o cetro (que simboliza o poder para dirigir), a coroa (que simboliza o poder para decidir), o manto (que simboliza a proteção divina e aquela que o rei dará aos súditos), a espada (que simboliza o poder de guerra e paz) e o anel (que simboliza o matrimônio do rei com o patrimônio, isto é, a terra). Há, assim, a sagração do poder.

Escolhido por Deus para ser o pastor do Seu rebanho e dele cuidar como pai (isto é, como um senhor), o governante pela graça de Deus, ao receber o corpo político, recebe a marca própria do poder: a vontade pessoal absoluta com que representa a vontade divina. Essa tese teológica se acomoda perfeitamente à tese jurídica de Ulpiano de que "o que apraz ao rei tem força de lei", e à tese complementar, isto é, não tendo recebido o poder dos homens e sim de Deus, o rei está acima da lei e não pode ser julgado por ninguém, mas apenas por Deus. A teoria do corpo político místico também se adapta à ideia jurídica do fundo público (a terra) como domínio e patrimônio régios: a terra (entendida como todos os territórios herdados ou conquistados pelo rei e todos os produtos que neles se encontram ou nele são produzidos) se transforma em órgão do corpo do governante, transmissível a seus descendentes ou podendo ser, em parte, distribuída sob a forma do favor. Essa terra patrimonial é, em sentido rigoroso, a pátria (cujo sentido vimos anteriormente) e é ela que os exércitos do rei juram defender quando juram "morrer pela pátria". A concepção patrimonial se ajusta perfeitamente à ideia de monopólio exclusivo da Coroa sobre os produtos do território metropolitano e colonial, monopólio que é um dos pilares da monarquia absolutista do período mercantilista.

Como o poder teocrático da monarquia absoluta se realiza na colônia do Brasil? Antes de mais nada, convém lembrar que é pela teoria do favor que é dada base jurídica para a distribuição das sesmarias e para as capitanias hereditárias, distribuições que mantêm o rei como o senhor absoluto das terras concedidas por favor aos senhores. A capitania é um *dom* do rei, e seus senhores são *donatários*.

Parte integrante do sistema capitalista mercantil, a sociedade colonial é estamental do ponto de vista político, dos usos e dos costumes. As classes sociais (senhores de terra e escravos) operam no plano econômico da produção e do comércio, mas os estamentos mandam. Esse mando possui três fontes: ou a origem nobre do mandante (sua qualidade de fidalgo ou de "homem bom"), ou a compra do título de nobreza (com que um plebeu se nobilita, torna-se "bom" e ganha fidalguia para mandar) ou a compra de um cargo na burocracia estatal (com que o letrado se torna intermediário entre a colônia e a metrópole, decide o curso dos processos e das demandas, obstrui caminhos e abre outros, usando e abusando de seus privilégios, distribuindo favores e bloqueando direitos). O poder régio aparece sob duas formas: como coletor de impostos e impositor de leis, de um lado, e como árbitro final dos litígios, quando sua solução é entravada pela teia de poderes locais – o poder econômico das classes, o poder social dos estamentos e o poder político dos "homens bons" e da burocracia.

A sociedade é inteiramente vertical ou hierárquica, a divisão social fundamental entre senhores e escravos é sobredeterminada pela horizontalidade intraestamental e pela verticalidade interestamental, formando uma rede intrincada de relações na qual os negros aprenderão a se movimentar, não se reduzindo à condição de vítimas, antes pondo-se como agentes nas relações sociais,[79] e na qual os homens livres pobres, mulatos e mestiços, não conseguirão se mover porque não tinham lugar, sua utilidade estando em servir de figuração da vadiagem com que se podia deixar invisível a base da hierarquia social, dando-lhe apenas visibilidade negativa.[80] Disso resulta que as relações sociais se realizam sob a forma do mando-obediência e do favor, tornando indiscerníveis o público e o privado, estruturalmente já confundidos porque a doação, o arrendamento e a compra de terras da Coroa garante aos proprietários privilégios senhoriais com que agem no plano público ou administrativo.

Como o poder monárquico é visto na colônia? A centralização monárquica é enxergada com as lentes da ideologia do direito natural objetivo e, portanto, como necessária e natural. E todos os poderes são percebidos como formas de privilégios e favores que emanam diretamente da vontade da Coroa, vontade que tem força de lei.

Na prática, porém, como observa Caio Prado Júnior, os dispositivos jurídicos ou legais da metrópole estão aquém da realidade da colônia, que inventa sua própria ação nos meandros, intervalos e silêncios do aparato legal e jurídico. A dispersão da propriedade fundiária pelo território, a fragmentação dos interesses e poderes locais, o fardo do monopólio econômico da Coroa, os conflitos entre senhores e escravos, entre senhores e homens livres pobres, entre os próprios senhores e entre os próprios homens livres pobres, deles todos com o estamento religioso e com o estamento letrado produziram dois efeitos aparentemente opostos: de um lado, a centralização monárquica e o monarca por direito divino aparecem como o único polo capaz de conferir alguma unidade aos interesses das classes abastadas e aos privilégios dos estamentos; de outro, a referência metropolitana parece ineficaz e inoperante diante da realidade social fragmentada, costurada apenas com os fios de decretos, alvarás e ordenações emanados da Coroa.

Ora, do ponto de vista ideológico, que é o que nos ocupa aqui, essa dualidade não é um obstáculo que nos impediria de compreender

---

[79] Ver: LARA, Silvia Hunold. *Campos da violência. Op. cit.*

[80] Ver: SOUZA, Laura de Mello e. *Os desclassificados do ouro: a probreza mineira no século XVIII.* Rio de Janeiro: Graal, 1986.

o que se passa no imaginário político. Pelo contrário, ela reforça a imagem de um poder percebido como transcendente, mas que, distante, também aparece como um lugar vicário e, como tal, preenchido pelas múltiplas redes de mando e privilégio locais, cada um deles, imitando e reproduzindo os dois princípios da sagração do poder: a vontade do senhor como lei acima das leis e o direito natural ao poder, segundo a hierarquia do direito natural objetivo.

Uma vez que não nos propusemos acompanhar a formação histórica da política brasileira, não nos cabe (nem saberíamos fazê-lo) seguir as transformações ocorridas na passagem da colônia ao império e deste à república, a recepção das ideias liberais, jacobinas, positivistas, fascistas e socialistas, nem as formas tomadas pela luta de classes, nem os avatares do mandonismo brasileiro. Iremos, como nos casos anteriores, simplesmente apontar alguns exemplos nos quais se pode notar os efeitos deixados pela sagração do poder.

Um primeiro efeito pode ser visto diretamente e a olho nu: o símbolo escolhido pela república recém-proclamada para representá-la é Tiradentes como um Cristo cívico[81] ou como uma figura crística, a ênfase não recaindo sobre sua possível ação política e sim sobre o seu martírio no altar da pátria. E isso sem que ninguém tenha contestado ou posto em dúvida a adequação dessa imagem à realidade histórica da Inconfidência, como também para representar um poder que se pretende laico e que teve na chamada "questão religiosa" ou do Padroado (isto é, a separação entre a Igreja e o Estado), um dos estopins para a propaganda republicana.

Um outro efeito pode ser observado se reunirmos a sagração da história e a sagração do governante. Ao articulá-las, notaremos que o mito fundador opera de modo socialmente diferenciado: do lado dos dominantes, ele opera na produção da visão de seu direito natural ao poder e na legitimação desse pretenso direito natural por meio do ufanismo nacionalista, da ideologia desenvolvimentista e da ideologia da modernização, que são expressões laicizadas da teologia da História providencialista e do governo pela graça de Deus; do lado dos dominados, ele se realiza pela via milenarista com a visão do governante como salvador, e a sacralização-satanização da política. Em outras palavras,

---

[81] A expressão "Cristo cívico" é de José Murilo de Carvalho. Ver: *Pontos e bordados. Op. cit.*, p. 249.

o mito engendra uma visão messiânica da política que possui como parâmetro o núcleo milenarista como embate cósmico final entre a luz e a treva, o bem e o mal, de sorte que o governante ou é sacralizado (luz e bem) ou satanizado (treva e mal).

A sagração do governante tem ainda como efeito a maneira como se realiza a prática da representação política no Brasil. De fato, como vimos, o rei representa Deus e não os governados, e os que recebem o favor régio representam o rei e não os súditos. Essa concepção aparece na política brasileira, na qual os representantes, embora eleitos, não são percebidos pelos representados como sendo *seus* representantes e sim como representantes *do Estado* em face do povo. Justamente porque a prática democrática da representação não se realiza, a relação entre o representante (do Estado) e a população é a de favor, clientela e tutela. E é exatamente isso que se manifesta na força do populismo na política brasileira.

De fato, que é o populismo?

1) Um poder que ativamente se realiza sem recorrer às mediações políticas institucionais (partidos, organização tripartite dos poderes republicanos, etc.), buscando uma relação direta entre governantes e governados, graças a uma teia de mediações pessoais.

2) Um poder pensado e realizado sob a forma da tutela e do favor, em que o governante se apresenta como aquele que é o único que detém não só o poder, mas também o saber sobre o social e sobre o significado da lei. Por ser o detentor exclusivo do poder e do saber, considera os governados como desprovidos de ação e conhecimento políticos, podendo por isso tutelá-los. Essa tutela se realiza numa forma canônica de relação entre o governante e o governado: a relação de clientela.

3) Um poder que opera simultaneamente com a transcendência e a imanência, isto é, o governante se apresenta como estando fora e acima da sociedade, transcendendo-a, na medida em que é o detentor do poder, do saber e da lei; mas, ao mesmo tempo, só consegue realizar sua ação se também fizer parte do todo social, já que opera sem recorrer a mediações institucionais. Essa é exatamente a posição ocupada pelo governante pela graça de Deus, que transcende a sociedade, produzindo-a

pela lei que exprime sua vontade, mas permanecendo também imanente a ela porque é o pai dos governados (no sentido do *pater*, que vimos anteriormente).

4) O lugar do poder e seu ocupante são indiscerníveis[82] porque o lugar do poder encontra-se total e plenamente ocupado pelo governante, que o preenche com sua pessoa. O governante populista encarna e incorpora o poder, que não mais se separa nem se distingue dele, uma vez que tal poder não se funda em instituições públicas nem se realiza por mediações sociopolíticas, mas apenas pelo saber e pelo favor do governante.

5) Um poder de tipo autocrático. Evidentemente, a força do governante para ser um autocrata dependerá de inúmeras condições, mas o exercício do poder e a forma do governo serão de tipo autocrático. Em nossos dias, esse aspecto é favorecido pela ideologia neoliberal, na medida em que esta opera com a "indústria política" ou com o "marketing político", que enfatizam o personalismo, o narcisismo e o intimismo, de sorte a oferecer a pessoa privada de um político como sua pessoa pública.

"Brasil 500": comemorar?

> *...e ahí será o fim do mundo.*
> Antônio Conselheiro

> *Minha terra tem palmeiras*
> *onde sopra o vento forte*
> *da fome com medo muito*
> *principalmente da morte*

> *Aqui é o fim do mundo*
> *Aqui é o fim do mundo*
> *Aqui é o fim do mundo*
> Gilberto Gil e Torquato Neto

---

[82] Weber chama essa indistinção de "dominação carismática", e Kantorowicz a designa de "incorporação do poder".

Conservando as marcas da teologia do direito natural objetivo, ou da ordem hierárquica imposta ao mundo por Deus, e da sociedade colonial escravista, ou aquilo que alguns estudiosos designam como "cultura senhorial", a sociedade brasileira é marcada pela estrutura hierárquica do espaço social que determina a forma de uma sociedade fortemente verticalizada em todos os seus aspectos: nela, as relações sociais e intersubjetivas são sempre realizadas como relação entre um superior, que manda, e um inferior, que obedece. As diferenças e assimetrias são sempre transformadas em desigualdades que reforçam a relação mando-obediência. O outro jamais é reconhecido como sujeito nem como sujeito de direitos, jamais é reconhecido como subjetividade nem como alteridade. As relações entre os que se julgam iguais são de "parentesco", isto é, de cumplicidade ou de compadrio; e entre os que são vistos como desiguais o relacionamento assume a forma do favor, da clientela, da tutela ou da cooptação. Enfim, quando a desigualdade é muito marcada, a relação social assume a forma nua da opressão física e/ou psíquica. A divisão social das classes é naturalizada por um conjunto de práticas que ocultam a determinação histórica ou material da exploração, da discriminação e da dominação, e que, imaginariamente, estruturam a sociedade sob o signo da nação una e indivisa, sobreposta como um manto protetor que recobre as divisões reais que a constituem.

Porque temos o hábito de supor que o autoritarismo é um fenômeno político que, periodicamente, afeta o Estado, tendemos a não perceber que é a sociedade brasileira que é autoritária e que dela provêm as diversas manifestações do autoritarismo político. E porque as ciências sociais têm o hábito de descrever, explicar e interpretar o Brasil pelo que lhe falta e não pelo que o constitui (como vimos ao iniciar este estudo), as relações sociais não são apanhadas a partir dos processos de formação das classes sociais e de seus modos determinados de relação, fundamentalmente marcados pelo autoritarismo. Como vimos, a *formação* é ideologicamente substituída pela *fundação*.

Quais os traços mais marcantes dessa sociedade autoritária? Resumidamente, diremos ser os seguintes:

- Estruturada pela matriz senhorial da colônia, disso decorre a maneira exemplar em que faz operar o princípio liberal da igualdade formal dos indivíduos perante a lei, pois no liberalismo vigora a ideia de que alguns são mais iguais do que outros. As divisões sociais são naturalizadas em desigualdades postas como inferioridade natural (no caso das mulheres, dos trabalhadores, dos negros, índios, imigrantes, migrantes e idosos) e as diferenças, também naturalizadas, tendem a aparecer ora como desvios da norma (no caso das diferenças étnicas e de gênero), ora como perversão ou monstruosidade (no caso dos homossexuais, por exemplo). Essa naturalização, que esvazia a gênese histórica da desigualdade e da diferença, permite a naturalização de todas as formas visíveis e invisíveis de violência, pois estas não são percebidas como tais.

- Estruturada a partir das relações privadas, fundadas no mando e obediência e nas relações de favor e tutela, disso decorre a recusa tácita (e às vezes explícita) de operar com os direitos civis e a dificuldade para lutar por direitos substantivos e, portanto, contra formas de opressão social e econômica: para os grandes, a lei é privilégio; para as camadas populares, repressão. Por esse motivo, as leis são necessariamente abstratas e aparecem como inócuas, inúteis ou incompreensíveis, feitas para serem transgredidas e não para serem cumpridas nem, muito menos, transformadas.

- A indistinção entre o público e o privado não é uma falha ou um atraso que atrapalham o progresso nem uma tara de sociedade subdesenvolvida ou dependente ou emergente (ou seja lá o nome que se queira dar a um país capitalista periférico). Sua origem, como vimos há pouco, é histórica, determinada pela doação, pelo arrendamento ou pela compra das terras da Coroa, que, não dispondo de recursos para enfrentar sozinha a tarefa colonizadora, deixou-a nas mãos dos particulares, que, embora sob o comando legal do monarca e sob o monopólio econômico da metrópole, dirigiam senhorialmente seus domínios e dividiam a autoridade administrativa com o estamento burocrático. Essa partilha do poder torna-se, no Brasil, não uma ausência do Estado (ou uma falta de Estado ou como muitas vezes afirmam alguns cientistas políticos e alguns historiadores, um vazio de poder), nem, como imaginou a ideologia da "identidade nacional", um excesso de Estado para preencher o vazio deixado por uma classe dominante inepta e classes populares atrasadas ou alienadas, mas é a forma mesma de realização da política e de organização do aparelho do Estado em que os governantes e parlamentares "reinam", ou, para usar a expressão de Faoro, são "donos do poder", mantendo com os cidadãos relações pessoais de favor, clientela e tutela, e praticam a corrupção sobre os fundos públicos. Do ponto de vista dos direitos, há um encolhimento do espaço público; do ponto de vista dos interesses econômicos, um alargamento do espaço privado.

- Realizando práticas alicerçadas em ideologias de longa data, como as do nacionalismo militante apoiado no "caráter nacional" ou na "identidade nacional", que mencionamos anteriormente, somos uma formação social que desenvolve ações e imagens com força suficiente para bloquear o trabalho dos conflitos e das contradições sociais, econômicas e políticas, uma vez que conflitos e contradições negam a imagem da boa sociedade indivisa, pacífica e ordeira. Isso não significa que conflitos e contradições sejam ignorados, e sim que recebem uma significação precisa: são sinônimo de perigo, crise, desordem e a eles se oferece como uma única resposta a repressão policial e militar, para as camadas populares, e o desprezo condescendente, para os opositores em geral. Em suma, a sociedade auto-organizada, que expõe conflitos e contradições, é claramente percebida como perigosa para o Estado (pois este é oligárquico) e para o funcionamento "racional" do mercado (pois este só pode operar graças ao ocultamento da divisão social). Em outras palavras, a classe dominante brasileira é altamente eficaz para bloquear a esfera pública das ações sociais e da opinião como expressão dos interesses e dos direitos de grupos e classes sociais diferenciados e/ou antagônicos. Esse bloqueio não é um vazio ou uma ausência, isto é, uma ignorância quanto ao funcionamento republicano e democrático, e sim um conjunto positivo de ações determinadas que traduzem uma maneira também determinada de lidar com a esfera da opinião: de um lado, os *mass media* monopolizam a informação, e, de outro, o discurso do poder define o consenso como unanimidade, de sorte que a discordância é posta como perigo, atraso ou obstinação vazia.

- Por estar determinada, em sua gênese histórica, pela "cultura senhorial" e estamental que preza a fidalguia e o privilégio e que usa o consumo de luxo como instrumento de demarcação da distância social entre as classes, nossa sociedade tem o fascínio pelos signos de prestígio e de poder, como se depreende do uso de títulos honoríficos sem qualquer relação com a possível pertinência de sua atribuição (o caso mais corrente sendo o uso de "doutor" quando, na relação social, o outro se sente ou é visto como superior e "doutor" é o substituto imaginário para antigos títulos de nobreza), ou da manutenção de criadagem doméstica, cujo número indica aumento (ou diminuição) de prestígio e de *status*, ou, ainda, como se nota na grande valorização dos diplomas que credenciam atividades não manuais e no consequente desprezo pelo trabalho manual, como se vê no enorme descaso pelo salário-mínimo, nas trapaças no cumprimento dos insignificantes direitos trabalhistas existentes e na culpabilização dos desempregados pelo desemprego, repetindo indefinidamente o padrão de comportamento e de ação que operava, desde a colônia, para a desclassificação dos homens livres pobres.

A desigualdade salarial entre homens e mulheres, entre brancos e negros, a existência de milhões de crianças sem infância[83] e a exploração do trabalho dos idosos são consideradas normais. A existência dos sem-terra, dos sem-teto, dos milhões de desempregados é atribuída à ignorância, à preguiça e à incompetência dos miseráveis. A existência de crianças sem infância é vista como tendência natural dos pobres à vadiagem, mendicância e criminalidade. Os acidentes de trabalho são imputados à incompetência e ignorância dos trabalhadores. As mulheres que trabalham fora, se não forem professoras, enfermeiras

---

[83] A expressão é de José de Souza Martins na Introdução de: *O massacre dos inocentes: a criança sem infância no Brasil*. São Paulo: Hucitec, 1991.

ou assistentes sociais, são consideradas prostitutas em potencial e as prostitutas, degeneradas, perversas e criminosas, embora, infelizmente, indispensáveis para conservar a santidade da família.

Neste ano da graça de 2000, o "Brasil 500" ocupa o terceiro lugar mundial em índice de desemprego, gasta por volta de 90 bilhões de reais por ano em instrumentos de segurança privada e pública, ocupa o segundo lugar mundial nos índices de concentração da renda e de má distribuição da riqueza, mas ocupa o oitavo lugar mundial em termos do Produto Interno Bruto. A desigualdade na distribuição da renda – 2% possuem 98% da renda nacional, enquanto 98% possuem 2% dessa renda – não é percebida como forma dissimulada de *apartheid* social ou como socialmente inaceitável, mas é considerada natural e normal, ao mesmo tempo que explica por que o "povo ordeiro e pacífico" dispende anualmente fortunas em segurança, isto é, em instrumentos de proteção contra os excluídos da riqueza social. Em outras palavras, *a sociedade brasileira está polarizada entre a carência absoluta das camadas populares e o privilégio absoluto das camadas dominantes e dirigentes sem que isso seja percebido como violência.* Pelo contrário, autoritarismo social, assentado sobre o mito fundador, afirma a essencial não violência brasileira, a partir da imagem ufanista e verde-amarela do povo mestiço, ordeiro, pacífico, generoso, hospitaleiro e cordial.

O autoritarismo social, que, enquanto "cultura senhorial", naturaliza as desigualdades e exclusões socioeconômicas, e, enquanto caudatário da concepção teológica do poder, afirma a transcendência do Estado com relação à sociedade, vem exprimir-se no modo de funcionamento da política. Quando se observa a história econômica do país, periodizada segundo a ascensão e o declínio dos ciclos econômicos e, portanto, segundo a subida e a queda de poderes regionais, e quando se observa a história política do país, em que o poderio regional é continuamente contrastado com o poder central, que ameaça as regiões para assegurar a suposta racionalidade e necessidade da centralização, tem-se uma pista para compreender por que os partidos políticos são associações de famílias rivais ou *clubs privés* das oligarquias regionais. Esses partidos arrebanham a classe média regional e nacional em torno do imaginário autoritário, isto é, da *ordem* (que na verdade nada mais é do que o ocultamento dos conflitos entre poderes regionais e poder central, e ocultamento dos conflitos gerados pela divisão social das classes sociais), e do imaginário providencialista, isto é, o *progresso*. Mantêm com os eleitores quatro tipos principais de relações: a de cooptação, a de favor e clientela, a de tutela e a da promessa salvacionista ou messiânica.

Determinada pela maneira como o mito fundador produz a sagração do governante, a política se oculta sob a capa da representação teológica, oscilando entre a sacralização e adoração do bom governante e a satanização e execração do mau governante. Isso não impede, porém, que, com clareza meridiana, as classes populares percebam o Estado como "o poder dos outros"[84] e tendam a vê-lo apenas sob a face do Poder Executivo, os poderes Legislativo e Judiciário ficando reduzidos ao sentimento de que o primeiro é corrupto e o segundo, injusto. A identificação do Estado com o Executivo, a desconfiança em face do Legislativo (cujas atribuições e funções não estão claras para ninguém, e cuja venalidade escandaliza, levando a difundir-se a ideia de que seria melhor não o ter) e o medo despertado pelo poder Judiciário (por ser a seara exclusiva dos letrados ou doutores, secreto e incompreensível), somados ao autoritarismo social e ao imaginário teológico-político, instigam o desejo permanente de um Estado "forte" para a "salvação nacional". Isso é reforçado pelo fato de que a classe dirigente instalada no aparato estatal percebe a sociedade como inimiga e perigosa, e procura bloquear as iniciativas dos movimentos sociais, sindicais e populares.

Acrescentemos a isso as duas grandes dádivas neoliberais: do lado da economia, uma acumulação do capital que não necessita incorporar mais pessoas ao mercado de trabalho e de consumo, operando com o desemprego estrutural; do lado da política, a privatização do público, isto é, não só o abandono das políticas sociais por parte do Estado e a "opção preferencial" pelo capital nos investimentos estatais. A política neoliberal recrudesce a estrutura histórica da sociedade brasileira, centrada no espaço privado e a divisão social sob a forma da carência popular e do privilégio dos dominantes, pois a nova forma do capitalismo favorece três aspectos de reforço dos privilégios: 1) a destinação preferencial e prioritária dos fundos públicos para financiar

---

[84] A expressão é de Teresa Caldeira em: *A política dos outros*. São Paulo: Brasiliense, 1984.

os investimentos do capital; 2) a privatização como transferência aos próprios grupos oligopólicos dos antigos mecanismos estatais de proteção dos oligopólios, com a ajuda substantiva dos fundos públicos; 3) a transformação de direitos sociais (como educação, saúde e habitação) em serviços privados adquiridos no mercado e submetidos à sua lógica. No caso do Brasil, o neoliberalismo significa levar ao extremo a nossa forma social, isto é, a polarização da sociedade entre a carência e o privilégio, a exclusão econômica e sociopolítica das camadas populares, e, sob os efeitos do desemprego, a desorganização e despolitização da sociedade anteriormente em movimentos sociais e populares, aumentando o bloqueio à construção da cidadania como criação e garantia de direitos.

Ajuntemos, por fim, a contribuição projetada pela social-democracia, sob o nome de "terceira via".

Partindo da ideia de que, com o fim da geopolítica da Guerra Fria (ou a queda do Muro de Berlim), a distinção entre esquerda e direita perdeu sentido social e político, e afirmando a necessidade de criar uma "economia mista", que concilie a racionalidade do mercado capitalista e valores socialistas convenientemente reformulados, a "terceira via" pretende "modernizar o centro". Essa modernização se traduz na aceitação da ideia de justiça social, mas com a rejeição das ideias de luta de classes ou política de classes e de igualdade econômica e social. O foco da política passam a ser as liberdades ou iniciativas individuais, promovendo, no lugar do antigo Estado do Bem-Estar, uma "sociedade do bem-estar", cuja função é dupla: em primeiro lugar, excluir, sem danos aparentes, a ideia de um vínculo necessário entre justiça social e igualdade socioeconômica; em segundo lugar, e como consequência, desobrigar o Estado de lidar com o problema da exclusão e da inclusão de ricos e pobres, pois a exclusão de ambos desestabiliza os governos e a inclusão de ambos é impossível.

Percebe-se, portanto, que a inclusão econômica e a inclusão política de toda a população é afastada porque julgada impossível para a "governabilidade". O significado desse fatalismo econômico e político é óbvio: a igualdade econômica (ou a justiça social) e a liberdade política (ou a cidadania democrática) estão descartadas. O que poderia ser mais adequado a uma sociedade como a nossa?

Como se vê, não há o que comemorar neste "Brasil 500".

Periodização proposta por **Dante Moreira Leite (1927-1976)**

I. A fase colonial: descoberta da terra e o movimento nativista (1500-1822).

II. O Romantismo: a independência política e a formação de uma imagem.

III. As ciências sociais e a imagem pessimista do brasileiro (1880-1950).

IV. O desenvolvimento econômico e a superação da ideologia do caráter nacional brasileiro: a década 1950-1960.

Fonte: LEITE, Dante Moreira. *O caráter nacional brasileiro. História de uma ideologia*. 4. ed. São Paulo: Pioneira, 1983.

Sílvio Romero (1851-1914)

Características psicológicas do brasileiro

1. Apático
2. Sem iniciativa
3. Desanimado
4. Imitação do estrangeiro (na vida intelectual)
5. Abatimento intelectual
6. Irritabilidade
7. Nervosismo
8. Hepatismo
9. Talentos precoces e rápida extenuação
10. Facilidade para aprender
11. Superficialidade das faculdades inventivas
12. Desequilibrado
13. Mais apto para queixar-se que para inventar
14. Mais contemplativo que pensador
15. Mais lirista, mais amigo de sonhos e palavras retumbantes que de ideias científicas e demonstradas

Qualidades da vida intelectual brasileira

1. Sem filosofia, sem ciência, sem poesia impessoal
2. Palavreado da carolice
3. Mística ridícula do bactério enfermo e fanático
4. Devaneios fúteis da impiedade, impertinente e fútil

Afonso Celso (1860-1938)

Quadro das características psicológicas dos brasileiros, dos mestiços e das "raças" de origem

1. Sentimento de independência
2. Hospitalidade
3. Afeição à ordem, paz, melhoramento
4. Paciência e resignação
5. Doçura, longanimidade e desinteresse
6. Escrúpulo no cumprimento das obrigações contraídas
7. Caridade
8. Acessibilidade
9. Tolerância (ausência de preconceitos)
10. Honradez (pública e particular)

Características negativas
1. Falta de iniciativa ⎤
2. Falta de decisão ⎬ corrigíveis por educação
3. Falta de firmeza ⎦
4. Pouca diligência, pouco esforço – corrigível por novas condições

Mestiços

Características positivas
1. Energia
2. Coragem
3. Iniciativa
4. Inteligência

Características negativas
1. Imprevidência
2. Despreocupação com o futuro

Portugueses

Características positivas
1. Heroicidade
2. Resignação
3. Esforço
4. União
5. Patriotismo
6. Amor ao trabalho
7. Filantropia

Negros

Características positivas
1. Sentimentos afetivos
2. Resignação
3. Coragem, laboriosidade
4. Sentimentos de independência

Manoel Bonfim (1868-1932)

Características psicológicas indicadas

Brasileiros

1. Parasitismo
2. Perversão do senso moral
3. Horror ao trabalho livre
4. Ódio ao governo
5. Desconfiança das autoridades
6. Instintos agressivos
7. Conservantismo
8. Falta de observação
9. Resistência
10. Sobriedade
11. Tibieza
12. Intermitência
13. Desfalecimentos contínuos
14. Desânimo fácil
15. Tendência à lamentação
16. Facilidade na acusação
17. Inadvertência
18. Ausência de vontade
19. Inconstância no querer
20. Hombridade patriota
21. Poder de assimilação social

Índios e negros

1. Inconsistência de caráter
2. Leviandade
3. Imprevidência
4. Indiferença pelo passado

Influência dos negros

1. Afetividade passiva
2. Dedicação morna, doce e instintiva

Índios

1. Amor violento à liberdade
2. Coragem física
3. Instabilidade emocional (defeitos de educação)

Mestiços

1. Indolentes
2. Indisciplinados
3. Imprevidentes
4. Preguiçosos

Paulo Prado (1869-1943)

Características psicológicas

Brasileiro

1. Tristeza
2. Erotismo
3. Cobiça
4. Romantismo
5. Individualismo desordenado
6. Apatia
7. Imitação

Índio

1. Sensual

Bandeirantes

1. Ânsia de independência
2. Brutezas
3. Pouco escrupulosos
4. Ambição de mando
5. Ganância de riqueza (herdada de cristãos-novos)

Negro

1. Passividade infantil (na mulher)

Gilberto Freyre (1900-1987)

Quadro das características psicológicas de portugueses, índios, negros e brasileiros

Portugueses

1. Flutuante
2. Riqueza de aptidões incoerentes não prática
3. Genésia violenta
4. Gosto de anedotas de fundo erótico
5. Brio
6. Franqueza
7. Lealdade
8. Pouca iniciativa individual
9. Patriotismo vibrante
10. Imprevidência
11. Inteligência
12. Fatalismo
13. Aptidão para imitar
14. Antagonismo de introversão-extroversão
15. Mobilidade
16. Miscibilidade
17. Aclimatabilidade
18. Sexualidade exaltada
19. Purismo religioso
20. Caráter nacional quente e plástico
21. Tristeza
22. Espírito de aventura
23. Preconceitos aristocráticos
24. Em alguns grupos, amor à agricultura
25. Continuidade social e gosto pelo trabalho negro, paciente e difícil

Índios

1. Sexualidade exaltada
2. Animismo
3. Calado
4. Desconfiado

Negros

1. Maior bondade
2. Misticismo quente e voluptuoso que enriquece a sensibilidade e a imaginação do brasileiro
3. Alegria

Brasileiros

1. Sadismo no grupo dominante
2. Masoquismo nos grupos dominados
3. Animismo
4. Crença no sobrenatural
5. Gosto por piadas picantes
6. Erotismo
7. Gosto da ostentação
8. Personalismo
9. Culto sentimental ou místico do pai
10. Maternalismo
11. Simpatia do mulato
12. Individualismo e interesse intelectual permitidos pela vida na "plantação"
13. Complexo de refinamento

Definições regionais

a. Pernambuco, paulista e gaúcho
b. Baiano e carioca

c. Bandeirante e cearenses: "expressão de vigor híbrido"
d. Paulista: gosto pelo trabalho
e. Em algumas outras religiões: resignação
f. Mineiro: austeridade e tendência à introspecção, complexo, sutil e dono de senso de humor
g. Gaúchos da zona missioneira: silenciosos, introspectivos, realistas, distantes, frios, telúricos, instintivos, fatalistas, orgulhosos, "quase trágicos nas crises"

Cassiano Ricardo (1895–1974)

1. Mais emotivo
2. Mais coração que cabeça
3. Mais propenso a ideologias que ideias
4. Detesta violência
5. Menos cruel
6. Menos odioso
7. Bondade
8. Individualismo

O homem cordial, um mito destruído à força[*]

Até pouco tempo, o grande tema que agitava a imprensa e os debates públicos brasileiros era a súbita explosão da violência urbana: delinquência, tráfico de drogas, prostituição, assaltos, estupros. Não faltavam explicações "científicas": desde a análise psicológica da perversão natural do trombadinha até as declarações sociologizantes sobre "anomia social", ou o descompasso entre leis e costumes, decorrente da urbanização e migração desenfreadas, da miséria e da ausência de controle social pela religião em decorrência da perda de religiosidade por parte da Igreja. No bojo do diagnóstico, vinham conselhos à classe média apavorada: armem-se os cidadãos honestos, cerquem-se as casas respeitáveis, diminua-se a idade da menoridade. Mais do que a vida, temia-se pela propriedade. A situação parecia tanto mais alarmante porquanto a violência desorganizada dos marginais parecia tomar corpo também nas ações organizadas dos trabalhadores. Tudo conspirava para o estremecimento do mais caro de nossos mitos: a não violência essencial do brasileiro, a história nacional feita sem sangue.

[*] Originalmente publicado em: *Folha de S.Paulo*, Folhetim, São Paulo, 21 set. 1980, p. 6.

De repente, tudo parece ter mudado. Bancas de jornal e sedes de associações bombardeadas,[1] sequestros de líderes populares,[2] mortes e espancamentos de trabalhadores[3], acionamento da Lei de Segurança Nacional contra líderes sindicais e parlamentares[4] entraram na ordem do dia. Ora, esses são acontecimentos pouco propícios à conservação do mito da não violência brasileira e pouco persuasivos para a tradicional inculpação de marginais. A mudança dos protagonistas e o tipo de violência praticada sugerem que algo está podre no reino do Brasil.

O mito da não violência brasileira foi construído graças a dispositivos ideológicos precisos que, por um lado, permitissem considerar a violência como acontecimento acidental e não como algo constitutivo da sociedade de classes e, por outro lado, justificassem a exclusão social e histórica dos sujeitos violentos. A história oficial do país é construída de modo linear, contínuo e progressivo, suas datas e seus feitos coincidindo com a imagem que a classe dominante tem de si mesma – do 10 de abril de 1500 ao "Pacote de Abril"[5] de 1977,

[1] A repressão militar havia se dirigido contra a imprensa, que começava a enfrentar (mesmo que timidamente) a censura. Uma bomba, na Associação Brasileira de Imprensa (ABI), no Rio de Janeiro, matou uma pessoa; bombas destruíram bancas de jornais em várias capitais, ferindo aleatoriamente pessoas. Também começaram a ser alvo do terror de Estado associações de defesa de direitos humanos, como a sede da associação Justiça e Paz, em São Paulo. De modo geral, essas operações eram realizadas por uma força paramiltar e para-policial, o Esquadrão da Morte. (N. do Org.)

[2] Como o do operário Santo Dias, morto pelo Esquadrão da Morte durante o sequestro.

[3] Desde o final dos anos 1970, com as célebres greves operárias do ABC paulista, trabalhadores tidos como suspeitos de subversão eram espancado e mortos.

[4] A Lei de Segurança Nacional, centrada na ideia de combate ao "inimigo interno", impôs a suspensão da imunidade parlamentar, levando ou à perda de mandatos ou à prisão, e foi acionada para a prisão de Lula e demais líderes sindicais. Essa lei veio reforçar a repressão imposta à sociedade pelo Ato Institucional nº 5, de dezembro de 1969, reiterando a abolição do direito de greve, impondo a censura aos meios de comunicação, mas principalmente e sobretudo dando início à repressão armada contra os movimentos revolucionários do período e aos opositores em geral, culminando, neste último caso, com a prisão, tortura e morte do jornalista Vlado Herzog, em São Paulo – com esse Ato, institucionalizou-se o terrorismo de Estado. (N. do Org.)

[5] O "Pacote de Abril", denominação dada ao conjunto de medidas implantadas pelo Estado, foi elaborado pelo general Golbery do Couto e Silva como pré-condição do que ele denominou de "diástole" ou "abertura democrática". O Pacote

passando pelo 1º de abril de 1964,[6] não há solução de continuidade, de sorte que acontecimentos como as revoltas de Palmares, Balaiada, Praieira, Canudos, Contestado, Muckers, Farrapos, as greves no campo em 1870, as greves urbanas durante todo o século XX, as Ligas Camponesas no início dos anos 1960, as lutas de posseiros e garimpeiros contra os índios, para enumerar apenas alguns fatos, aparecem como se fossem momentos de irracionalidade e de imaturidade num povo inculto açulado por agentes perniciosos. História do vencedor e de sua memória, silêncio e destruição dos vencidos, eis uma violência jamais contestada, jamais mencionada.

Desigualdade econômica, que divide a sociedade entre a miséria absoluta e a absurda concentração da riqueza, discriminação racial e sexual, discriminação de classe, atrelamento dos sindicatos ao Estado, aprovação da nova edição da Lei de Segurança Nacional (cujo núcleo é a ideia de "inimigo interno") e da Lei dos Estrangeiros, realidade das Febem e Benfam contra as crianças, dos INPS contra os pobres,

---

visava assegurar que o partido da situação (ARENA) mantivesse os governos estaduais e maiorias legislativas em todos os níveis contra o partido da oposição (MDB) e foi aprovado pelo presidente Geisel no dia 13 de abril de 1977. Para sua aprovação direta pelo presidente da República, o Congresso Nacional foi fechado e o sistema judiciário e a legislação sofreram alterações. Nas eleições de 1978 para o senado, 50% das vagas em concorrência tiveram seu preenchimento pelo voto indireto, atribuído por um Colégio Eleitoral, composto por delegados das câmaras municipais e das assembleias legislativas estaduais; além disso, um terço dos senadores passaram a ser nomeados diretamente pelo presidente da República – esses senadores receberam o apelido popular de "biônicos" (a partir de um seriado de televisão norte-americano intitulado "O homem de 6 milhões de dólares", um piloto de provas que, após um acidente, tivera todo seu corpo reconstruído por próteses cibernéticas – era misto de gente e máquina). As campanhas eleitorais foram restringidas, o mandato presidencial passou para seis anos, as leis passaram a ser aprovadas por maioria simples no Congresso e os governadores, que até então eram nomeados pelo presidente da República, passaram a ser eleitos indiretamente por colégios eleitorais constituídos por membros das assembleias legislativas. Para assegurar ao partido do governo maior número de deputados federais e senadores, cuja eleição só ocorria nos estados, o Pacote criou novos estados (os cinco territórios se tornaram estados; o estado do Mato Grosso foi dividido em dois, um deles denominado Mato Grosso do Sul; o mesmo ocorreu com o estado do Piauí, de cuja divisão surgiu o estado de Tocantins).

[6] O golpe militar que deu início à ditadura ocorreu no dia 1º de abril de 1964, mas os generais estabeleceram 31 de março como data oficial, por razões óbvias.

da Funai contra os índios, do Funrural contra a pequena propriedade da terra, ausência de *habeas corpus* e do *habeas mentem* para prisioneiros políticos e comuns – nada disso parece abalar a crença petrificada em nossa essencial não violência. O Esquadrão da Morte é posto como caso de psiquiatria para não ser tratado como questão política.

★ ★ ★

Legitimada no plano do saber e cristalizada no plano das instituições, a violência é o ar que respiramos, são as ações que praticamos; interiorizada e realizada nas relações pessoais, sociais, econômicas e políticas. Porque somos seus agentes e pacientes não a percebemos, senão quando ultrapassa os limites do costumeiro.

Porém, mesmo quando tomamos consciência dela e sobre ela falamos, o fazemos por um prisma preciso: nós a tomamos como violação e como transgressão. Encarada pelo prisma essencialmente jurídico, a violência não é atingida em seu cerne, pois violência é o poder para transformar um sujeito em coisa. Ser sujeito (individual ou coletivo, ético ou político) é ser para si mesmo e por si mesmo a garantia da produção de sua própria ação e ser responsável por ela. É essa condição de sujeito que nos tem sido roubada (com nossa conivência) em todas as esferas da vida social: no trabalho, onde a divisão do processo de produção e a tecnologia reduzem o produtor a um executante incompetente; na escola, onde as pedagogias e as teorias reduzem o aluno a objeto e a razão, à instrumentalidade prática; nos hospitais, onde empresas decidem a ação dos médicos e estes reduzem os pacientes a coisas medicáveis; na política, onde o autoritarismo ditatorial reduz os cidadãos à imaturidade passiva e não participante. Disciplinando, normalizando e punindo, as leis e as regras revelam a verticalidade da violência que desce do Estado à sociedade civil, depois de haver subido desta última para o centro estatal.

Por que, nestas condições, as bombas contra associações profissionais e bancas de jornais, as mortes e os sequestros de lideranças populares, as prisões de parlamentares e sindicalistas nos abalam? Por que nos chocam mais do que a ausência do direito de greve e a presença da censura? Certamente porque revelam aquilo que a violência institucionalizada permite ocultar: o significado do terror como forma da vida política. A negação do direito de greve implica um pacto de dominação no qual a contraviolência dos trabalhadores, que se põem como sujeitos e sementes de uma outra ordem social, não pode ter lugar. Neste caso, a violência legal do Estado justifica a exclusão da contraviolência produtora de outro direito e de outra justiça. O caso do terror de Estado, porém, é diverso.

O terror é o momento de destruição de várias ilusões: a ilusão dos pactos, a ilusão da universalidade do Estado, a ilusão da universalidade das leis. É o momento no qual a sociedade não surge apenas dividida em classes, mas fragmentada em facções, e a política, não podendo exprimir nada que seja minimamente coletivo, não podendo realizar a universalidade pela mediação das diferenças, efetua-se pela supressão física do outro. A regra da política terrorista, isto é, da impossibilidade da política, é a negação definitiva das diferenças por meio da morte. A facção triunfante, dizia Hegel, chama-se "governo". Sua vontade, exprimindo apenas sua própria particularidade, está ameaçada por todos os lados porque está ameaçada por todas as outras forças que também foram reduzidas, pela lógica do terror, à condição de facções.

Quando o ministro general Golbery do Couto e Silva afirmou que a "abertura política" estaria garantida porque fracionaria as oposições, acertou, mas seu acerto simplesmente revela aquilo que ele mesmo desconhecia: que a lógica do terror invade toda a política e que ser "situação" não é vencer a parada, mas transformar-se em facção ameaçada. O governo, facção triunfante-ameaçada, move-se na lógica do terror. Para a facção triunfante, como para todas as outras, divergir é ser suspeito, ser suspeito é ser culpado e ser culpado é ser sumariamente condenado à morte. A política é conspiração e golpe, e a polícia assume sua verdade, enfim sem máscaras.

Quando nos regimes constitucionais conhecidos pela ordem burguesa os poderes Executivo, Judiciário e Legislativo coincidem (como nas ditaduras), a polícia encarna a presença onipresente do poder em toda a sociedade e não há enigma ou ambiguidade quanto à sua atuação. De 1969 a 1979, no Brasil, essa presença onipresente podia ser odiosa ou odiada, mas era lógica. Essa onipresença só se torna problemática quando a distinção *de jure* dos três poderes é afirmada formalmente e negada *de facto*. Isto é, a onipresença do terror policial (entenda-se: policiais e militares) só se torna problemática quando há pretensões democratizantes a fazer com que os três poderes, separados, encarnem a região da Justiça e do Direito, enquanto a esfera policial deve reduzir-se à operação da segurança. Essa diferenciação entre poder e polícia cria os conflitos entre política e polícia, o que é uma das regras do jogo burguês; numa ditadura, porém, essas dificuldades não existem, pois a polícia, neste caso, deixa de ser um problema político pelo simples fato de que, em virtude da lógica do terror, a política tornou-se polícia.

O terrorismo exprime, na forma-limite, as dificuldades do Estado brasileiro para conservar a imagem do Estado capitalista. Destinado a figurar o universal (mas sendo realmente particular porque instrumento de uma classe particular), destinado a ordenar e regular o espaço social para torná-lo homogêneo (mas sendo realmente mais um polo heterogêneo entre as forças sociais), destinado a oferecer-se como lugar da identificação social (mas sendo realmente a realização política das divisões sociais), destinado a representar objetivamente os interesses subjetivos da comunidade nacional (mas sendo realmente um dos membros particulares do próprio capital social), destinado a ser o ponto de confluência da legalidade e da legitimidade (mas sendo realmente um substituto e usurpador da soberania), o Estado brasileiro, sob a forma do terror, encarna negativamente a exemplaridade do Estado capitalista. Com efeito, como autoridade separada, não pode figurar a universalidade do poder e sim a particularidade de uma facção; como polo de identificação social, não pode efetuar a generalidade da vida coletiva senão suprimindo partes da coletividade e oferecendo-se como potência onipotente a forçar a submissão generalizada.

Se, neste momento, é fundamental que setores da sociedade civil apontem os agentes responsáveis pela onda terrorista e procurem, pela denúncia e ação conjugada, frear seu prosseguimento, não menos importante é compreender a lógica do terror e o risco de apressadamente propor uma prática política que vise a um novo pacto de dominação no momento em que, pela lógica do terrorismo, não há na sociedade brasileira senão o saldo dessa lógica, isto é, facções. Passar da facção à diferença e trabalhar a diferença é a prática capaz de restaurar a política contra a polícia. Caso contrário, iremos de uma violência para outra. Querer a unidade sem passar pela mediação das diferenças é responder ao terror com outro terror.

Arcaísmos do Brasil Novo[*]

O Plano Brasil Novo,[1] que não é econômico e sim de estabilização monetária, assenta-se sobre uma contradição aparente: aos "descamisados"[2] envia o discurso salvacionista da compaixão, enquanto à classe dominante envia o discurso neoliberal da competição. Contradição apenas aparente, uma vez que o discurso da competição atinge os "descamisados" por meio da "livre" negociação salarial e o desemprego, enquanto o discurso da compaixão é incapaz de tratar com dignidade política os aposentados e não oferece um programa para o Estado do Bem-Estar nas áreas de saúde, educação, moradia e abastecimento, pois isso depende do não pagamento da dívida externa, da reforma agrária e da inversão de prioridades nos investimentos estatais. Não há contradição. O plano aponta para uma política neoliberal de forte competição, favorável aos oligopólios internacionais.

Há, porém, contradição. Mas noutro lugar. Isto é, na concentração de poder e força nas mãos do presidente da República. Entenda-se: do presidente da República e não do Executivo federal. Em outras palavras, a contradição está instalada entre a concepção neoliberal de

---

[*] Originalmente publicado em: *Folha de S.Paulo*. Primeiro Caderno, Tendências e Debates, São Paulo, 21 maio 1990, p. 3.

[1] Nome dado ao programa econômico proposto por Fernando Collor de Mello no início de seu mandato. (N. do Org.)

[2] Designação dada aos trabalhadores e aos pobres por Perón e adotada por Collor durante sua campanha eleitoral. Ao chegar a comícios e assembleias populares, Perón tirava o paletó e ficava em mangas de camisa para simbolizar seu pertencimento ao povo. Collor vinha aos comícios já em mangas de camisa.

desregulação política por meio da desregulação do mercado, de um lado, e a concepção autocrática do poder do presidente da República, de outro lado. Se se quiser, entre a Inglaterra de Thatcher e o Haiti de Papa Doc.

A política do presidente da República possui alguns traços dos quais, aqui, destacaremos três: 1) a construção do corpo místico do presidente ou a sagração do governante; 2) a indiferenciação entre o público e o privado ou o refluxo do republicanismo; 3) a desorganização do Estado e da sociedade civil.

1) A construção do corpo místico ou a sagração do governante. Desde a vitória eleitoral, o corpo do presidente da República tem sido construído de modo a produzir uma imagem com as seguintes características: corpo erótico (viagens de descanso às ilhas Seychelles), corpo juvenil (corre de motocicleta, pratica caratê, *jet ski*, vôlei, futebol, asa-delta, *cooper*), corpo heroico (dirige submarino e avião supersônico, realiza passeio guerrilheiro pelas matas em estilo Rambo), corpo ariano (branco, alto, forte, negação dos corpos semita, oriental, africano e indígena), corpo elegante (cuidados com cabelo, pele e vestuário, à moda *yuppie*). Esse corpo deve produzir um sentimento de identificação nacional, isto é, a sociedade deve sentir-se encarnada e personificada no corpo presidencial, que é a negação mítica da realidade: saudável, num país de doentes miseráveis; branco, num país de miscigenação; erótico, num país de machismo e forte repressão sexual; heroico, num país de elevada taxa de mortalidade; belo, num país de desnutridos, desdentados e famélicos; elegante, num país de "descamisados". Tudo o que não somos, Elle[3] é por nós, e isso nos basta. Essa construção, porém, ultrapassa o plano mítico e penetra no campo místico. O corpo do presidente é apresentado como invulnerável. Ora, é esta a característica atribuída pela teologia política ao corpo

---

[3] Collor de Mello simbolizou sua campanha eleitoral e o início de seu governo com o uso de duas letras L (constantes de seus dois sobrenomes), paralelas e levemente inclinadas, azuis sobre fundo amarelo. Fundiu seu nome e as cores da bandeira nacional para produzir total identificação entre sua pessoa e a nação. O leitor da época podia por isso entender o jogo de palavras com o pronome quando escrevemos "Elle" em vez de "ele".

político, cuja invulnerabilidade decorre das instituições e da soberania encarnadas no rei no momento de sua sagração. Transformando seu corpo físico em corpo político, o corpo do presidente da República se sacraliza e se torna imortal (pois, como pessoa mística, à maneira teológica, o corpo político do governante distingue-se de seu corpo físico porque não está sujeito a doenças e à morte). Imortal, o corpo do presidente da República é deificado, e essa divinização de sua pessoa garante-lhe o papel messiânico que deu a si mesmo. Usando, pois, os instrumentos mais sofisticados do narcisismo moderno, o corpo do presidente da República atualiza o que há de mais arcaico na política brasileira, isto é, a sagração do governante.

2) Indiferenciação entre o público e o privado. No primeiro turno da campanha presidencial, o atual presidente da República insultou e agrediu o então presidente, mas o fez atingindo a pessoa privada do primeiro mandatário da República. No segundo turno eleitoral, invadiu a vida privada de seu adversário, construindo sua figura como antipai, antimarido, antivirtude e antiletras, figura do anti-herói.[4] Tendo desrespeitado os princípios da vida republicana, o vitorioso construiu de si mesmo também uma imagem de pessoa privada: pai responsável (levou os filhos em suas viagens), marido extremoso (foi às ilhas Seychelles com a esposa, após o cansaço da campanha), virtuoso justiceiro (definiu a inflação como caso de polícia e a justiça social como ação paternal do governante) e homem culto que "conhece línguas" (sem se dar conta, evidentemente, de seu triste provincianismo).

Por sua vez, o Plano Brasil Novo fez a mais violenta incursão na vida privada dos cidadãos, esfacelou-lhes o cotidiano e apagou as fronteiras entre o Estado e a sociedade civil (e, como

---

[4] Leopoldo Collor de Mello, irmão do candidato, levou à televisão Miriam Cordeiro, com quem Lula viveu e teve uma filha que ele teria abandonado (o que não era verdade, pois a filha foi criada por ele e sua mulher). Além disso, a campanha enfatizava o fato de Lula ter apenas o curso primário e, portanto, ser um analfabeto ignorante. Aliás, para arcar sua superioridade cultural, em suas viagens ao exterior, Fernando Collor de Mello se fazia fotografar e filmar visitando livrarias e comprando livros em língua estrangeira. (N. do Org.)

se sabe, a inexistência de fronteiras entre Estado e sociedade, público e privado é a marca distintiva dos totalitarismos). Além disso, o Plano apresentou inconstitucionalidades evidentes e aberrantes que foram decretadas e, depois, aceitas pelo Congresso e pelo Judiciário, todos eles manifestando desprezo pelos princípios republicanos e democráticos, pois o abandono da Constituição é retorno ao despotismo e ao seu lema "a vontade do rei tem força de lei", isto é, a vontade do governante (seus desejos como pessoa privada) pode aniquilar a vontade geral, expressa na lei e na Constituição (o espaço público). Mas é no faz-desfaz-refaz de decretos, portarias e medidas provisórias, nas idas e vindas das decisões, que melhor se manifesta a indiferenciação entre o público (a lei) e o privado (a vontade pessoal), pois o que aparece como mera incompetência é, na realidade, fruto de uma política baseada exclusivamente na subjetividade do governante. A indistinção entre o público e o privado significa a destruição da esfera democrática dos direitos civis, sociais e políticos, das garantias da cidadania sob o vendaval dos interesses presidenciais.

3) Desorganização do Estado e da sociedade civil. Essa desorganização não se confunde com as trapalhadas administrativas e as aberrações jurídicas da equipe presidencial, mas se apresenta por meio do comportamento do presidente da República e seus auxiliares, que não agem respeitando as mediações institucionais. Não só o presidente usa o rádio e a televisão como canais oficiais de comunicação direta com a sociedade, como também ele e seus auxiliares estabelecem relações diretas com políticos (prefeitos, governadores, parlamentares), empresários, profissionais liberais, artistas, intelectuais e trabalhadores, dissolvendo as relações políticas mediatas por relações pessoais de cooptação, aliciamento, cumplicidade ou inimizade. Se, por exemplo, a Constituição determina as relações entre o governo federal e os governos municipais (repasses de verbas, empréstimos, subvenções, convênios), não há por que "negociar" preferencialmente com alguns prefeitos essas relações. Obtendo a servidão voluntária do Judiciário e do Legislativo, a subserviência dos meios de comunicação e a cumplicidade

da classe dominante, os atos presidenciais desorganizaram também a sociedade civil. Por um lado, a invasão na vida privada[5] fez com que os cidadãos reagissem como indivíduos isolados em busca de sobrevivência e, por outro, fez com que sindicatos, associações, entidades de classe, movimentos sociais deixassem de ser agentes políticos e interlocutores válidos, uma vez que a força da vontade pessoal do presidente da República impõe a lógica da relação pessoal e atomizada dos agentes sociais e políticos com o Estado. A propalada e não realizada reforma administrativa do Estado não consegue obedecer à lógica neoliberal porque os reformadores esbarram na autocracia presidencial, e não poderão propor a democratização do Estado porque esta exige uma sociedade civil organizada. Reduzida à propaganda espalhafatosa de leilões de carros, casas e telefones[6], à demissão sumária de funcionários públicos sem estabilidade, à extinção de órgãos culturais e à dúbia privatização de estatais cuja escolha não foi explicada nem justificada à opinião pública, a dita reforma é coleção de gestos mistificadores que apenas alimentam o ressentimento da população contra as instituições e os serviços estatais. Longe de propor a quebra do autoritarismo das instituições políticas brasileiras pela democratização de cada uma delas, o novo governo federal fortifica esse autoritarismo, cujo esteio sempre foi e é a substituição das relações de cidadania pelas relações pessoais de hierarquia, mando e obediência.

Usando a sofisticação da informática e o discurso pseudocientífico dos especialistas, o Brasil Novo repõe na cena todos os arcaísmos da história política brasileira. Com pompa e cerimônia, dá a isso o nome de modernidade.

---

[5] O primeiro ato do Plano Brasil foi o confisco da poupança, que lançou milhões de pessoas no desespero, pois para a maioria delas era o único pecúlio possível seja para suportar as dificuldades impostas pela inflação (que chegou a atingir a casa dos 70% ao mês), para aquisição de casa própria, pagamento de mensalidades escolares, sustento no momento da aposentadoria, etc.

[6] Foram leiloados carros, telefones e casas destinados ao uso de funcionários públicos federais vivendo em Brasília.

O arcaico desejo de ser moderno[*]

Numa entrevista memorável, Raimundo Faoro sintetizou os efeitos da política de Fernando Collor de Mello: mata as crianças, desemprega os jovens e humilha os velhos. Não por acaso, durante 1991, um dos grandes temas que agitou a opinião pública foi o da ética, uma vez que os efeitos apontados por Faoro indicam que entramos no reino da barbárie. Não por acaso, desde 1991, o Partido dos Trabalhadores ergue a bandeira do *impeachment* presidencial, acenada com maior vigor quando os atos de corrupção têm os trabalhadores como alvo preferencial (o caso dos aposentados, os escândalos na área da Saúde Pública e no Ministério do Trabalho).

Se os efeitos da ação governamental são esses apontados, os princípios que regem essa ação merecem ser lembrados: abolição entre as fronteiras do público e do privado, com o encolhimento do espaço público e o alargamento do espaço privado (antidemocrático), desrespeito à Constituição e desmantelamento institucional, retorno ao populismo sob a forma de um curioso despotismo pós-moderno (o modelo do governante não é dado pelo chefe de família, o *despotês* dos antigos, mas pelo *yuppie*, executivo das grandes burocracias empresariais, movido pelo mote narcisista do "vencer ou vencer").

---

[*] Originalmente publicado em: *Folha de S.Paulo*. Primeiro Caderno. Tendências e Debates. São Paulo, 15 mar. 1992, p. 3.

A abolição das fronteiras entre o público e o privado anunciou-se desde a campanha eleitoral, com o ataque à vida pessoal de Lula e prosseguiu, depois da vitória, com a construção da figura do governante (as virtudes cívicas) por meio de sua pessoa privada (as virtudes morais), isto é, como bom pai de família, bom filho, bom irmão, bom amigo e bom marido, além de bom amante (as viagens às paradisíacas ilhas Seychelles), segundo o imaginário sexual criado pela televisão. A construção prosseguiu, a partir da posse, com a produção do corpo místico do presidente em que seu corpo físico surge como heroico, indestrutível, invulnerável a riscos e perigos, numa curiosa mescla entre o *yuppie* que faz *cooper* e a imagem teológica medieval dos "dois corpos do rei"[1]. O corpo de Collor foi posto como efígie da nação: o *jogging*, representando a corrida triunfal do país rumo ao Primeiro Mundo, e a nova camiseta usada pelo presidente da república a cada domingo, representando um saber e uma vontade fisicamente gravadas num corpo nacional. A vida do presidente, como a de Luís XIV, se fez teatro público: suas relações conjugais, seu círculo de amigos, suas festas desviaram a atenção dos cidadãos, o fascínio da vida cortesã substituindo a compreensão dos planos econômicos e embates com o Congresso. Usando expressões machistas sobre sua virilidade, Collor ofereceu seu corpo como protetor da justiça social contra os partidos políticos (corruptos) e os movimentos sociais (agitadores). Toda essa operação teve o desenlace que se conhece: "O senhor está com Aids?" – indagou a jornalista, diante da magreza presidencial e perante telespectadores perplexos.

Faz-se a correção de rota: o corpo magro e envelhecido torna-se, misticamente, expressão de um espírito preocupado com a crise nacional. Surge o ideólogo do "social liberalismo", o detentor de um saber sobre o social e o político já encarnados em seu corpo físico, detentor de poder. E a operação também teve o desenlace que se

---

[1] Os juristas teólogos medievais criaram a figura dos dois corpos do rei: o corpo físico, perecível ou mortal como o que qualquer outro ser humano, e o corpo político ou místico, imperecível, imortal porque recebeu a sagração pelo papa. Essa imagem explica a frase que sempre era pronunciada quando da morte de um rei: "O rei está morto, viva o rei". O "viva o rei" não era dirigido ao novo rei, mas à realeza enquanto imortal. Ou seja, "viva o rei" significa "o rei nunca morre". Podem morrer Charles, James, Jean, Louis, mas nunca o rei ou seu corpo político.

conhece: Merquior (glosador erudito de outros autores) já pensava os pensamentos do presidente[2] (como no conto de Borges, em que o sonhador está sendo sonhado por outro sonhador).

A abolição das fronteiras entre público e privado resulta do arcaísmo que rege a interpretação planaltina do neoliberalismo. Este, como se sabe, opera pelo encolhimento do espaço público porque diminui a ação sociopolítica do Estado (sob o pretexto de eliminar o gigantismo burocrático, isto é, na realidade, os setores ligados aos direitos sociais) e da sociedade política (partidos, parlamentos, movimentos sociais), trazendo como contrapartida o alargamento do espaço privado, isto é, dos interesses privados que regem o mercado capitalista, ao qual se confia a autorregulação da sociedade, reduzida à irracionalidade da flutuação dos preços. O neoliberalismo fascina Collor porque é "moderno", isto é, corresponde à fase atual do modo de produção capitalista, baseada na dispersão da produção industrial (diminuição e fragmentação das plantas industriais e dos estoques), na ampliação dos serviços (com multiplicação e diversificação das situações ocupacionais), na hegemonia do capital financeiro e na velocidade vertiginosa do consumo (sob os efeitos da moda, induzida pelo *marketing*). Esse funcionamento do capitalismo, regulado pelo FMI e pelo Banco Mundial, dispensa Estados nacionais fortemente estruturados e opera com os vastos oligopólios e monopólios internacionais.

Ora, como Collor enxerga o neoliberalismo? Sob duas perspectivas arcaicas e equivocadas: 1) interpreta a privatização como abolição (medieval e absolutista) das fronteiras entre o público e o privado, como já vimos; e 2) interpreta o mercado de modo pueril e mágico. Dois equívocos graves.

De fato, o mercado capitalista é uma instituição social e, portanto, possui uma história, possui normas e regras (extramercado, sem dúvida) e formas de interação e conflito com outras instituições. Quando se examina o discurso de Collor sobre o mercado, percebe-se

---

[2] Diplomata e crítico literário, José Guilherme Merquior, que, durante a ditadura, fora *ghost writer* do presidente Figueiredo, tornou-se *ghost writer* de Fernando Collor e propôs a ideia do "social liberalismo" contra a social democracia. Mas acabou exigindo publicamente a "patente" por essa ideia, tirando sua suposta autoria das mãos de Collor.

que para ele o mercado ou é mera relação de troca (não considera a produção), ou é um leilão onde disputam compradores e vendedores abstratos (a bolsa de valores seria a essência do mercado), ou é uma rede de intermediações em que os intermediários compram e vendem estoques, segundo disponibilidade de estoque e dinheiro dos vendedores e compradores (como se a centralização e concentração de oligopólios e monopólios não existissem). Essa visão fantasiosa leva a políticas econômicas mágicas (Zélia Cardoso de Mello) ou subservientes (Marcílio Marques Moreira), tendo como resultado quebrar a instituição social do mercado, sem substituí-la por outra.

A somatória dos dois equívocos, ou o "neoliberalismo collorido", produz três efeitos principais. Em primeiro lugar, a privatização deixa de ser percebida como acontecimento econômico e político e se torna teatro da vida privada, redundando na "República de Alagoas", na do "Paraná", na do "Pará". Em segundo, impõe limites ao populismo, uma vez que a redução do Estado na esfera dos serviços sociais impede a ação assistencialista direta para os "descamisados", que foram, entretanto, seu principal alvo eleitoral e de suas promessas. Em terceiro, impede a relação clássica do Estado com elites (empréstimos, subsídios, subvenções, isenções, etc.), tanto quanto o oferecimento de um novo modelo do mercado capitalista neoliberal. É nesse espaço de equívocos que a corrupção cava seu lugar, na medida em que a quebra da instituição econômica (o mercado) e a destruição da confiança nas instituições políticas (ministérios, parlamentos, partidos) leva o governo a dispor somente das vias ilegais para responder às pressões da miséria e às exigências do clientelismo das elites.

E parece não haver reação pública generalizada. Volta-se a falar na "passividade do povo". Engano. Collor não foi nem é ilegítimo, pois constrói sua legitimidade (isto é, um poder que produz obediência voluntária e adesão) sobre raízes profundas da história e da sociedade brasileiras.

De fato, em nossa sociedade impera a desconfiança com relação à política (como ação coletiva) e aos políticos (como representantes) ou a percepção da política como espaço de privilégios, corrupção e impunidade. Nela também existe o desprezo pelo Estado (encarado como ineficiência corrupta dos funcionários), contrabalançado pelo desejo de um Estado forte (enquanto identificado com a pessoa do governante como chefe salvacionista carismático, que abandona as mediações institucionais e se relaciona diretamente com o "povo"). Nossa sociedade é perpassada pelo sentimento difuso de que as leis são meras cristalizações de interesses minoritários e de privilégios (merecendo aplauso quem as transgride para o "bem do povo", já que não são reconhecimento e garantia de direitos). Há entre nós o medo da vida urbana com suas inseguranças, violências e misérias e a impossibilidade de frear a urbanização por uma reforma agrária (pois esta última produz um medo maior, o do "comunismo"). Somos movidos pelo ressentimento nacionalista contra o atraso terceiro-mundista e, ao mesmo tempo, pelo desejo de aceder à sociedade de abundância do Primeiro Mundo (aderindo a todo aquele que prometer realizar essa passagem e, portanto, ser "moderno"). Alimentamos o descrédito do "socialismo real" e experimentamos o alívio com a paralisia da utopia socialista (aderindo a todo aquele que afastar a "ameaça vermelha").

A figura de Collor foi construída para corresponder ponto a ponto a cada um dos aspectos que funda no Brasil a legitimidade política (o jovem à margem da política, o "caçador de marajás", o moderno reformador do Estado e da economia, o líder populista carismático, etc.). A ausência de reação popular, no entanto, embora seja explicável, não elimina o risco que Collor representa para a modernidade democrática, sobretudo porque seu insucesso atual não é definitivo e ele não perdeu poderes nem a iniciativa política, ainda que sua política mate as crianças, desempregue os jovens e humilhe os velhos.

Cultura Popular e autoritarismo[*]

Uma sociedade autoritária

O Brasil é uma sociedade autoritária, na medida em que não consegue, até o limiar do século XXI, concretizar nem sequer os princípios (velhos, de quase quatro séculos) do liberalismo e do republicanismo. Indistinção entre o público e o privado, incapacidade para tolerar o princípio formal e abstrato da igualdade perante a lei, combate da classe dominante às ideias gerais contidas na Declaração dos Direitos do Homem e do Cidadão (de 1789) e na Declaração dos Direitos Humanos (de 1948), repressão às formas de luta e de organização sociais e populares, discriminação étnica, sexual e de classe; a sociedade brasileira, sob a aparência de fluidez, estrutura-se de modo fortemente hierárquico, e, nela, não só o Estado aparece como fundador do próprio social, mas também as relações sociais se efetuam sob a forma da tutela e do favor (jamais do direito), e a legalidade se constitui como círculo fatal do arbítrio (dos dominantes) à transgressão (dos dominados) e, desta, ao arbítrio (dos dominantes).

Desfazendo a memória imaginária

Os traços do autoritarismo foram, sem dúvida, reforçados com o golpe de Estado de 1964, paradoxalmente batizado com o nome de "revolução".

[*] Texto inédito. Originalmente conferência no simpósio Popular Culture and Democracy. Smithsonian Institute, Washington DC, 1987.

Com a autodenominação de Nacionalismo Responsável (isto é, sem movimentos sociais e políticos), Pragmático (isto é, baseado no modelo econômico do endividamento externo e do tripé Estado-multinacionais-indústrias nacionais) e Moderno (isto é, tecnocrático), instala-se no Brasil, desde meados dos anos 1960, um poder centralizado pelo Executivo, apoiado em leis de exceção (Atos Institucionais e Atos Complementares) e na militarização da vida cotidiana, inicialmente com o nome de "guerra permanente ao inimigo interno" e, após a repressão sangrenta contra as ações subversivas e de guerrilha, com a transferência do aparato militar-repressivo para o tratamento comum da população, em especial trabalhadores do campo e da cidade (particularmente sindicalistas de oposição), desempregados, negros, menores infratores, presos comuns e delinquentes em geral (aí incluídos travestis e prostitutas).

O "regime", nome empregado para a fachada governamental, é dirigido pelo "sistema" – isto é, pelo Serviço Nacional de Informação (SNI) e pela chamada Comunidade de Informação –, que lhe garantiu implementar uma política monetarista altamente inflacionária, fundada no arrocho salarial e na repressão aos movimentos trabalhistas, levando ao extremo a concentração da renda e as desigualdades socioeconômicas (o chamado "milagre brasileiro"), criando uma estrutura de poupança compulsória (os "fundos" de todo tipo) que sustenta a política social (a drenagem dos salários que é dissimulada pela devolução dos "benefícios sociais"), produzindo crescimento econômico acelerado e artificial através de sistemas de crédito e de subsídios governamentais, obtidos por empréstimos à finança internacional (a célebre "dívida externa"), consolidando a intervenção do Estado na economia por meio de empresas mistas e estatais.

O novo regime – ou o Sistema – apoiou-se numa ideologia de cunho geopolítico, herdada da divisão Leste-Oeste criada pela Guerra Fria, expressa na Doutrina da Segurança Nacional, com a pretensão de promover o Brasil à condição de potência no ano 2000. Esse feito seria conseguido graças às ideias de desenvolvimento nacional (o "milagre" e a dívida), integração nacional (isto é, centralização das decisões sociopolíticas, consideradas como meras questões técnicas) e segurança nacional (anticomunismo). Sob os auspícios da ideia de planejamento, o regime e a ideologia tornaram-se conhecidos com a expressão *Modernização Conservadora* (expressão que encontrou grande receptividade entre cientistas políticos brasileiros e estadunidenses e que os levou a designar o Estado e o governo como "novo autoritarismo", para distingui-los do "velho", de estilo personalista e caudilhesco).

O fato de essa situação política ter tomado forma logo após o governo populista de João Goulart, marcado pela presença popular na cena pública, teve como efeito o surgimento de uma curiosa memória histórica no ideário da oposição política ao Sistema.

Segundo essa memória, entre 1946 (fim da ditadura Vargas ou Estado Novo) e 1964 (fim do populismo janguista com o golpe de Estado), o Brasil teria sido uma democracia. Essa memória é paradoxal porque tecida com o fio de vários esquecimentos significativos, como, por exemplo, o de que a Constituição de 1946 define a greve como ilegal, mantém a legislação trabalhista outorgada pela ditadura Vargas (e que é reprodução quase literal da *Carta del Lavoro*, de Mussolini), proíbe o voto aos analfabetos (isto é, à maioria da população, na época), coloca o Partido Comunista na ilegalidade, conserva a discriminação racial e não questiona a discriminação das mulheres, consagrada pelos códigos Civil e Penal, etc. Essa curiosa memória, considerando o golpe de 1964 uma ruptura da ordem democrática (inicialmente considerada pelos teóricos do Desenvolvimentismo como ruptura impossível, uma vez que capitalismo e democracia vão juntos; e, posteriormente, considerada pelos teóricos da Dependência como inevitável, porque acumulação do capital e repressão andam juntas), julga tarefa política prioritária a *redemocratização* do país, encarregada de estabelecer novos laços entre sociedade civil e Estado, na linguagem dos progressistas, ou entre a nação e o Estado, na linguagem dos conservadores.

Nessa perspectiva, o prosseguimento da construção da memória leva a afirmar que o país entrou no processo de "re"-democratização a partir de 1975, quando o peculiar organicismo político da "sístole-diástole" do general Golbery do Couto e Silva[1] conduziu à chamada "distensão" do governo do general Ernesto Geisel e prosseguiu com a chamada "abertura" do governo do general João Figueiredo. Esse

---

[1] O General Golbery comparava a sociedade a um organismo vivo cujo centro seria o coração, como o movimento de sístole e diástole. O "regime" e o "sistema" foram um período de sístole (ou fechamento) necessário à sobrevivência do corpo social e político. Findo esse movimento, deveria iniciar-se a diástole, isto é, o movimento de abertura do coração para nova irrigação sanguínea.

processo, também designado com o nome de "liberalização do regime", teria encontrado a culminância nos seguintes eventos: suspensão do Ato Institucional n. 5 (na verdade, apenas deslocado de um *corpus* único para uma pluralidade de leis e de instituições denominadas "salvaguardas", e sem a suspensão da Lei de Segurança Nacional nem a extinção do órgão máximo do regime, o Serviço Nacional de Informação – SNI), anistia aos presos políticos e exilados, retorno ao pluripartidarismo, eleições diretas para governadores dos estados (1982) e eleição de um civil para a Presidência da República, em 1985 (ainda que a eleição tenha sido indireta, contrariando o movimento social pelas eleições diretas, e tenha sido realizada por uma coalizão entre oposições e forças governamentais, na classicamente brasileira Conciliação pelo Alto). Permaneceu intocado o modelo econômico, tendo início a chamada Transição Democrática. Em termos menos pomposos: governo civil sujeito a veto militar.

A interpretação da realidade política brasileira transmitida por essa longa memória possui duas características principais: por um lado, visualiza as modificações ocorridas no país privilegiando as ações do Estado e dando pouco ou quase nenhum relevo aos movimentos sociais e populares que contribuíram para elas (o que é paradoxal, para quem fala em democratização); por outro lado, define o autoritarismo não só como "ruptura" ou "exceção", mas sobretudo como um regime político apenas, ou melhor, como uma forma de governo, deixando na sombra o fundamental, isto é, que a sociedade brasileira, enquanto sociedade, é autoritária. Aliás, a memória que privilegia as ações vindas do Alto e minimiza as práticas de contestação e de resistência social e popular é, ela própria, uma memória autoritária.

Uma outra memória, mais abrangente e crítica, procuraria lembrar que, do ponto de vista dos governantes, a liberalização era encarada como instrumento para solucionar os problemas criados pelos impasses do modelo econômico, dividindo com a sociedade o ônus da crise. Era também percebida por eles como concessão ou outorga de direitos civis à população. Isso não significa, porém, que a percepção dos governantes fosse correta, ou, pelo menos, a única possível. De fato, desde meados de 1974 (e as eleições proporcionais dando vitórias parlamentares ao partido de oposição, o então MDB, são a melhor prova disso), setores diferenciados das várias classes sociais contestavam o regime, e este se viu compelido a lhes dar alguma resposta.

Sem dúvida, incorreríamos em grave engano se imaginássemos que as reivindicações, contestações e resistências vindas da sociedade possuíam as mesmas origens, as mesmas motivações e os mesmos conteúdos, ainda que globalmente aparecessem como luta social pela democratização.

Assim, por exemplo, desde 1976, do lado do empresariado, a luta foi pela simples liberalização do regime e sempre discutida a partir da antinomia estatização *versus* livre iniciativa no campo econômico, ou seja, as discussões visavam reduzir o grau de interferência do Estado na economia. Só muito lentamente o patronato foi capaz de perceber que essa liberalização implicava mudanças políticas maiores do que provavelmente ele desejaria e que não poderiam estar confinadas ao campo das decisões econômicas.

Do lado da classe média, as discussões giravam em torno da anistia aos presos e exilados políticos (em sua maioria pertencentes a essa classe social pelo tipo de recrutamento que a guerrilha fizera), de liberdade de imprensa (os jornalistas também vindos sobretudo dessa classe), da democratização dos serviços públicos, particularmente da educação (movimento estudantil e de professores de todos os níveis) e da saúde (movimento de médicos e assistentes sociais), do fim da violência policial e militar, sobretudo o fim das torturas aos presos comuns, e da modificação do sistema carcerário, incluindo os hospitais psiquiátricos, graças à defesa da Reforma Psiquiátrica, posta em movimento na Europa desde os anos 1960. Enfim, predominavam movimentos sociais que visavam à ampliação do espaço de discussão e dos centros de decisão nas instituições públicas e privadas.

Do lado dos trabalhadores (sobretudo os operários do sul do país e os sindicalistas de oposição), as lutas se voltavam para a liberdade e a autonomia dos sindicatos em face do Estado que os controla por meio do imposto sindical compulsório; pelo direito de greve; pela formação de comissões de fábricas que controlem a produção e sobretudo impeçam a alta rotatividade e a instabilidade no emprego, além de impedirem as violências praticadas durante o processo de trabalho; pela unificação nacional do salário mínimo; pela igualdade das condições para as mulheres trabalhadoras; pela reforma agrária com a distribuição das terras aos sem-terra e pelo direito à terra para os posseiros; pela redistribuição da riqueza e pelo controle operário das finanças e dos orçamentos das empresas; e pela formação de uma central única de trabalhadores que corrija a divisão corporativa, instituída pela legislação trabalhista.

Movimentos das minorias sexuais, dos negros, das mulheres vieram cerrar fileiras com três outros grandes movimentos que foram capazes de congregar todas as classes sociais e tendências políticas de oposição: a luta pelos direitos humanos (na qual a Ordem dos Advogados do Brasil e a Comissão de Justiça e Paz, da Igreja Católica, foram as lideranças principais), a luta contra a Lei de Segurança Nacional e a Lei dos Estrangeiros, e a reivindicação de uma Assembleia Nacional Constituinte livre e soberana, eleita por sufrágio universal.

Uma sociedade autoritária

O que é a sociedade brasileira enquanto sociedade autoritária?

É uma sociedade que conheceu a cidadania através de uma figura inédita: o senhor-cidadão, e que conserva a cidadania como privilégio de classe, fazendo-a ser uma concessão regulada e periódica da classe dominante às demais classes sociais, podendo ser-lhes retirada quando os dominantes assim o decidem (como durante as ditaduras).

É uma sociedade na qual as diferenças e assimetrias sociais e pessoais são imediatamente transformadas em desigualdades, e estas, em relações de hierarquia, mando e obediência (situação que vai da família ao Estado, atravessa as instituições públicas e privadas, permeia a cultura e as relações interpessoais). Os indivíduos se distribuem imediatamente em superiores e inferiores, ainda que alguém superior numa relação possa tornar-se inferior em outra, dependendo dos códigos de hierarquização que regem as relações sociais e pessoais. Todas as relações tomam a forma da dependência, da tutela, da concessão, da autoridade e do favor, fazendo da violência simbólica a regra da vida social e cultural. Violência tanto maior porque invisível sob o paternalismo e o clientelismo, considerados naturais e, por vezes, exaltados como qualidades positivas do "caráter nacional".

É uma sociedade na qual as leis sempre foram armas para preservar privilégios e o melhor instrumento para a repressão e a opressão, jamais definindo direitos e deveres. No caso das camadas populares, os direitos são sempre apresentados como concessão e outorga feitas pelo Estado, dependendo da vontade pessoal ou do arbítrio do governante. Situação que é claramente reconhecida pelos trabalhadores quando afirmam que "a justiça só existe para os ricos", e que também faz parte de uma consciência social difusa, tal como se exprime num dito muito conhecido no país: "para os amigos, tudo; para os inimigos, a lei". Como consequência, é uma sociedade na qual as leis sempre foram consideradas inúteis, inócuas, feitas para serem violadas, jamais transformadas ou contestadas. E em que a transgressão popular é violentamente reprimida e punida, enquanto a violação pelos grandes e poderosos sempre permanece impune.

Nessa sociedade não existem nem a ideia nem a prática da representação política. Os partidos políticos sempre tomam a forma clientelística (a relação entre inferiores e superiores sendo a do favor), populista (a relação sendo a da tutela) e, no caso das esquerdas, vanguardista (a relação sendo a de substituição pedagógica, a vanguarda "esclarecida" tomando o lugar da classe universal "atrasada").

Situação que marca profundamente a vida intelectual e artística, os intelectuais – na maioria, oriundos das classes médias urbanas – oscilando entre a posição de Ilustrados (definindo para si próprios o "direito ao uso público da razão", isto é, a opinião pública) e de Vanguarda Revolucionária (definindo para si próprios o papel de educadores da classe trabalhadora), mas sempre fascinados pelo poder – identificado ao Estado – e pela tutela estatal, reduzindo-se a "funcionários do universal" (para usarmos a expressão de Hegel), isto é, à burocracia, como lembra Marx, embora desejassem a posição de funcionários da "Razão na História".

É uma sociedade, consequentemente, na qual a esfera pública nunca chega a constituir-se como pública, definida sempre e imediatamente pelas exigências do espaço privado, de sorte que a vontade e o arbítrio são as marcas do governo e das instituições "públicas". Donde o fascínio dos teóricos e dos agentes da "modernização" pelos modelos tecnocráticos que lhes parecem dotados da impessoalidade necessária para definir o espaço público. Donde também a esdrúxula designação do autoritarismo brasileiro (e latino-americano, em geral) pelos cientistas políticos como "novo autoritarismo", porque a figura do caudilho carismático parece estar ausente, sem que se perceba que é a *estrutura do campo social e do campo político que se encontra determinada pela indistinção entre o público e o privado.* E donde, também, o equívoco daqueles que apresentam o "novo autoritarismo" como divórcio entre sociedade civil e Estado, sem levarem em conta que a *sociedade civil também está estruturada por relações de favor, tutela e dependência, imenso espelho do próprio Estado, e vice-versa.*

Consequentemente, é uma sociedade na qual a luta de classes é identificada apenas com os momentos de confronto direto entre as classes – situação na qual é considerada "questão de polícia" –, sem que se considere sua existência cotidiana através das técnicas de disciplina, vigilância e repressão realizadas por meio das próprias instituições dominantes – isto é, quando a luta de classes é encarada como "questão de política".

As disputas pela posse da terra cultivada ou cultivável são resolvidas pelas armas e pelos assassinatos clandestinos. As desigualdades econômicas atingem a proporção do genocídio (alguns jornais chegam a prever a morte demais de cinco milhões de pessoas no Nordeste, vítimas da desnutrição e da fome absoluta). Os negros são considerados infantis, ignorantes, raça inferior e perigosos, representados pela cultura letrada branca na imagem do Arlequim, e assim definidos numa inscrição gravada na Escola de Polícia de São Paulo: "Um negro parado é suspeito; correndo, é culpado". Os índios, em fase final de extermínio, são considerados irresponsáveis (isto é, incapazes de cidadania), preguiçosos (isto é, mal adaptáveis ao mercado de trabalho capitalista) e perigosos, devendo ser exterminados ou, então, "civilizados" (isto é, entregues à sanha do mercado de compra e venda da mão de obra, mas sem garantias trabalhistas porque "irresponsáveis"). E, ao mesmo tempo, desde o romantismo, a imagem índia é apresentada pela cultura letrada como heroica e épica, fundadora da "raça brasileira". Os trabalhadores rurais e urbanos são considerados ignorantes, atrasados e perigosos, estando a polícia autorizada a parar qualquer trabalhador nas ruas, exigir a carteira de trabalho e prendê-lo "para averiguação", caso não esteja carregando a identificação profissional (se for negro, além da carteira de trabalho, a polícia está autorizada a examinar-lhe as mãos para verificar se apresentam "sinais de trabalho" e a prendê-lo, caso não encontre os supostos "sinais"). As mulheres que recorrem à justiça por espancamento ou estupro são violentadas nas delegacias de polícia, sendo ali novamente espancadas e estupradas pelas "autoridades". Isso para não falarmos da tortura, nas prisões, de homossexuais, prostitutas e pequenos criminosos. Numa palavra, as classes ditas "subalternas" de fato o são e carregam os estigmas da suspeita, da culpa e da incriminação permanentes. Situação ainda mais aterradora quando nos lembramos de que os instrumentos criados para repressão e tortura dos prisioneiros políticos foram transferidos para o tratamento diário da população trabalhadora e que impera uma ideologia segundo a qual a miséria é causa de violência, as classes ditas "desfavorecidas" sendo consideradas potencialmente violentas e criminosas. Preconceito que atinge profundamente os habitantes das favelas, estigmatizados não só pelas classes média e dominante, mas pelos próprios dominados.

> Sem sombra de dúvida, o padrão de moradia reflete todo um complexo processo de segregação e discriminação presente numa sociedade plena de contrastes acirrados. De uma forma mais ou menos acentuada, este processo perpassa todos os patamares da pirâmide social em que os mais ricos procuram diferenciar-se e distanciar-se dos mais pobres. Mas a favela recebe de todos os outros moradores da cidade um estigma extremamente forte, forjador de uma imagem que condensa todos os males de uma pobreza que, por ser excessiva, é tida como viciosa e, no mais das vezes, também considerada perigosa: a cidade olha a favela como uma realidade patológica, uma doença, uma praga, um quisto, uma calamidade pública.[2]

Curiosamente, tais situações não são designadas por seu verdadeiro nome, isto é, como *luta de classes* (pois se trata da dominação de classe por meio das instituições e da ideologia; isto é, a luta de classes conduzida pela classe dominante). Ao contrário, o autoritarismo social encara essas situações como naturais ou, quando muito, na linguagem dos universitários, como "anomia" inevitável na passagem das classes populares do arcaico ao moderno. Não menos significativo é o fato de que políticos e jornalistas empreguem a expressão "luta de *classes*" no singular, isto é, "luta de *classe*", para indicar que a luta e o conflito, quando se exprimem abertamente, são um feito da violência trabalhadora ou popular.

[2] KOWARICK, L. *A espoliação urbana*. Rio de Janeiro: Paz e Terra, 1979, p. 92-93. E ainda: "O fato de ser favelado tem desqualificado o indivíduo da condição de habitante urbano, pois retira-lhe a possibilidade de exercício de uma defesa que se processa em torno da questão da moradia. Ocupante de terra alheia, o favelado passa a ser definido por sua situação de ilegalidade e sobre ele desaba o império draconiano dos direitos fundamentais da sociedade, centrados na propriedade privada, cuja contrapartida necessária é a anulação de suas prerrogativas enquanto morador. Assim, nem nesse aspecto mínimo o favelado tem aparecido enquanto cidadão urbano, surgindo aos olhos da sociedade como um usurpador que pode ser destituído sem possibilidade de defesa, pois contra ele paira o reino da legalidade em que se assenta o direito de expulsão" (p. 91).

É uma sociedade na qual a população das grandes cidades se divide entre um "centro" e uma "periferia", o termo periferia sendo usado não apenas no sentido espacial-geográfico, mas social, designando bairros afastados nos quais estão ausentes todos os serviços básicos (luz, água, esgoto, calçamento, transporte, escola, posto de atendimento médico); situação, aliás, encontrada no "centro", isto é, nos bolsões de pobreza, as favelas. População cuja jornada de trabalho, incluindo o tempo gasto em transportes, dura de 14 a 15 horas, e no caso das mulheres casadas inclui o serviço doméstico e o cuidado com os filhos. Os serviços públicos – hospitais, aposentadoria, creches – são considerados favor e concessão estatal, quando existentes.

Num estudo sobre leituras feitas por operárias, Eclea Bosi verificou que a maioria das mulheres casadas desejaria ler, mas que elas não podem realizar esse desejo por absoluta falta de tempo, em decorrência da dupla jornada; por fadiga, que as faz adormecerem sobre livros e revistas; por deficiência visual causada pelo cansaço e pela rotina do serviço fabril; pela falta de recursos financeiros para comprar livros, revistas e jornais.

É uma sociedade na qual a estrutura da terra e a implantação da agroindústria criaram não só o fenômeno da migração, mas também figuras novas na paisagem dos campos: os sem-terra, volantes, boias-frias, diaristas sem contrato de trabalho e sem as mínimas garantias trabalhistas. Trabalhadores cuja jornada se inicia por volta das três horas da manhã, quando se colocam à beira das estradas à espera de caminhões que irão levá-los ao trabalho, e termina por volta das seis horas da tarde, quando são depositados de volta à beira das estradas, devendo fazer longo trajeto a pé até a casa. Frequentemente, os caminhões se encontram em péssimas condições e são constantes os acidentes fatais, em que morrem dezenas de trabalhadores, sem que suas famílias recebam qualquer indenização. Pelo contrário, para substituir o morto, um novo membro da família – crianças ou mulheres – é transformado em novo volante. *Boias-frias* porque sua única refeição – entre as três da manhã e as sete da noite – consta de uma ração de arroz, ovo e banana, já frios, pois preparados nas primeiras horas do dia. E nem sempre o trabalhador pode trazer a boia fria, e os que não a trazem se escondem dos demais, no momento da refeição, humilhados e envergonhados.

Por fim, é uma sociedade que não pode tolerar a manifestação explícita das contradições, justamente porque leva as divisões e desigualdades sociais ao limite e não pode aceitá-las de volta, nem sequer através da rotinização dos "conflitos de interesses" (à maneira das democracias liberais). Pelo contrário, é uma sociedade em que a classe dominante exorciza o horror às contradições produzindo uma ideologia da indivisão e da união nacionais, razão pela qual a cultura popular tende a ser apropriada e absorvida pelos dominantes através do *nacional-popular.*

Esse horror à realidade das contradições se expressa no modo como a classe dominante brasileira elabora as situações de crise.

Uma crise nunca é entendida como resultado de contradições latentes que se tornam manifestas pelo processo histórico e que precisam ser trabalhadas social e politicamente. A crise é sempre convertida no *fantasma da crise,* irrupção inexplicável e repentina da irracionalidade, ameaçando a ordem social e política. Caos. Perigo.

Contra a "irracionalidade", a classe dominante apela para técnicas racionalizadoras (a célebre "modernização"), as tecnologias parecendo dotadas de fantástico poder reordenador e racionalizador. Contra o "perigo", representado sempre pela manifestação explícita das classes populares, os dominantes partem em busca dos agentes "responsáveis pela subversão", isto é, iniciam a caça às bruxas que ameaçam a "paz nacional" e a "união da família brasileira". Finalmente, contra o "caos", a classe dominante invoca a necessidade da "salvação nacional". A "união da família brasileira" (isto é, um elemento do espaço privado definido como elemento central do espaço público) e a "salvação nacional" conduzem, via de regra, à "pacificação nacional", isto é, aos golpes de Estado e às ditaduras (velhas ou "novas"). Numa palavra, a preservação do que poderia ser público e contraditório se faz negativamente por redução ao privado (a "família brasileira") e à indivisão (a "pacificação nacional"). Como se observa, o autoritarismo político se organiza no interior da sociedade e através da ideologia; não é exceção, nem é mero regime governamental, mas a regra e expressão das relações sociais.

As lutas sociais e políticas pela cidadania

Seria injusto e parcial desconsiderarmos os esforços feitos pela população no sentido de superar o autoritarismo. O insucesso de muitas lutas sociais e políticas não invalida esses esforços, pelo contrário, revela o conjunto de obstáculos à transformação. Antes de nos referirmos diretamente à Cultura Popular em seus aspectos de resistência ao autoritarismo, convém relembrar, ainda que brevemente, as lutas para a conquista da cidadania, realizadas em três níveis simultâneos e diferentes.

Em primeiro lugar, como exigência do estabelecimento de uma ordem legal de tipo democrático na qual os cidadãos participam da vida política por meio de partidos políticos, da voz e do voto, implicando uma diminuição do raio de ação do Poder Executivo em benefício do Poder Legislativo ou dos parlamentos. Neste nível, a cidadania está referida ao direito de representação política, tanto como direito a ser representado quanto como direito a ser representante.

Em segundo, como exigência do estabelecimento de garantias individuais, sociais, econômicas, políticas e culturais cujas linhas gerais definem o estado de direito em que vigorem pactos a serem conservados e respeitados e o direito à oposição. Neste nível, a ênfase recai sobretudo na defesa da independência e da liberdade do Poder Judiciário, a cidadania estando referida aos direitos e liberdades civis.

Em terceiro, como exigência do estabelecimento de um novo modelo econômico, destinado à redistribuição mais justa da renda nacional, não só de tal modo que se desfaça a excessiva concentração da riqueza e seja modificada a política social do Estado, mas sobretudo na exigência de que as classes trabalhadoras possam defender seus interesses e direitos tanto através dos movimentos sociais, sindicais e de opinião pública quanto pela participação direta nas decisões concernentes às condições de vida e de trabalho. Neste nível, a cidadania surge como emergência sociopolítica dos trabalhadores (desde sempre excluídos de todas as práticas decisórias no Brasil) e como questão de justiça social e econômica.

Assim, representação, liberdade e participação têm sido a tônica das reivindicações democráticas que ampliaram a questão da cidadania, fazendo-a passar do plano político institucional ao da sociedade como um todo. Quando se examina o largo espectro das lutas populares nos últimos anos, pode-se observar que a novidade dessas lutas se localiza em dois registros principais. Por um lado, no registro político, a luta não é pela tomada do poder identificado com o poder do Estado, mas é luta pelo direito de se organizar politicamente e de participar das decisões, rompendo a verticalidade hierárquica do poder autoritário. Por outro lado, no registro social, observa-se que as lutas não se concentram apenas na defesa de certos direitos ou na sua conservação, mas são lutas para conquistar o próprio direito à cidadania e constituir-se como sujeito social, o que é particularmente visível nos movimentos populares e dos trabalhadores.

Resistindo

É no interior dessa sociedade autoritária que desejamos examinar alguns aspectos da Cultura Popular como resistência. Resistência que tanto pode ser difusa – como na irreverência do humor anônimo que percorre as ruas, nos ditos populares, nos grafites espalhados pelos muros das cidades – quanto localizada em ações coletivas ou grupais. Não nos referiremos às ações deliberadas de resistência (a elas nos referimos genericamente acima), mas a práticas dotadas de uma lógica que as transforma em atos de resistência.

Durante os anos do "milagre", quando reinava inconteste a geopolítica do Brasil-Potência Emergente, o Estado decidiu modernizar (essa era a palavra mágica do período) a educação primária, sobretudo a área de alfabetização de crianças, adolescentes e adultos, para atender às novas exigências do mercado de mão de obra. Antes que surgisse o Movimento Brasileiro de Alfabetização (MOBRAL), de triste memória, apareceu o Satélite Avançado de Comunicações Interdisciplinares (SACI).[3]

Um convênio entre centros de pesquisa aeroespaciais brasileiros e norte-americanos, a Universidade de Stanford, o Conselho Nacional de Pesquisa (CNPq) e empresas multinacionais elaborou um projeto de educação nacional via satélite, o projeto SACI. Como o custo da implantação do projeto em escala nacional era excessivo, decidiu-se implantá-lo apenas em um estado da federação, o Rio Grande do Norte, pomposamente batizado de SACI/EXERN (Satélite Avançado de Comunicações Interdisciplinares/Experimento no Estado do Rio Grande do Norte).[4]

---

[3] Para descrição, análise e interpretação do SACI/EXERN, veja-se SANTOS, L. G. *Desregulagens, educação, planejamento e tecnologia como ferramenta social*. São Paulo: Brasiliense, 1981.

[4] A invenção da sigla SACI não foi casual. Como o projeto e a tecnologia vinham dos Estados Unidos, para lhes dar uma aparência "nacional" fabricou-se a sigla com a personagem sabida e esperta do folclore brasileiro. Como se verá a seguir, os destinatários do programa se comportaram como verdadeiros Saci-Pererê!

Por que no Rio Grande do Norte, o estado mais pobre da federação e no qual as escolas regulares (escassas) quase não possuíam condições para funcionarem (as professoras, por falta de material escolar, escreviam as lições na palma da mão, e as crianças as reproduziam na areia do chão)? Porque foi no Rio Grande do Norte que maior sucesso teve, no início dos anos 1960, o Movimento Popular de Educação que empregava o método de Paulo Freire. Assim, o novo projeto deveria implantar-se com a finalidade de apagar da memória local a educação politizadora dos anos anteriores. A escolha foi político-ideológica.

A implantação não se fez sem problemas técnicos: ausência de eletricidade para a instalação dos televisores e dos rádios; ausência de estradas de rodagem e de ferrovias para transportar os aparelhos e as baterias que deveriam alimentá-los, etc. Vencidas as dificuldades materiais, iniciou-se o fracasso do SACI.

Baseados em modernas técnicas behavioristas de aprendizagem, nas psicologias da "motivação", numa linguagem audiovisual no estilo de *Sesame Street* (transmitido no horário matinal para todo o país pela Rede Globo com o nome de *Vila Sésamo*) e de *spots* publicitários, os planejadores, fascinados pelas técnicas sistêmicas e, como observa Garcia dos Santos, "muito próximos do profissional dos institutos de pesquisa de opinião, encarregados de 'farejar' truques necessários para criar consumidores fiéis", dividiram a transmissão dos programas em módulos "sérios" e "cômicos", estes encarregados de produzir o "reforço" daqueles. Como, do ponto de vista sistêmico, a sociedade é unidimensional e indiferenciada, os homens do SACI testaram os primeiros programas nas crianças de São José dos Campos, cidade industrial de São Paulo, certos de que eram idênticas às crianças e aos adolescentes do sertão do Rio Grande do Norte, como as de São José dos Campos eram idênticas às de Palo Alto, Califórnia.

Infelizmente, o "reforço" não... reforçava. A culpa? Das professoras, respondiam os modernizadores. Ignorantes, pouco "modernas" ("tradicionais", mesmo), eram incapazes de "motivar" os alunos. Violando as regras do saber sistêmico, os planejadores decidiram fazer algo inusitado: pesquisa de campo! Embora convencidos de que os problemas eram apenas técnicos, os programadores fizeram rápida verificação para compreender as causas do não "reforço". Surpreendidos, descobriram que a noção de comicidade (elaborada em Stanford e testada em São

José dos Campos) não coincidia com os padrões locais e que, além disso, as condições de vida da região eram de tal modo trágicas que o riso possuía um sentido muito especial para a população, não sendo oferecido a qualquer banalidade. Evidentemente, como não se tratava de entender a população do Rio Grande do Norte, mas de alfabetizá-la, os módulos "cômicos" foram suprimidos, e o nível dos "sérios" foi baixado, para adaptar-se à "baixa inteligência" local.

Entretanto, novos problemas aguardavam os programadores. Descobriram que não conseguiam avaliar os resultados do trabalho ao final de um período determinado. Mas a razão oferecida pelos modernizadores foi simplesmente fantástica: alegaram não ser possível a avaliação dos questionários distribuídos porque "as respostas não são objetivas, não se ajustam às perguntas feitas porque *as pessoas dizem o que pensam e emitem opiniões*". Assim, a impossibilidade da avaliação decorria do fato de os especialistas terem de enfrentar o inesperado e o imprevisível, isto é, que os pobres sertanejos do Rio Grande do Norte *pensam e opinam*. O simples fato de que a população pudesse pensar, opinar e julgar segundo seus próprios padrões inviabilizou a "avaliação científica ou objetiva".

Porém, o que determinou o cancelamento final do projeto SACI foi a atitude geral da população no uso de rádios e televisores. De fato, a população ligava os aparelhos para ver e ouvir programas de seu interesse (esporte, novelas, programas de auditório), além de usar as rádios locais para a transmissão de mensagens de uma região para outra. Com isso, as baterias que alimentavam os aparelhos (distribuídas periodicamente) eram gastas, e, no momento da transmissão escolar, rádios e televisores não funcionavam. O pessoal do Rio Grande do Norte deu uma de Saci-Pererê...

Temos nesse episódio um caso exemplar de resistência popular de uma comunidade. Os aspectos dessa resistência são exemplares pelo menos pelos seguintes motivos: em primeiro lugar, a população trabalhadora brasileira valoriza bastante a educação escolar ou formal, de modo que a atitude do Rio Grande do Norte não foi de recusa da escolarização, mas de uma forma de educação que lhe foi imposta pelo Estado sem consultá-la e sem respeitar seus costumes e suas expectativas. Em segundo lugar, a população não criticou o projeto, não se opôs abertamente a ele nem propôs um outro para substituí-lo, não se "mobilizou" (como gostam de dizer os cientistas políticos), não enfrentou os governantes (num enfrentamento desigual e que seria mortal para ela); simplesmente *não deu* ao Estado o que o Estado pedia, isto é, apoio, adesão, cooperação. Em terceiro lugar, a população não recusou a "modernidade", pelo contrário, usufruiu os rádios e televisores, integrando-os em seu próprio lazer, mas determinou, por sua própria conta, o que desejava ver e ouvir.

Um outro exemplo é também esclarecedor da resistência popular. Também sob a égide da "modernização", foi implantado no país um plano nacional de habitação popular, sobretudo para controlar a população urbana, que cresceu em consequência das migrações. Visto tratar-se de "casas populares", os planejadores do Estado criaram conjuntos habitacionais para o "povo" ou para a "massa". Não só o material empregado era de péssima qualidade, nem só o uso do espaço foi o pior possível e o menos imaginativo, como também prevaleceu a ideia de uniformidade ou de homogeneidade. O que não é surpreendente numa sociedade autoritária, como a brasileira, na qual se supõe que a individualidade é um fenômeno existente apenas da "classe média para cima". Para "baixo" não há indivíduos, apenas a "massa".

Para horror dos planejadores (em cuja opinião os conjuntos habitacionais haviam sido "destruídos" pelos habitantes), os moradores individualizaram suas casas: as fachadas foram pintadas de cores vivas – rosa, azul, vermelho, amarelo, verde –, as calçadas foram transformadas em jardins e hortas, a cozinha se tornou sala de visitas e a sala de visitas foi transformada em mais um dormitório, no caso das famílias numerosas. Os interiores receberam decoração individualizada pela mobília, por quadros, fotos e enfeites. Assim, o que estava planejado para ser um imenso dormitório coletivo, monótono e sem fisionomia, tornou-se festivamente "caótico", recebeu o tom pessoal.

Aqui, também, a população não se rebelou contra as "casas populares", porém não as aceitou tais como previstas no plano modernizador. Reinventou a casa. Resistiu.

Na verdade, os habitantes da "periferia" não inventam apenas a casa. Inventam o espaço. Criam o *pedaço*.

Embora longo, vale a pena citar o belo texto de J. G. Magnani, descrição e interpretação do significado simbólico do *pedaço:*

São dois os elementos constitutivos do "pedaço": um componente de ordem espacial, a que corresponde uma determinada rede de relações sociais. Alguns pontos de referência delimitam seu núcleo: o telefone público, a padaria, alguns bares, as casas de comércio, o ponto do "búzio", o terreiro, o templo, o campo de futebol e alguns salões de baile. Os bares são antes de mais nada lugares de encontro nos fins de semana ou após a jornada de trabalho antes de retornar à casa [...] ensejam longas discussões sobre a última partida de futebol na vila [...]. A padaria, outro lugar de encontro, funciona com bar, supermercado, lanchonete, rotisseria, confeitaria, sendo seu acesso aberto a todos – homens, mulheres e crianças; é onde se pedem informações, afixam-se avisos (dia e hora dos torneios de futebol, excursões a Aparecida do Norte e à Praia Grande), anuncia-se a chegada de algum circo [...]. No núcleo do "pedaço" estão localizados alguns serviços básicos – locomoção, abastecimento, culto, entretenimento, informação – que fazem dele ponto de encontro e passagem obrigatória. Não basta, contudo, morar perto ou frequentar com certa assiduidade esses lugares: para ser do "pedaço" é preciso estar situado numa particular rede de relações que combina laços de parentesco, vizinhança, procedência. Algumas categorias definem o grau de inserção nesta rede: diz-se que alguém é "chegado" a fulano quando é apenas conhecido e os vínculos com ele são superficiais. Ser "colega" supõe uma relação mais concreta – firma, escola, clube de futebol – e por conseguinte um maior conhecimento sobre seu trabalho, suas preferências desportivas, habilidades, participação em associações vicinais. O termo "irmão" tanto pode significar mero apelativo como também um laço de maior proximidade. "Tio" e "tia" são utilizados no tratamento dos adultos e servem não apenas para diminuir a distância imposta pela idade ou função dessas pessoas, como ademais para estabelecer com elas algum tipo de relação preferencial [...]. O termo "pedaço" designa aquele espaço intermediário entre o privado (a casa) e o público, onde se desenvolve uma sociabilidade básica, mais ampla que a fundada nos laços familiares, porém mais densa, significativa e estável do que as relações formais individualizadas impostas pela sociedade [...]. Na grande metrópole, as diferentes instituições que atendem às demandas de lazer e conhecimento não apenas são diversificadas como ademais se encontram dispersas. A alta rotatividade do mercado de trabalho empurra as pessoas de uma empresa para outra e dificulta a criação de laços mais permanentes. O mesmo ocorre com outras instituições de serviços urbanos, como a escola, determinados equipamentos de lazer, organismos públicos, etc. Desta forma e principalmente, é o lugar de moradia que concentra as pessoas, permitindo o estabelecimento de relações mais personalizadas e duradouras que constituem a base da particular identidade produzida pelo "pedaço". Diante da sociedade e suas instituições [...] está o indivíduo identificado pela ficha, pelo título de eleitor, pela carteira de trabalho [...]. No "pedaço", porém, o fato de alguém estar desempregado não significa que deixa de ser filho de fulano, irmão de sicrano, colega ou "chegado" a beltrano [...]. *Pertencer ao "pedaço" significa ser reconhecido em qualquer circunstância, o que implica o cumprimento de certas regras de lealdade* [...]. Vê-se, desta forma, que a periferia dos grandes centros urbanos não configura uma realidade contínua e indiferenciada. Ao contrário, está repartida em espaços territorial e socialmente definidos por meio de regras, marcas e acontecimentos que os tornam densos de significações porque constitutivos de relações. Quando se compara a periferia com bairros ocupados por outras classes sociais pode-se avaliar a importância do "pedaço" para as camadas de rendas mais baixas. Diferentemente daquelas classes – onde na maioria das vezes os vínculos que ampliam a sociabilidade restrita da família nuclear não são os de vizinhança, mas os que se estabelecem a partir de relações profissionais – uma população sujeita a oscilações do mercado de trabalho e a condições precárias de existência é mais dependente da rede formada por laços de vizinhança, parentesco e origem. Essa malha de relações assegura aquele mínimo vital e cultural que assegura a sobrevivência, e é no espaço regido por tais relações que se desenvolve a vida associativa, desfruta-se o lazer, trocam-se informações, pratica-se a devoção. Onde se tece, enfim, a trama do cotidiano.[5]

À distância das instituições formais e econômicas da sociedade global, das dificuldades dos longos percursos ao trabalho e deste à casa, entre o medo dos assaltos e, sobretudo, da arbitrariedade policial, à distância da individuação abstrata da carteira profissional e as humilhações constantes nas longas filas de espera ou diante dos guichês dos serviços públicos, à distância do espaço hostil e ameaçador da grande

---

[5] MAGNANI, J. G. *Festa no pedaço*. São Paulo: Brasiliense, 1984, p. 137-139. Para a descrição da "periferia" veja-se, além de Magnani, CALDEIRA, T. *A política dos outros*. São Paulo: Brasiliense, 1984; KOWARICK, L. *et al. Cidade: usos e abusos*. São Paulo: Brasiliense, 1978; KOWARICK. *A espoliação urbana; São Paulo, cultura e pobreza*. Petrópolis: CEBRAP; Vozes, 1977; CÁCCIA BAVA, S. *Classes sociais e movimentos populares: a luta por transportes*. 1984. Dissertação (Mestrado) – Universidade de São Paulo, 1984; Revista *Espaço e Debate*, n. 1-5, São Paulo.

cidade e da privacidade da casa, a população da "periferia" cria um espaço próprio no qual os símbolos, as normas, os valores, as experiências, as vivências permitem reconhecer as pessoas, estabelecer laços de convivência e de solidariedade, recriar uma identidade que não depende daquela produzida pela sociedade mais ampla.

É no "pedaço" que se realiza o lazer coletivo. Festas de aniversário, de casamento, de batizado, torneios de futebol, festivais de música, bailes. No "pedaço" convivem, lado a lado, o "terreiro" de umbanda, o templo pentecostal, a capela católica, a sede da associação dos amigos do bairro.

E é no "pedaço" que vem instalar-se, periodicamente, o *circo-teatro*.

Com sua lona remendada em muitas cores e erguida com a ajuda da criançada do bairro num local barganhado com algum proprietário, com a propaganda feita por alto-falantes que percorrem o bairro e cartazes afixados na padaria e na farmácia, o circo-teatro faz parte do "pedaço" e é oferecido "às distintas famílias deste distinto bairro".

Herdeiro da *commedia dell'arte*, o circo-teatro é manifestação popular. Não apenas porque se instala no "pedaço" e se destina "às distintas famílias deste distinto bairro", nem só porque muitas de suas atividades recebem ajuda e colaboração da população local, mas porque nele os artistas e o público pertencem à mesma classe social. Também é peculiar a relação que nele se estabelece entre palco e plateia. Diferentemente da plateia dos espetáculos do "centro", que permanece silenciosa, passiva e distante do palco, aqui o público interfere ativamente no espetáculo, podendo alterá-lo durante o desempenho dos atores. Mas essa interferência obedece a regras precisas: respeito pelos atores e aceitação do caráter ficcional da representação.

Assim, durante a apresentação de uma peça pelo *Circo-Teatro Bandeirantes,* o espetáculo foi interrompido porque alguns rapazes tumultuavam a representação. O diretor – também palhaço e ator – dirigiu-se aos presentes:

> Ninguém é obrigado a acreditar no que acontece no palco. O Décio (o ator que fazia o vilão da peça), na vida real, tem também a mãe dele de quem ele gosta muito e que não morreu como acontece no drama. Eu também tenho a minha mãe, sou palhaço aqui, que a gente defende o pão trabalhando. Faz dez anos que o Circo Bandeirantes leva a diversão para as famílias. É respeitado

porque respeita. Se um dia a gente entrasse na casa desses bagunceiros (os que faziam a desordem apupando o Décio), eles iam ver o que é educação e não o que eles estão fazendo aqui. *Que aqui é a casa da gente.*[6]

Como observa J. G. Magnani, o que o diretor do *Circo-Teatro Bandeirantes* critica não é a interferência do público no espetáculo – porque isso é comum e faz parte do espetáculo –, nem o fato de não se acreditar no drama – pois todos sabem que é ficção –, mas a falta de respeito para com os atores, a desconsideração pelo seu trabalho – "que a gente defende o pão trabalhando" – e sobretudo o comportamento que as pessoas educadas não podem ter na casa alheia – "que aqui é a casa da gente". A fala do diretor exprime um código de sociabilidade tecido pelo respeito mútuo.

Embora o circo seja de variedades e nele cada um seja um *factotum* (artista, artesão, cenarista, acrobata, ginasta, doceiro, vendedor de bilhetes), a parte forte é o teatro. As peças sempre pretendem apresentar "o que acontece na vida das pessoas", como disse um diretor, e por isso os enredos, das mais diferentes proveniências, possuem não só cunho realista, mas também privilegiam as relações familiares e de trabalho, em geral o fio da meada sendo as relações amorosas entre o trabalhador e a filha do patrão. O repertório é simples e fixo (um ator podendo participar do espetáculo com apenas um dia de ensaio), auxiliado pelo cenário (também simples e entre realista e expressionista) e pela música (em geral, as mais populares no rádio e na televisão). Frequentemente são adaptações de grandes romances de folhetim, óperas, músicas de sucesso nos meios de comunicação, novelas da televisão, em suma, conteúdos sempre já conhecidos do público. Como observa J. G. Magnani, o circo não compete com os meios de comunicação de massa, mas procura integrá-los em sua própria estrutura e em seu repertório ("porque a gente tem que apresentar o que as pessoas viram na televisão porque elas gostam mais", disse um diretor). Periodicamente, quando há recursos, convidam-se artistas de televisão e de rádio para uma apresentação "especial", e muitas vezes são os próprios artistas que vêm ao circo porque foi neles que iniciaram suas carreiras. Mas, justamente

[6] MAGNANI, *op. cit.,* p. 92.

porque se trata de manifestação da Cultura Popular, observa-se que os enredos das peças adaptadas da televisão e do rádio ou de letras de músicas sofrem modificações decorrentes da interpretação popular. A modificação muitas vezes é exigida pela plateia, em conformidade com sua opinião sobre o conteúdo e as personagens.

Na lógica da Cultura Popular, o campo comunicativo se reestrutura segundo a prática, o desejo e o pensamento dos participantes. Feito e refeito, confere sentido à expressão popular: "quem conta um conto, aumenta um ponto". Eis por que, na maioria dos estudos sobre a arte popular, há uma historicidade constitutiva, ou seja, a manifestação atual é resultado de transformações sucessivas que, muitas vezes, dificultam estabelecer o ponto de partida. Quem, por exemplo, já viu a Marujada, ou a Chegada dos Mouros, em Arembepe, há de notar que, no espetáculo atual, os marujos portugueses do século XVI tornaram-se marinheiros e oficiais da Marinha brasileira, que seu estandarte não é português, mas a bandeira brasileira, mas, curiosamente, os mouros permanecem mouros e as armas ainda são a espada e a cimitarra. Fenômeno semelhante ocorre na literatura de cordel, em que *O romance da rosa* ou *Carlos Magno e os doze pares de França* ressurgem nas personagens do sertão e do cangaço, mantendo traços arquetípicos das comunidades agonísticas – honra, fidalguia e valentia –, protestando contra ou celebrando o presente nordestino.

Se, ainda uma vez, voltarmos ao nosso breve exame do circo-teatro, notaremos que nele as peças se dividem em dois grandes grupos: o melodrama e a comédia (ainda que esta interfira no interior do drama, seja para "manter o público vivo", como disse um ator, seja para "corrigir" a solenidade dos valores e dos assuntos dramatizados, como explicou um diretor).

Para o ponto que estamos examinando, o que mais interessa é o sentido da divisão entre o melodrama e a comédia. O melodrama reproduz e reforça todos os valores e ideias dominantes sobre o bem e o mal, o vício e a virtude, o crime e o castigo, o justo e o injusto, o certo e o errado. Refere-se fundamentalmente à família, ao amor conjugal e filial, ao desejo de ascensão social, ao crime e à vingança. Mantém os estereótipos da feminilidade e da masculinidade, o machismo. Em contrapartida, a comédia é uma crítica corrosiva, irreverente, desrespeitosa de todas as instituições sociais, da família e do trabalho, dos valores e das ideias dominantes. Seu alvo preferencial, evidentemente, é a sexualidade, e seus ataques se dirigem sobretudo às figuras da autoridade – o padre, o juiz, o delegado de polícia, o patrão, a grã-fina, o policial, o funcionário público, o político. Dessa maneira, a comédia opera a desconstrução interna do melodrama e surge como avesso revelador da realidade. Se o melodrama estimula o conformismo, a comédia é obra de resistência.

A estrutura do circo-teatro, diz Magnani, é de um jogo entre ordem e desordem, no estilo daquele examinado por Antonio Candido na *Dialética da malandragem*. Ora, para o que nos interessa aqui, vale a pena observar um detalhe sutil desse jogo, frequentemente não percebido pelos estudiosos: *a "desordem" não se encontra na "periferia" do enredo, mas em seu "centro"*. Se a periferia da cidade é vista com desconfiança e como perigosa pelo centro urbano, a comédia retruca mostrando que, afinal, o perigo está no centro. Há *combate simbólico*.

Um outro elemento da Cultura Popular merece nossa atenção. No que concerne à resistência, a situação das chamadas religiões populares é delicada e ambígua. Não só porque a Sociologia da Religião nos habituou às ideias de sincretismo, superstição, sectarismo e irracionalidade, mas também porque o populismo procurou convencer-nos de que as religiões populares, por serem populares, são boas em si, expressões da alma de um povo combatente. Ora, estudos recentes[7] revelam a existência de religiões populares – no caso, a umbanda no sul do país – cooptadas pelo regime militar, autoritárias em sua composição simbólica e em sua composição social. Da mesma maneira, estudos mostram que as religiões pentecostalistas propagam o conformismo e se situam no campo conservador. Por outro lado, a classificação imediata da religiosidade popular como irracionalidade supersticiosa vem encontrando sérias críticas nos estudos antropológicos, sociológicos e históricos.

Como se sabe, a religiosidade frequentemente se encontra na base dos grandes movimentos populares de contestação política (no Brasil e noutros lugares), como foi o caso de Canudos e do Contestado.

---

[7] BROWN, D. Uma História da Umbanda no Rio. In: *Umbanda e política*. Rio de Janeiro: Marco Zero, 1985; CONCONE, M. H. V. B.; NEGRÃO, L. Umbanda: da representação à cooptação. O envolvimento político-partidário da umbanda paulista. In: *Umbanda e política*; BIRMAN, P. Registrado em cartório, com firma reconhecida: a mediação política das federações de umbanda. In: *Umbanda e política*.

Frequentemente, também, esses movimentos brasileiros são interpretados como produto do fanatismo de populações isoladas e carentes. No entanto, como assinalaram os estudos de Ralph Della Cava,[8] Duglas Monteiro[9] e Marli Auras,[10] os movimentos religiosos populares de Canudos, Juazeiro e Contestado não são resultado de isolamento sociopolítico redundando em fanatismo, mas uma resposta concreta, de caráter religioso, articulada a transformações políticas na sociedade brasileira e percebidas como adversas para os fracos e desprotegidos. Não é por alienação que a resposta de tipo milenarista se efetua, como aliás foi mostrado por Christopher Hill[11] para o caso da Inglaterra, no século XVII.

A resposta milenarista à adversidade social e política possui características peculiares que é preciso considerar, ou melhor, possui três qualidades que a revestem de religiosidade: em primeiro lugar, refere-se à ordem geral do mundo (a injustiça), e não a aspectos isolados da vida social; em segundo, indica o desejo profundo de mudança da ordem vigente aqui e agora (pois é somente quando o movimento milenarista se torna objeto de repressão que a esperança de mudança se desloca do aqui e agora para um futuro remoto ou para uma outra vida, o que é perfeitamente compreensível); em terceiro, exprime o sentimento dos oprimidos de que eles são mais fracos do que os opressores e que só poderão alterar a ordem vigente pela união de todos, formando uma comunidade verdadeira e nova, indivisa, protótipo do mundo que há de vir (sob esse aspecto, não seria irrelevante notar a semelhança entre a comunidade dos justos, em Canudos ou no Contestado ou nas Irmandades anabatistas e puritanas europeias do Século XVII, e a organização das comunidades utópicas do século XIX, bem como a semelhança entre todas elas e a organização dos partidos de vanguarda, de esquerda).

É, pois, como desejo de totalização e busca da totalidade, como visão cósmica e de redenção, que o sentimento milenarista se manifesta. Implica também uma concepção do tempo como história referenciada

---

[8] DELLA CAVA, R. Brazilian Messianism and National Institutions. *Hispanic American Historical Review*, v. 3, n. 48, 1968.

[9] MONTEIRO, D. *Os errantes do novo século*. São Paulo: Duas Cidades, 1974.

[10] AURAS, M. *Guerra do contestado: organização da irmandade cabocla*. Florianópolis: Cortez, 1984.

[11] HILL, C. *The World Turned Upside Down*. Londres: Penguin Books, 1975.

que comporta a previsão de um momento preparatório da nova ordem que virá, um tempo de conflagração universal ou o tempo do "fim dos tempos" (revolução e fim da pré-história, se usarmos um outro vocabulário, mais acessível à "modernidade"). Por isso o milênio é antecedido de sinais proféticos que anunciam o advento do novo através da destruição completa do velho (o novo não se ergue das cinzas do velho, mas contra os restos do velho), destruição imaginada como embate universal entre as forças velhas da injustiça e as forças novas da justiça.

Porque o desejo milenarista possui essas características podemos encontrá-lo em situações aparentemente desvinculadas de qualquer conotação imediatamente religiosa, mas nas quais prevaleça a percepção da opressão prolongada e da impotência momentânea dos oprimidos. Em outros termos, assim como a religiosidade milenarista pode tornar-se política, também a política pode revestir-se com sentimentos milenaristas. É o que transparece em inúmeros depoimentos *políticos* (e não religiosos) colhidos por Teresa Caldeira[12] no estudo sobre a consciência política em um bairro da periferia da cidade de São Paulo, o Jardim das Camélias. E porque se trata de depoimentos sobre a política, são assim analisados penetrantemente pela autora do estudo, que, entretanto, deixa escapar a dimensão – difusa e invisível – do sentimento milenarista que os perpassa. É com essa dimensão dos depoimentos colhidos por Caldeira que pretendemos ocupar-nos agora.

> O que vai acontecer assim é a guerra. Pode se preparar porque é guerra mesmo, no duro, porque mexer com gente de coisa só dá guerra. *Porque vai chegar um tempo em que todos nós vamos se revoltar;* quando se revoltar perante ele, a guerra velha bate, *isso daí não tem nem dúvida* [...]. Vamos pedir a Deus que ela não venha, *pedir a Deus que é pra quem nós tem que apelar.* (Regina)

> [...] sabe como se acaba tudo isso? *Se existir uma guerra mundial,* aí pronto, aí abate mais, entendeu, *muda melhor* porque aí quem ficar vai melhorar um pouquinho. (João)

> O que poderia acontecer? Só se for uma revolução [...]. Briga entre o governo e os operários, acho que deveria ser isso [...] mas

---

[12] CALDEIRA, *op. cit.* Os depoimentos foram todos retirados do magnífico livro de Caldeira, ainda que nossa interpretação tenha tomado um rumo diferente, mas concordando com todas as interpretações da autora.

sei que foi uma revolução, uma greve, e no fim quase saiu uma revolução [...]. O governo concordou, senão ia *estourar uma guerra mundial...* (Maria)

Só se resolve isso aí *parando todo o mundo, parando todo mundo* [...]. Já era pra ter inventado isso aí, falar: *Brasil, norte, sul, leste, oeste, todo mundo* que trabalha vai fazer o seguinte, ninguém vai sair de dentro de casa pra trabalhar, vai tudo ficar dentro de casa [...]. Uma greve branca, ninguém vai sair de casa, todo mundo vai ficar de braços cruzados dentro de casa, pra ver se o governo não toma uma atitude na hora. (Wilson)

Só se estourar uma revolução aí ou qualquer coisa [...]. *Revolução é todo mundo contra o governo,* então a revolução é pra tirar o governo, *todo mundo vai lá* e tenta tirar o homem. *Primeiro o pessoal ia tentar tirar ele na teoria,* através da justiça, e depois, se não adiantasse, ia na prática. Na mão [...]. Ah! a justiça... *A justiça nunca favorece os pobres, só os ricos.* (Moacir)

[...] *se reunisse todo mundo, a gente fosse lá, com uns papel escrito, todo mundo junto* pedir uma solução pra nós aqui, que a gente tá sofrendo muito [...]. Todo mundo junto pedindo, *muita luta, muita luta mesmo,* a gente conseguia [...]. *Um sozinho não pode fazer nada.* (Margarida)

Só o povo em geral podia modificar [...]. Eu acho que se *todo mundo* botasse, pusesse pra quebrar mesmo, se *todo mundo juntar e fazer uma greve, todo mundo* em geral, resolvia de um jeito ou de outro, *ou acerta logo, ou pega logo uma guerra* [...]. Eles vai saber que o *povo tá unido, tá tudo lutando* os seus benefícios, então *eles vão querer fazer do jeito deles, então vamos ver quem é mais forte* [...] o povo tinha que fazer isso aí. (Fátima)

E falta de justiça no nosso país, que se nós tivéssemos *uma Justiça pra fazer* justiça pela classe trabalhadora, conforme nós, tava tudo resolvido [...]. Eu acho que *a falha mais grave neste país é a Justiça* [...]. Se a Justiça fosse correta eu não apelava pra ninguém, só apelava pra Justiça, se a Justiça fosse correta, mas infelizmente, não é. (Domingos)

Nesses depoimentos, nos quais o elemento explicitamente religioso está ausente (com exceção da fala final de Regina, quando diz que só há Deus para quem apelar), expressões como guerra mundial, revolução, greve geral se equivalem, porque através delas uma nova ordem é vislumbrada como possível, uma ordem na qual a "Justiça fosse correta", favorecesse aos pobres tanto quanto favorece aos ricos. Mas o sentimento milenarista transparece justamente porque guerra mundial, revolução e greve geral se equivalem porque são o desejo de conflagração universal que colocaria *the world upside down*", para usarmos a expressão dos revolucionários ingleses do século XVII.

Também está presente nos depoimentos um outro sentimento de inspiração milenarista, qual seja, a união de todos os oprimidos, de todos os fracos – "todo o povo unido", "todo mundo junto", porque se sabe que "um sozinho não pode fazer nada".

Há também nos depoimentos o sentimento do "fim dos tempos", daquilo que Walter Benjamin designou como o "tempo do Anticristo" que o cronista recolhe (contra as escolhas "objetivas" do historiógrafo) – é o "porque vai chegar um tempo em que todos nós vamos se revoltar", em que alguma coisa terá de ser feita "perante ele" (o poder) e em que a mudança será radical. Quando se tentará "primeiro na teoria, através da justiça" e, quando isso não der resultado, será tentado "na prática, na mão". Percebe-se também que o momento da conflagração é percebido como um campo polarizado, um campo que *se sabe* estar dividido, pois *"eles"* vão querer "fazer do jeito *deles*", mas estando todo o povo unido, então se verá "quem é o mais forte".

É irrelevante, aqui, argumentar sobre as diferenças entre greve, revolução e guerra, isto é, supor, como costumam fazer as vanguardas de esquerda, um "atraso da consciência", pois o essencial é o desejo de mudança da ordem total do mundo, a busca da justiça e a utopia do "todo mundo unido". Como também é irrelevante, aqui, argumentar que a Justiça não irá favorecer os pobres, porque na sociedade brasileira ela existe como privilégio dos ricos e obedece à lógica da sociedade capitalista. O essencial é que todos os depoimentos percebem que há "falha da Justiça", e é essa falha que suscita a rebelião imaginária. É importante observar que os depoimentos definem o instrumento da luta – a paralisação do trabalho –, o adversário – "revolução é todo mundo contra o governo" – e percebem as alianças de classe – "vão querer fazer do jeito deles". E estabelecem os objetivos da luta – a Justiça.

Também não é casual a utopia do "todo mundo fica dentro de casa" ou a ideia da "greve branca". Os trabalhadores brasileiros conhecem o peso da repressão que se abate sobre eles toda vez que contestam o estabelecido. Como transparece na fala do pedreiro João, um dos construtores de Brasília, recordando greves do início dos anos 1960: "Muitos sumiu, sumiu muitos, num sei. Diz que mataram alguns por aí, num sei. Outros diz que levaram num sei pra onde...". Muitas vezes, a lembrança do terror ganha cores de apocalipse ou do reino do Anticristo, para usarmos a linguagem de Benjamin. É o que ouvimos na fala de um boia-fria de São Paulo, narrando acontecimentos que lhe foram transmitidos pela memória de trabalhadores mais velhos:

> Dá medo de vir uma força maior, prender todos e bater. Teve um tempo, já nos tempos dos meus pais, que contavam isso. Que as criancinhas morriam de fome, que era uma dureza, não tinha o que comer. Se juntaram e foram ao governo. Foram pedir alguma ajudinha, alguma coisa. Aí ele disse: vão todos lá no alto e esperem. Aí foram todos e esperaram. As criancinhas contentes. Aí diz que mandou uma bomba que acabou com tudo. Que era a única coisa que tinha para mandar. Será que é piada ou verdade?[13]

Quando a força do adversário é percebida como onipotente, ainda que se saiba de onde ela provém – pois todas as falas, ao prosseguirem, deixam claro que se sabe que o poder dos governantes vem do poder dos grandes ou dos ricos –, é preciso não só que os fracos estejam "todos unidos", mas também que seu anseio de mudança não seja causa de carnificina e destruição. O que se busca é a Justiça, e não a morte.

A mesma busca de justiça pode ser observada em quase todas as práticas das religiões populares, no Brasil. Essas religiões se oferecem não só como paliativos para as desgraças reais de um cotidiano percebido como sem saída (o famoso "ópio do povo"), mas também como elaboração realista e consciente das adversidades do cotidiano, funcionando como polo de resistência numa sociedade em que a cidadania foi recusada para a maioria e em que a opressão é a regra da existência social das camadas populares (voltaremos ao assunto quando examinarmos as ambiguidades da religiosidade popular).

Um primeiro aspecto da atitude religiosa popular é a relação intrínseca entre a crença e a graça, isto é, a fé busca milagres. O que se pede a Deus e aos santos, ou aos orixás e exus, ou aos espíritos de luz? Pede-se

---

[13] STOLCKE, V. Enxada e voto. In: *Os partidos e as eleições*. Rio de Janeiro: Paz e Terra; CEBRAP, 1975, p. 82.

a cura de doenças, retorno à casa de um membro desaparecido (marido ou esposa infiéis, filho delinquente, filha prostituída), fim do alcoolismo, emprego, moradia, regeneração de algum membro da família. O que é patente nesse "sistema de graças", para usarmos a expressão de Duglas Monteiro, é a referência às desgraças do cotidiano, e o que se pede é que a vida não seja tal como é. Todavia, aqueles que conhecem a situação da medicina brasileira (fortemente classista, altamente dispendiosa tanto no preço da consulta médica quanto no preço dos remédios e dos leitos de hospitais, para nem mencionarmos os planos de saúde privada) e a humilhação a que os trabalhadores são submetidos nas filas de espera do Instituto Nacional de Assistência Médica e Previdência Social (INAMPS) (muitos morrendo durante a longa espera), além da exploração a que são submetidos pelos convênios entre empresas e hospitais, há de convir que não é por mera alienação, mas por perfeito conhecimento de causa e por reconhecimento da impotência presente, que se pede a cura através do milagre, pois, caso contrário, a morte é certa. Quem conhece a situação de desemprego, subemprego, alta rotatividade do emprego, exploração dos salários através do Fundo de Garantia do Tempo de Serviço (FGTS) e do Fundo de Investimento Social (FINSOCIAL), há de convir que não é por mera alienação, mas com pleno conhecimento de causa que se pede a Deus ou a intermediários celestes e infernais auxílio para a sobrevivência.

Como observa Carlos Brandão,[14] contrariamente ao dogma católico oficial ou à teologia romana, para a qual o milagre é acontecimento extraordinário que rompe a ordem natural das coisas, graças à vontade onipotente de Deus, nas religiões populares o milagre é rotina simples, fidelidade mútua entre as divindades e os fiéis, com ou sem ajuda de uma igreja ou de mediadores.

> Ele não é a quebra, mas a retomada da "ordem natural das coisas" na vida concreta do fiel, da comunidade ou do mundo, por algum tempo quebrada, aí sim, seja como provação consentida por deuses e santos ao fiel servidor ou justo, seja como efeito da invasão direta das forças do Mal sobre a ordem terrena [...] o milagre é, pois, um acontecimento necessário, acessível, rotineiro e reordenador [...]. A rotina do milagre faz com que, em qualquer área confessional do

---

[14] BRANDÃO, C. R. *Os deuses do povo.* São Paulo: Brasiliense, 1980, p. 131-132.

domínio popular, uma grande parte dos momentos de oração pessoal, familiar ou comunitária seja para pedi-lo ou para agradecê-lo.

Os pedidos não são feitos porque se escolhe uma via religiosa, mas se escolhe uma via religiosa porque se sabe que, no presente, não há outra. E isso determina um segundo aspecto da religiosidade popular: a aceitação simultânea de uma pluralidade de crenças aparentemente incompatíveis entre si. Na busca de uma graça, o indivíduo se dirige aos santos católicos, aceita os rigores da ética pentecostal, vai ao terreiro de umbanda ou candomblé e consulta um médium espírita. Frequentemente, um conflito se instala entre os fiéis e os dirigentes (sobretudo os das igrejas oficiais, como a Católica e a Pentecostal), uma vez que a pluralidade de crenças exprime a fragilidade do controle social através de uma das religiões e a resistência implícita dos fiéis a esse controle, na medida em que organizam seu próprio sistema de crenças e devoções, como tem observado Rubem César Fernandes. Além disso, uma peculiaridade dessa religiosidade é a transgressão. De fato, do ponto de vista das religiões brancas cristãs, há um esforço para manter o milagre dentro do controle da hierarquia religiosa e, no caso do catolicismo, um esforço para fixar um panteão de santos legítimos. Porém, existem sempre os "companheiros do fundo" (expressão do catolicismo popular devocional), isto é, espíritos e entidades miraculosas que não pertencem ao panteão oficial e escapam do controle oficial da hierarquia religiosa. E os fiéis não hesitam em buscar esses "companheiros do fundo", transgredindo os marcos da autoridade religiosa constituída.

Também é clara a oposição feita por católicos e protestantes aos cultos afro-brasileiros, considerados magia, superstição e "obra do demônio". Essa oposição entre a "religião de Deus" e as "obras do demônio" parece ser aceita sobretudo pelos pentecostalistas, mas isso não exclui a possibilidade de um fiel recorrer aos "trabalhos" de exus e orixás. Assim, por exemplo, pode-se considerar que a infidelidade conjugal foi causada por um "trabalho" de macumba ou de umbanda e, em consonância, ao mesmo tempo que se pede a Deus – através da "religião de Deus" – o retorno do cônjuge infiel, também se encomenda um "trabalho" – através da "obra do demônio" – para afastar o responsável pela infidelidade. Dessa maneira, aquilo que é separado e excluído pela autoridade religiosa é reposto e reunido pela prática popular sob a forma da complementaridade e da simultaneidade.

A religiosidade se realiza como uma forma de conhecimento do real, como uma prática que ao mesmo tempo reforça e nega esse real, combina fatalismo (conformismo) e desejo de mudança (inconformismo), o milagre sendo sua pedra de toque.

Elaborando uma justificação transcendente (destino, moira, carma, predestinação, providência) para o que se passa aqui e agora, a religião converte o acontecer em dever-ser cuja causa se encontra num passado longínquo (mas reiterado pelas liturgias) ou num futuro ilocalizável (mas continuamente esperado pelas teodiceias). Ao ampliar a linha do tempo (chamando-a eternidade) e ao estruturar o espaço em coordenadas reconhecíveis (através da sacralização), a religião popular abre os limites do mundo ao mesmo tempo que os demarca rigidamente. Por isso o milagre é de estonteante simplicidade para a alma religiosa popular (e afastado pelas teologias, que apenas o toleram nas fímbrias da religiosidade), pois o milagre é o que restaura a ordem predeterminada do mundo por um esforço da imaginação e da vontade. Arrimo das religiões populares, o milagre é verdadeira profanação cósmica para as religiões purificadas, internalizadas e racionalizadas. Nas religiões oficiais purificadas, Deus é *razão* (preparando a dessacralização do mundo). Nas religiões populares, Deus é *vontade*. O milagre, ao mesmo tempo que reafirma a onipotência da divindade à qual se apela – e que não teria o menor interesse se não fosse capaz de restaurar o verdadeiro curso de suas decisões –, manifesta uma relação estritamente pessoal com o suplicante – torna próximo o poder distante, torna visível o invisível, garante que o apelo e o grito foram, finalmente, ouvidos.

> A miséria da religião é, ao mesmo tempo, expressão e protesto contra a miséria real. E o lamento da criatura oprimida, coração de um mundo sem coração, alma de uma condição desalmada [...]. Assim, a crítica do Paraíso transforma-se em crítica da Terra, a crítica da religião em crítica da lei, a crítica da teologia em crítica política [...]. A religião é visão invertida do mundo, mas porque esta sociedade, este Estado, são o mundo invertido.[15]

Afinal, "vai chegar um tempo em que todos nós vamos se revoltar".

---

[15] MARX, K. *Critique of Hegels Philosophy of Right*. Cambridge: Cambridge University Press, 1977, p. 131-132.

"Caminante, no hay camino, se hace camino al andar"

Entrevista a André Rocha

André Rocha: Marilena, gostaria de começar pedindo que você se lembrasse do início de sua relação com a questão da ideologia. Quando você era estudante do Centro Universitário Maria Antônia, na USP, o tema da ideologia era discutido entre alunos e professores? Em geral era um tema que se discutia nas movimentações sociais e nos grupos de discussão da década de 1960?

Marilena Chaui: Na verdade, não diretamente. Antes de 1964, havia, na Faculdade de Filosofia da USP, um debate intenso sobre as teses desenvolvimentistas propostas pelo Instituto Superior de Estudos Brasileiros (ISEB), com críticas severas por parte de José Arthur Giannotti e Fernando Henrique Cardoso e defesa também intensa por parte de Michel Debrun, discussões que eram publicadas na *Revista Brasiliense*, dirigida por Caio Prado Jr. E esses debates repercutiam nas discussões dos estudantes. Mas isso não era colocado explicitamente como crítica da ideologia. Depois de 1964, com o golpe, os vergonhosos interrogatórios a que foram submetidos muitos professores, cujas casas foram invadidas pelo Exército à procura de obras subversivas (levaram da biblioteca do professor Mario Schemberg o romance *O vermelho e o negro*, de Stendhal, porque acharam que seria subversivo!), as discussões se politizaram nos grupos propriamente políticos, dos quais estudantes participavam (como a POLOP, a JOC, o PCB), e se voltavam para a necessidade de uma revolução socialista. Os debates políticos eram feitos a partir das encenações de Brecht, no Teatro de

Arena (dirigido por Augusto Boal), das peças de Gianfrancesco Guarnieri, no Teatro Oficina, e dos filmes do Cinema Novo. Novamente, a questão da ideologia não era central. E menos central ainda a partir de 1968, com os movimentos estudantis voltados contra a reforma universitária, a ser implantada segundo o modelo imposto à América do Sul pelo Departamento de Estado norte-americano, por meio do projeto MEC/USAID. E ela também não era central, entre 1968 e 1972, nos movimentos revolucionários clandestinos em suas inúmeras tendências e formas de ação. Somente nos meados dos anos 1970 é que a crítica da ideologia ocuparia um lugar importante no pensamento das esquerdas, talvez porque, com o terrorismo de Estado dos Anos de Chumbo, fosse nossa única possibilidade de práxis contra a ditadura.

AR: Sobre a composição de "Apontamentos para uma crítica da Ação Integralista Brasileira", ouvi dizer que você teria iniciado o texto, em meados da década de 1970, sob o impacto de uma fala do Miguel Reale, que, exercendo o cargo de reitor da USP[1] designado pelos militares, teria dito numa cerimônia, em plena ditadura: "Enfim, chegamos ao poder". Você resolveu iniciar uma crítica da ideologia dos integralistas e da própria AIB a partir do impacto dessa fala do Miguel Reale?

MC: Foi isso mesmo. Eu participei do movimento de 1968-1969 na França (eu estava em Paris com uma bolsa de estudos para preparar meu doutoramento) e, ao voltar ao Brasil, depois de defender o doutorado (no qual o núcleo era a crítica de Espinosa à tirania), eu pensei que era preciso que todo o meu aprendizado político em 1968-1969 pudesse ser um caminho para escrever sobre o Brasil e sobre a presença contínua do autoritarismo na sociedade e na política brasileiras. E então houve a fala de Miguel Reale, nosso reitor. O que me permitiu tentar a crítica da ideologia integralista foi também um outro aprendizado, aquele que tive no contato com sociólogos, cientistas políticos, historiadores

---

[1] Miguel Reale foi reitor da USP entre 1969 e 1973. Ele não foi eleito pela comunidade acadêmica, mas designado por Abreu Sodré, na época o governador de São Paulo, para realizar a reforma universitária. Os governadores de São Paulo, Abreu Sodré e, depois, Laudo Natel, também não tinham sido eleitos democraticamente, mas designados pelos militares.

e movimentos populares no recém-criado CEDEC (Centro de Estudos de Cultura Contemporânea), proposto por Francisco Weffort e de cuja fundação participei. Enquanto o CEBRAP (Centro Brasileiro de Planejamento), dirigido por Fernando Henrique Cardoso, dava maior peso às análises econômicas para a crítica do chamado "modelo brasileiro" (idealizado e praticado por Delfim Netto), o CEDEC se voltava diretamente para as discussões políticas, e eu propus que tivéssemos trabalhos de crítica da ideologia. A proposta foi aceita, passamos a fazer seminários sobre isso e, num deles, em 1976, apresentei uma primeira versão de minha análise do Integralismo. Sugestões e críticas me ajudaram a escrever o ensaio publicado pela Paz e Terra, em 1978, e do qual, agora, apresento uma versão revisitada.

AR: Em 1974, Althusser publicou o livro *Elementos de autocrítica* e nele o célebre ensaio em que afirma ter Espinosa inaugurado a crítica da ideologia com a redação do *Tratado teológico-político*. O livro teve alguma influência na sua guinada para a crítica da ideologia que resultaria nas pesquisas que levaram à redação de "Apontamentos para uma crítica da Ação Integralista Brasileira" em 1978?

Mais à frente, vou perguntar sobre sua crítica à definição de ideologia proposta por Althusser e à sua proposta de trabalhar com a ideia de contradiscurso. Neste momento, gostaria apenas de saber se, na década de 1970, quando redigia também sua livre-docência[2] sobre Espinosa, ao escrever o ensaio de crítica da ideologia integralista, você já estava fincando sua posição no debate Espinosa-Hegel (acerca dos fundamentos ontológicos e éticos da obra de Marx) proposto por Althusser – que foi respondido no Brasil por José Arthur Giannotti no artigo "Contra Althusser", de 1968, por Fernando Henrique Cardoso no artigo "Althusserianismo ou Marxismo?", de 1971, e por Ruy Fausto em vários cursos e artigos que apareceram, depois, em *Lógica e Política*, de 1983.

MC: Não, Althusser não teve qualquer influência sobre minha ida à crítica da ideologia, como você pode ver pela resposta anterior. O motivo de não ser ele quem me levou a isso se encontra justamente na

---

[2] A livre-docência foi publicada em 1977 e teve como título *A nervura do real: Espinosa e a questão da liberdade*.

segunda parte de sua pergunta. Ou seja, desde os dois primeiros livros de Althusser (*Pour Marx* e *Lire Le Capital*), suas ideias foram imediatamente criticadas e contestadas por Giannotti e Ruy Fausto, que eram minhas referências para compreender o pensamento de Marx. Diferentemente do que aconteceu no Rio de Janeiro e em Buenos Aires, onde Althusser se tornou a referência fundamental para os intelectuais marxistas, em São Paulo (pelo menos na USP) isso não aconteceu, e ele não foi uma presença importante em meu trabalho sobre Espinosa (aliás, meu primeiro estudo sobre o *Tratado teológico-político* foi apresentado em meu doutoramento, de 1971, antes dos *Elementos* de Althusser). Entretanto, nunca poderá ser ignorado o papel decisivo de Althusser de trazer Espinosa para o campo da esquerda, quebrando a longa tradição da apropriação idealista (em geral, conservadora) de sua obra.

AR: Durante as greves no ABC, em 1978 e 1979, você foi para São Bernardo e ministrou alguns cursos de crítica da ideologia para os trabalhadores a partir dos jornais e telejornais da época. Como eram esses cursos? Poderia lembrar e nos contar como vocês analisavam as telenovelas e os telejornais da época e como os trabalhadores participavam das suas aulas?

MC: Na verdade, não foi durante as greves. Foi na época em que, partindo dos resultados das greves, se discutia a fundação de um partido de trabalhadores. Weffort considerou que, tendo tal partido o objetivo de ser um partido nacional de classe, era preciso formar quadros políticos para isso, e criou os cursos de formação política para os sindicalistas; depois os cursos se ampliaram para os movimentos populares. Minha tarefa era apresentar críticas de ideologia e achei que o caminho mais interessante seria examinar os meios de comunicação de massa e, particularmente, a Rede Globo, tanto nos noticiários como nas novelas. Foi um sucesso. Os sindicalistas e o pessoal dos movimentos populares ficavam pasmos de terem sido submetidos a vida inteira a uma verdadeira lavagem cerebral e contavam mil casos dos efeitos da mídia sobre suas vidas privadas, atividades sindicais e nos movimentos populares. No fim das contas, fui eu que aprendi muito mais com eles do que eles comigo. Os cursos se tornaram uma troca incrível de experiências e conhecimentos (eu tenho alguns cadernos nos quais registrava tudo o que eles diziam, porque me ensinavam sobre a sociedade brasileira muito mais do que a sociologia e a ciência política). Inesquecível.

AR: Poucos anos depois, em 1981, você publicou *O que é ideologia*, um ensaio impressionante, por exprimir numa linguagem clara e simples a natureza da ideologia e a história de sua crítica, desde o grupo de Destutt de Tracy, passando por Hegel, Marx e Engels, até as diferentes correntes marxistas do século XX que trabalharam com a crítica da ideologia. A experiência como professora de crítica da ideologia para os trabalhadores do ABC contribuiu para que você elaborasse seu uso filosófico e literário da língua portuguesa na redação de *O que é ideologia*. Como foi o processo de criação do discurso de crítica da ideologia no ensaio?

MC: Foi o seguinte. Na reunião da SBPC (Sociedade Brasileira para o Progresso da Ciência) de 1980, no Rio de Janeiro, eu fiz uma conferência sobre crítica da ideologia. Estava presente o Caio Graco, da Editora Brasiliense, que, juntamente com o Luiz Schwarcz, estava concebendo uma coleção cujo nome seria Primeiros Passos. Ao final da minha conferência, ele veio falar comigo e propôs que eu transformasse a conferência num livrinho cujo título seria *O que é ideologia*. Aceitei. Pensei, então, que a conferência partia de vários pressupostos que um jovem leitor certamente não conheceria e me lembrei dos cursos de formação política e as principais perguntas que ali me haviam sido feitas. Partindo, então, da experiência que eu tinha tido como professora do Ensino Médio e dos cursos de formação política, transformei a conferência numa pequena introdução à ideologia, explicando em linhas muito gerais a posição de Marx. Além disso, nessa altura eu já havia traduzido para a revista Estudos, do CEBRAP, o ensaio de Claude Lefort sobre a gênese das ideologias nas sociedades modernas. Então acrescentei às colocações de Marx as de Lefort sobre o que ele chamou de "a ideologia invisível", que foi, depois, a inspiração para eu elaborar a ideia de ideologia da competência.

AR: Em *Cultura e democracia*, redigido também no início da década de 1980, você retoma a questão da história da crítica da ideologia e elabora o conceito de *contradiscurso* a partir de uma crítica da posição de Althusser, que, como sabemos, foi um grande leitor de Espinosa. Althusser propõe a tese de que o discurso ideológico é um sistema coerente falso ao qual se contrapõe o discurso científico (marxista) verdadeiro. Você propõe, ao contrário, um *contradiscurso*, que, ao preencher as lacunas do discurso ideológico, destrói sua pretensão à cientificidade e põe em movimento um pensamento que desvenda as ideologias por sua gênese a partir das classes particulares que as engendram, isto é, a partir da imanência das ideologias à estrutura social e aos seus conflitos constitutivos. Em que medida o seu trabalho sobre Espinosa[3] inspirou a invenção do conceito de *contradiscurso* como forma de crítica das ideologias?

MC: A oposição entre discurso ideológico e discurso científico, proposta por Althusser, não me pareceu dar conta do problema para uma crítica da ideologia, porque pressupõe que se trata de um mesmo discurso, um defeituoso e outro correto, e que o discurso ideológico pode ser corrigido pelo discurso científico (marxista). São discursos diferentes, opostos, determinados pelo antagonismo das classes sociais. Por isso caracterizo o discurso ideológico como lacunar e feito de silêncios encarregados de ocultar a realidade, de tal maneira que, se tentamos preencher as lacunas e os silêncios, ele não se converte num discurso verdadeiro, mas se autodestrói. Essa autodestruição é justamente a crítica. Você sabe, André, eu não tenho ideia se foi Espinosa quem inspirou essa concepção de crítica da ideologia ou se foi graças a ela que pude compreender que a crítica espinosana opera como um contradiscurso que dissolve por dentro a ideologia (no caso de Espinosa, a teologia política e a metafísica da transcendência).

AR: Em *Cultura e democracia*, você realiza um trabalho de crítica da ideologia autoritária como manifestação da estrutura autoritária da própria sociedade brasileira. Você retoma a reflexão sobre esses vínculos entre a estrutura social autoritária e suas manifestações ideológicas no *mito fundador*. Trata-se de uma história da cultura autoritária, uma história das manifestações culturais da estrutura social autoritária que se organizou pela divisão das classes a partir de 1500? Como sabemos,

---

[3] Marilena já tinha defendido a livre-docência em 1977 e, na década de 1980, continuava a pesquisa que conduziria à publicação do primeiro volume de *A nervura do real*, em 1999, pela Companhia das Letras.

o conceito de mito fundador também tem inspiração espinosana. Pode nos explicá-lo brevemente?

MC: Várias coisas se mesclaram e se "encaixaram" para eu chegar à ideia de mito fundador. Primeiro, foram os estudos que fiz sobre cultura popular e sobretudo sobre o milenarismo como forma das revoltas populares tanto na Europa como no Brasil. Ao estudar o milenarismo, fui dar na obra do grande milenarista medieval Joaquim de Fiore, que propõe uma estrutura simbólica para o tempo, muito semelhante ao que aparece nos discursos das revoltas populares. Tentei, então, entender a diferença entre o popular milenarista e o populismo. Aí, dei no populismo brasileiro e, juntando com a estrutura autoritária da sociedade brasileira, desemboquei, graças a Espinosa, na presença da teologia política nos discursos brasileiros sobre o poder. Quando eu havia chegado a esse ponto, decidi ler o clássico de Sérgio Buarque de Holanda sobre a *Visão do Paraíso*, centro dos discursos sobre a descoberta do Brasil. Nessa ocasião (1992), Adauto Novaes propôs um curso sobre a conquista da América e decidi ler as obras de Cristóvão Colombo. E quem eu descubro lá? O abade Joaquim de Fiore como peça-chave da justificação de Colombo para a viagem e, depois, a certeza de que chegou ao Paraíso Terrestre! Ora, essas ideias também estão na Carta de Pero Vaz de Caminha ao rei de Portugal sobre o Brasil. Bom, André, não vou prosseguir porque seria muito longo. O caso é que do milenarismo popular fui ao de Colombo e Caminha e pude formular a ideia de mito fundador, cuja origem é teológico-política. Mito no sentido tanto de narrativa sobre a origem quanto de tentativa imaginária para ocultar contradições reais; e fundador no sentido romano da *fundatio*, isto é, como momento inaugural do passado que determina o curso do tempo e o presente. Bem, o resultado desse percurso está aqui no livro, não é?

AR: Marilena, você cita o verso de um poema de Antônio Machado em um trecho muito significativo de *A nervura do real*[4]. Pensando em leitores e leitoras que seguirão o seu percurso neste livro e

---

[4] O verso encontra-se entre os *Proverbios Y Cantares* do livro *Campos de Castilla*, de Antônio Machado: "caminante, no hay camino, se hace camino al andar". Em *A nervura do real*, a referência ao verso encontra-se na página 46.

que por inspiração começarão a trilhar novos caminhos para combater o autoritarismo e suas manifestações ideológicas no futuro, gostaria de finalizar com uma pergunta bem espinosana: além de contribuir como cidadã para o fortalecimento da democracia no Brasil, que recompensa imanente você obteve construindo o seu caminho de crítica das ideologias? Se para Espinosa a felicidade não é o prêmio da virtude, mas a fruição da felicidade própria na imanência da própria práxis virtuosa, podemos dizer que o prêmio que se obtém com a crítica das ideologias é a própria fruição da liberdade como potência de construir um novo caminho?

MC: Você sabe, André, esse verso de Antônio Machado toca numa corda muito sensível do meu coração, porque exprime poeticamente uma passagem de Merleau-Ponty que me marcou profundamente quando, em *As aventuras da dialética*, escreve que não existe uma álgebra da história e que o revolucionário navega sem mapas, como o antigo piloto de um navio que inventava em mar aberto um caminho onde não havia caminho. Eu penso que a filosofia é um caminho que se abre ali onde não há caminhos, que o criamos com nossos passos e que isso é fruição da liberdade como trabalho do pensamento e da afetividade.

Este livro foi composto com tipografia Bembo e impresso
em papel Off-White 70 g/m² na Formato Artes Gráficas.